心理学概論 第5版

～ 基礎から臨床心理学まで ～

編著　宇津木　成介
　　　橋本　由里

ふくろう出版

はじめに

　心理学の研究対象は「こころ（心）」である。心の機能が脳と切り離せないことははっきりしている。脳の研究は著しく進歩したが、しかし、脳の研究がそのまま心理学になるわけではない。脳の各部分が担う機能についてかなり詳しいことがわかってきた現在でも、心が手に取るように見えるというわけにはいかない。私の心はどこにあるのか、私は自分の行動を自分だけで決めることができるのかといった数千年来の問いに対して、われわれはまだ明快に答えを出すことはできないでいる。それでも、昔は全く見えなかった心の機能が薄ぼんやりと見えてきたのは、多くの心理学者や、隣接する領域の研究者の仕事の成果である。自分の気持ちはよくわかるのに人の考えはわからないと、多くの人が考える。しかし実際には人の気持ちはわかるのに、自分の考えはわからないことが少なくない。客観的な心の機能を学ぶことからはじめて、他者と自分自身の心の理解を深めてみよう。また、すぐにというわけにはいかないかもしれないが、心理学の基本的な知識を持つことによって、最先端の研究がもつ意味も見えてくるはずである。そのような教科書を作ることが編者の願いであった。幸いに多くの専門家の協力を得ることができ、この教科書ができた。

　この教科書は最先端の心理学研究を紹介する目的で書かれたものではない。ここに書かれている知識の中には、かなり昔から知られていた知識も含まれている。しかし、それらは役に立たない古い知識ではなく、現在でも必要であり、また十分に通用する基本的知識である。この教科書は、大学の初年次で初めて心理学を学ぶ学生を念頭に、心理学の各分野の基本的知識を、興味深く、わかりやすく解説することを念頭に置いて書かれたものである。一回の授業で学ぶ範囲を限定して予習しやすくするために、1学期15回の授業を念頭においた構成になっている。とりわけ重要と思われる概念は初出の際にゴチック体で書かれているから、復習の際には手がかりとして役立つ

であろう。さらに、各章末の「発展」に示されている概念は、量的制約から章内では説明することができなかった重要概念であるから、教員の指示によって、あるいは各自の興味によって、辞典や参考書、あるいはウェブを活用して、さらに理解を深めてほしい。

2012 年 3 月

編者一同

第 5 版の発行によせて

　第 1 版の発行から 2 年おきに版を新しくして、今回、第 5 版を発行するはこびとなった。これは、教科書を 8 年にわたって改善することができたということでもある。教科書を採用してくださった先生方、この教科書を使って学ばれた学生の皆さんに、あらためて心よりお礼を申し上げる。第 5 版では、細部で表現を改めるなどの改善を加え、新しいコラムを追加したほか、特に教科書の後半部で、最新の統計データへの入れ替え、行政の変化への対応などを行った。よりよい教科書づくりには、教科書を使って授業をされる先生方と、授業を受ける学生のみなさんからのフィードバックが欠かせない。これからもこの教科書を改善し、育てて行くために、ご意見をいただければ幸いである。

2020 年 8 月

編者一同

目　　次

はじめに

第0章　心理学とは

1．なぜ心理学を学ぶのか

　あなたは鉄道模型が大好きなのだとしよう。あなたは本屋さんに行って、鉄道模型に関する新刊書を買う。あなたには、自分がなぜその本を買うのか、わかっている。自分の趣味が鉄道模型だということを知っているからだ。これが他者のことになると、わからないことが多くなる。本屋さんでおじいさんが盆栽の本を買うのを見れば、「この人の趣味は盆栽なのだ」と考える。しかし、もしも小学生くらいの子どもが盆栽の本を買うのを見たら、「きっと家族の誰かに頼まれたのだろう」と考える。他者の心の中は見えないから、われわれは他者の心の中を、他者の行動から推測するしかない。そのためには、様々な可能性を考えて、証拠を集める必要がある。それに比べて自分の心は、そんな面倒なことをしなくても、よくわかるような気がする。

　確かに、他の人のことよりも自分のことはよく知っているのであろうが、それらは自分自身に関する記憶的知識であって、実際には、自分自身の心の働きについて、われわれがよく知っているとは必ずしもいえない。科学的な心理学が始まるより100年も前のことであるが、イギリスのヒュームという哲学者は、われわれが意識できるのは思考の結果だけであり、思考そのものは意識することができないと述べた。われわれは、自分が、例えば推理小説が好きだということは知っているが、なぜ推理小説が好きなのだろうと考えてみても、はっきりした説明は思いつかないのである。

　好き嫌いに理由はないと考える人たちがいる。実際には、好き嫌いが生じるには何らかの原因があると思われるが、われわれにはその原因を直接に知る手だてがないのである。精神分析学を創始したフロイトは、意識されないことがらが人の心の大きな部分を占めていると考えた。中学や高校の授業で

習い、大学受験のために覚えた単語や年号の中には、思い出そうとしても思い出せないのに、何かのきっかけで、つまり自分でもわからない自分自身の心の働きによって、突然に思い出せることがある。仲のよい友人であっても、ちょっとした意見の食い違いで大嫌いになり、その翌日にはまた大好きになる。好き嫌いの感情は、自分で決めることができない。自分の心を自分で決めることができないとすれば、自分の心は何によって決められているのだろうか。心理学を学ぶことは、自分は自分自身のことをどれくらいわかっているのか、どれくらいわかっていないのかということをあらためて考えるきっかけとなるであろう。

　心理学を大きく2つに分けると、自分自身の心の働きに関する心理学、つまり現在の自分の気持ちが最も重要であると考える心理学と、他の人々の心の働きに関する心理学、別の言い方をすれば客観的で、科学的に厳密な方法論を適用することができる心理学とに分けることができそうである。前者は歴史的にみると、やや哲学的な心理学に近い。後者は実験的で科学的な心理学である。実験的な心理学は、さらに、個人の心の働きを考える心理学と、集団としての人間の心の働きをしらべる社会心理学とに分けて考えることができる。

　前者のやや哲学的な心理学は、心理学の原点とも言えるが、先に述べたように意識できる自分の心は心の働きのごく一部であることがわかってきたために、現在では直接に「私とは何か」を問う心理学研究はなされていない。しかし臨床的な心理学では、科学的な心理学の知識を利用しながらも、最終的には、さまざまな問題を抱えている人の「自分自身の気持ち」を重視している。

　これらの領域は密接に関係しあっており、どれか一つだけを学んだだけでは、心の科学を学んだというわけにはいかない。たとえば、聴覚神経系の障害で聴力の低下が生じた場合、これは感覚や知覚心理学の問題であるが、他の人々との言語コミュニケーションがうまくいかなくなることがある。この場合には、聴力障害は、本人の疎外感や孤独感など、臨床心理学上の問題に

なるばかりではなく、社会心理学上の問題ともかかわってくる。

2．この教科書の目標

　この教科書は、心理学の最先端の知識を学ぶためにつくられたものではない。主として、大学で初めて心理学を学ぶ学生を対象に書かれた教科書である。人の心の働きについて科学的な心理学がこれまでに発見してきた重要な事項が述べられている前半部につづいて、後半部では集団としての人間の心理学、自分自身を中心的課題とする心理学に対してもしっかりと目配りをしている。

　この第 0 章は、心理学とはどのような科学であるのか、どのような研究の領域であるのかをおおまかに説明して、第 1 章以降の各章の内容の重要性と、各章相互の関連性を理解してもらうために書かれている。余裕があれば、15 章の最後まで学んだあとで、もう一度本章を読みなおしてほしい。

　心理学は決して暗記科目ではない。さまざまな観察や実験の結果から得られた知識を学ぶと同時に、なぜ私たちはそれらの知識を得ようとするのか、それらの知識を得るためにはどのような技術が必要なのか、また、それらの知識を得ることによってどのような利益が生じるのかについても知ってもらいたい。

3．心理学の歴史

　初めて心理学を学ぶ人たちが、心理学の歴史を詳しく学ぶ必要があるとは思えない。しかし、第 1 章以降において心理学上の知見（心理学研究によって得られた知識）を学んでいく上で、なぜそのような知見を得る努力がなされてきたのか、つまり心理学はなぜそれらの問題を重要だと考えたのか、また心理学上の知見は相互にどれくらい強い関連性を持っているのかというこ

とを知るためには、歴史的に眺めてみることが役に立つ。

1）古代（倫理学的心理学）

　人間の心の基本的な働きは、どの人をとってもよく似ている。食べ物や飲み物への欲求は新生児のときからあり、成熟するにしたがって異性に対する欲求が生じてくる。これはどのような動物にも共通していることである。ただ一匹の動物であれば、自分で探した食べ物を自分で食べることに何の問題もないであろう。しかし、人間は集団として生活してきた。集団として生活するわれわれは、たとえ空腹であったとしても、他者の食べ物を横取りして食べてよいのだろうかと考える。あるいは空腹の他者がいるときに、自分だけ食べてもよいのであろうかと考える。人間の心に関する学問は、このような倫理的、道徳的な問題、つまり「したい」ことと「してはならない」こと、「したくない」ことと「しなくてはならない」ことに関する問題から始まったように思われる。高校の倫理・社会の教科書に、しばしば心理学の知見が述べられているのは、このような理由による。

　古代においては、宗教はもちろんであるが、哲学が倫理について語っていた。たとえば、性善説（人間は生まれつき道徳的な存在であるが、生活をする上でさまざまな間違いをすることがあるという考え方）と性悪説（人間は生まれつき利己的であるが、社会の規則を守ることによって正しい行動ができるという考え方）の対立は、ギリシャの哲学においても中国の哲学においても、古くからみられたようである。

　別の考え方として、人の本性はもともと善でも悪でもなく、育て方、教育の仕方によって善にも悪にもなるという考え方があった。経験が人間を作るという考え方は、経験論の哲学として発展し、現代の心理学における重要な考え方の基礎となっている。一方で、人がいくら羽ばたきの練習をしても空を飛べるようにはならないように、生まれつきの資質が重要であるという考え方も常に有力であった。とりわけキリスト教の影響が強かったヨーロッパ

では、神が人間をどのような存在として創造したかが問題になったが、他の動物と異なって人間だけが特別の存在として創造されたという旧約聖書の思想は、人間だけに生まれつきの理性があり、人間だけが生まれつき言語を持つという考え方につながった。人間だけが特別だという思想を科学の世界で最終的に打ち壊したのは、ダーウィンに代表される進化論であるが、実際のわれわれの生活の中では、人間だけが特別な存在だという考え方は根強く残っている。

２）近代から現代（人間の性能の心理学）

　近代になると、道徳の問題から離れて、人間の能力を科学的に研究しようとする人々が現れてきた。人はどれくらい小さな音を聴き取り、どれくらい弱い光を感知することができるのだろうか。これらの研究は、現代では生理学の分野の研究であると考えられるだろうが、人間の本性を考える上で重要な研究の道筋であった。19世紀の物理学者は、物理的な刺激の強さと感覚の強さの間の関係を調べ、物理的な刺激の大きさが２倍になっても感覚の強さは２倍にはならず、おおむね刺激の強さの対数に比例することを見いだした。これは、人間の感覚が、非常に弱い刺激から非常に強い刺激に至るまで、広い範囲の物理的刺激に対して反応していることを示している。視覚や聴覚の性質を知ると、ある人に見えたり聞こえたりするものが、他の人には見えなかったり聞こえなかったりすることがあることがわかる。３Ｄとよばれる映画やテレビ番組において、平面の画像が立体的に見えるのも、「心の働き」の一つである。感覚に関する生理心理学的研究は、人間の感覚、つまり外界の認識のしかたについて貴重な知識を与えてくれた。視覚の生理心理学的研究は、網膜から脳に至る神経の経路を調べることによって、われわれの視野の広がりや色の見え方などについて説明することができる。このような研究は、現代の脳神経系の研究につながっている。

　光を見たらすぐにスイッチを押すようにと言われた場合、人はどれくらい

早くスイッチを押すことができるのだろうか。反応時間の研究は単純に見えるが、その後、さまざまな心の働きに必要な時間を測定するために用いられるようになった。赤いライトが点灯したときにはスイッチを押すように、青いライトが点灯したときにはスイッチを押さないようにする実験を行うと、色の弁別に必要な時間がわかり、赤信号を見てからブレーキを踏み始めるまでに必要な時間を推定することができる。このような実験の結果は、自動車や信号の設計に役に立つだろう。反応時間測定は、現代でも認知心理学の領域でさかんに使われている。

　人はいくつの数字を同時に憶えていることができるだろうか。3桁くらいの数字ならだれでも憶えることができそうだが、10桁の数字を見たり聞いたりして即座にすべてを記憶できる人は少ないだろう。短期間の記憶については人間の記憶力にははっきりとした制約がある。

　一方で、われわれは何千、何万という単語を知っている。また、数学の公式や、歴史上の人物の業績を記憶している。さらにスポーツ選手の成績やヒット・チャート上位の歌を知っている。これらの膨大な量の記憶は長期にわたって保存されているようである。もちろん、英語の単語を憶える場合のように、いったん記憶しても試験が終わると忘れてしまうこともある。それでも、人はいったん記憶したことについては、次に同じことを学ぶ場合、最初のときに比べると早く記憶することができるようである。とすれば、いちど記憶したことが思い出せないとしても、完全に忘れているわけではなく、なにか痕跡が残っていると考える方がよさそうである。このような記憶の特性について、エビングハウスという19世紀の学者は、自分自身で、英文字を組み合わせた意味のない単語を憶えるという方法をつかって何十年も研究を続けた。今日のわれわれは、例えば10個の英単語を連続して記憶するという場合、最初に憶えた単語と最後に憶えた単語は憶えているのに、中間の単語の記憶は薄れやすいことを、彼の実験から知ることができる。

　新しいことを憶えるという意味では、パブロフが発見した「条件反射」が

重要である。理性を持たない動物は生まれつきの本能だけで、つまり特定の刺激に対して特定の行動が生じるという反射のメカニズムだけで生きていると考えられていた時代に、パブロフは、ヒト以外の動物がエサを指し示す信号を経験によって新しく「記憶する」こと、また、そのような信号がエサを指し示さなくなったときには「忘れる」ことを実験によって示した。ヒトを含めて動物は、経験によってどのようなことを新しく学ぶことができるのか、学んだことを忘れるにはどうすればよいかという問題は、行動主義とよばれる領域で、多くの心理学者によって研究されてきた。ネズミをつかった学習の研究は、「うつ」や不安障害や恐怖症などの心の障害の治療に応用され、効果を得ている。心理学者は、スキナー箱とよばれる学習実験の装置を用いて、動物はどのような環境刺激に注目するのか、周囲に生じる様々な現象の因果関係をどのように学習するのかなど、いわば動物の知性の特徴や制約について研究することによって、ヒトの心のはたらきにも、動物と共通した特徴や制約があることを示してきた。例えばヒトは、仕事の内容が同じであれば、8時間働いて1万円もらえる会社につとめるよりも、6時間で1万円もらえる会社のほうを好むだろう。ネズミも同様に、スイッチを80回押さないとエサがもらえない環境より、60回押すだけでエサがもらえる環境を好むのである。

3）社会と個人

　行動主義の心理学者たちがネズミをつかって刺激と反応の実験を繰り返していた時代に、人間の心はそのような単純なものではないはずだ、という考え方を持つ心理学者たちがいた。ゲシュタルト心理学とよばれる心理学の研究者は、人間の知覚が非常に広い範囲の刺激を同時に処理しており、局所的な刺激の性質とは異なった全体的な知覚的印象が生じることを示した。そのよい例が錯視とよばれる現象である。またこの考え方は、個人としての人間のふるまいを研究しても、集団としての人間のふるまいはわからないという

主張にもつながるものであった。集団としての人間の研究は、社会心理学として、現代の心理学において非常に大きな役割を果たしている。

　新生児がやがて一人前の人間に育つ過程の研究は、発達心理学とよばれる。このような発達の過程は、生理的な側面からも研究されるが、人間の子どもは他者によって養育されなければ成長することができないわけであるから、養育者との人間関係や社会とのかかわりが極めて重要である。これはまた、コミュニケーション研究と直接にかかわる問題となった。

　心理学の発端となった善悪の問題は、快と不快、好き嫌いと強い関係があった。好きなことをすれば快が得られる。嫌いなことをさせられると不快が生じる。平均的に見れば、人が好むもの、人が嫌うものはおおむね一致している。しかし一方で、人はそれぞれさまざまな個性を持ち、それぞれが特徴のある行動をとっている。多くの人が怖がらないものに対して強い恐怖を感じる人たちがいる反面、多くの人が嫌悪するものに嗜好を示す人たちもいる。それらの特徴が特に強い場合には、本人が苦痛を感じることがあり、また、周囲の人々が苦痛を感じることがある。個人の特徴の研究は、性格研究から始まり、人の多様性や病理の研究につながることになった。病理の研究はさらに、心身の健康を維持するためにはどうすればよいかという、われわれ一人ひとりにとって身近で重要な問題ともかかわっている。

　例えば摂食行動は、生命維持にとって最も基本的な行動である。人間の歴史を振り返ると、食べ物が身近に豊富にある時代などほぼ皆無であり、飢えが問題であった。しかし現代のいわゆる先進国では、食の欠乏が少なくなり、むしろ食べ物にとりかこまれた環境において、過食をコントロールすることが大きな問題になっている。快を求め、不快を避けることが個々の人間の本性であるとしても、それらを適切にコントロールしなければ、個人の幸福も、社会全体の幸福も存在しないのではないだろうか。

4．まとめ

　心理学者は人間の心を対象に観察や実験的研究を重ね、まず典型的な人間の心の働きを明らかにしようとしてきた。その一方で、典型からやや外れているように見える人たちに対する関心も生まれた。そのような関心の中には、「私とは何か」という哲学の問題と密接に関連するものがある。実際、現代の心理学者は、人間の心の働きを支えている脳内の情報処理のほとんどが意識されない過程であると考えているのであるが、それでも心理学者が昼ご飯を食べるときには、自分は自分の好きな食べ物を意識的に選んでいると考える。多くの心理学者が、恋愛はホルモンバランスによって説明できると考える一方で、自分の恋人や配偶者に対しては特別な愛情を持っている。つまり心理学者であっても、人間の心の働きを研究しているときと、自分自身の心を眺めるときでは、ものの見方が異なっている。そのため、心理学者は、心の問題を抱えた人の相談に乗り、症状を軽くする手伝いはできるとしても、心理学の知識を使って、自分自身が抱えている問題を自分の力で簡単に解決するというわけにはいかないのである。それでも、心理学的な知識を持ち、自分自身の心を他者の目で眺めることによって、自分自身の心の状態や機能を人の平均的な水準と比べることができ、また、将来問題が起こりそうかどうかを察知して、あらかじめそれを避ける努力をしたり、損失を少なくするというくらいのことはできるようになるだろう。このようなことは一見すると大したことのない　歩のようではあるが、心理学を系統的に学ばなければ踏み出せない一歩であり、心の健康を保ち、安全を確保しながら安心して生活していくために必要な、重要な一歩でもある。

　それでは第1章以下の諸章を学んでいくことにしよう。

発　展
心理学史

第1章　感覚

1．はじめに

　心の中心が脳にあることは既に周知の事実として定着している（詳細は第15章参照）。ただ、脳だけでは私たちは外界と関わることが不可能である。たとえば、初めて来た場所で目隠ししてどの程度歩くことができるであろうか。眼が見えなくとも、何とか耳や手先の感覚を駆使して歩行可能であろう。しかし、目隠ししない時よりもはるかに歩行のスピードや正確さが落ちることは言うまでもない。このような経験は逆に耳や手先の感覚の重要性を知るよい体験でもあろう。つまり図1-1にあるように、人間は複数のセンサー（**感覚**）から情報を入手し、それを脳内で処理した上で行動（対応）を起こす仕組みを持っている。

　本章では人間が外界と関わる際に使用する感覚受容器について解説を加える。さらに人間の感覚の持つ機能的特徴についても言及する。

2．感覚の分類

　表1-1に記すように、私たちの感覚は複数に分類されている。特に、視覚・聴覚・嗅覚・味覚・体性（皮膚・深部・内臓）感覚を五感と呼ぶことが多い。

　昨今、私たちの感覚は身近に使用されている機器にその機能が再現されている例もある。その観点から主に五感について解説を加える。

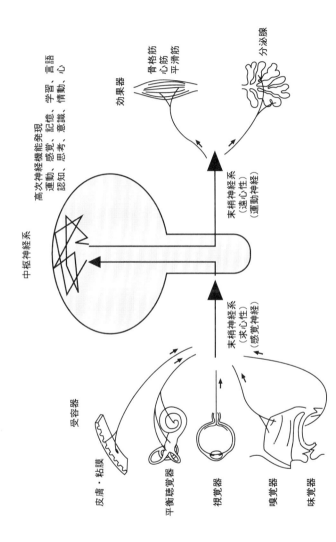

神経系は、受容器からの感覚情報を伝達し、その情報処理を行い、その結果を運動指令として効果器に送るシステムである。この情報処理のために特殊化した部分が中枢神経系であり、中枢神経系と受容器／効果器の間に介在して情報伝達に関わる部分が末梢神経系となる。

図1−1　感覚器と脳および行動との関係

[出典：渡辺雅彦編著『みる見るわかる脳・神経科学入門講座◆上巻』羊土社，p75，2002]

中枢神経系

高次神経機能発現
運動、感覚、学習、記憶、言語
認知、思考、意識、情動、心

効果器

骨格筋
心筋
平滑筋

分泌腺

末梢神経系
（遠心性）
（運動神経）

末梢神経系
（求心性）
（感覚神経）

受容器

皮膚・粘膜

平衡聴覚器

視覚器

嗅覚器

味覚器

表 1 - 1　感覚系の分類

モダリティー	感覚器官部位	末梢神経部位（受容器）	主たる中枢部位（投射領）	通常の適刺激	感覚の性質
視覚	眼	網膜第 1 層の視細胞（杆体と錐体）	後頭葉の視覚領野	光（可視光）	明暗（白黒）や、赤、黄、緑、青などの色
聴覚	耳	内耳蝸牛基底膜上のコルチ器の有毛細胞	側頭葉の聴覚領野	空気の疎密波（音波）	調音（純音、周期的複合音）や雑音などの音
皮膚感覚（表面感覚）	皮膚	パチニ小体、マイスナー小体、ルフィニ終末、メルケル細胞、自由神経終末など	頭頂葉中心後回の体性感覚領野	機械的刺激、温度刺激、侵害性刺激など	触・圧、擽、温・熱、冷、痛、痒など
嗅覚	鼻腔の嗅粘膜	嗅上皮の嗅受容細胞	嗅皮質（嗅脳）	揮発性の物質	薬味、花、果実、樹脂、腐敗などの匂い
味覚	舌、一部の口腔内部位	乳頭の味蕾の味受容細胞	頭頂葉中心後回の体性感覚領野（？）	溶解性の物質	甘、鹹（塩味）、酸、苦などの味
深部感覚（固有感覚）	骨格筋、腱、関節	伸張受容器（筋紡錘、腱紡錘）、腱受容器、関節受容器などの固有受容器	頭頂葉中心後回の体性感覚領野	筋・腱・関節に加わる機械的刺激など	四肢の位置や運動の方向・速度、力（抵抗・重さ）、圧、痛など
内臓感覚（有機感覚）	胃、腸、心臓などの内臓	内臓器官に分布する自由神経終末、圧受容器、伸張受容器、化学受容器など	頭頂葉中心後回の体性感覚領野	圧、血糖、水分不足、血中酸素など	空腹、渇き、排便・排尿感、心拍動、息詰まり感、痛など
前庭機能（平衡感覚）	内耳迷路の前庭器官	耳石器および半規管の有毛細胞	？（または多部位）	重力、身体や頭部の直進および回転加速	ない（結果としては、身体の傾きや移動、めまいや乗り物酔いなど）

［出典：松田隆夫『知覚心理学の基礎』培風館, p4, 2000］

1）視覚

　昨今携帯電話にも装着されているカメラは、人間の視覚機能を再現したものであろう。人間の眼は、大まかには図1-2に記すような**水晶体**（レンズ）と**網膜**（旧式のカメラでいうフィルム）から構成されている。網膜上の視細胞に杆体と錐体がある。前者は暗さに対して（暗順応）、後者は明るさに対して（明順応）働く。暗順応および明順応については、後で説明する。

　水晶体の前部には虹彩があり、カメラでいうところの絞りの役割を演じている。網膜に到達した視覚情報は網膜の視細胞で電位信号に変換され、視神経を経て外側膝状体を経由して大脳皮質後頭葉にある視覚野に至る。

　ただし、人間に限らずレンズ（水晶体）とフィルム（網膜）の性能は、人間の開発した高性能の光学機器に劣る箇所も多い。網膜からの視覚情報そのものの品質は余り高くなく、主に脳の第一次視覚野で視覚情報が再構築されて初めて私たちの見ている世界となる。

2）聴覚

　子供の頃遊んだであろう糸電話の構造を憶えているであろうか。声が筒に張った薄い紙などで作った膜に振動として伝わり、膜につながった糸で別の膜から聞くことができる。これは聴覚の初期段階の構造と同じである。私たちに到達した聴覚情報は外耳（耳介および外耳道）を通過して、**鼓膜**で振動に置き換えられる。振動は図1-3にも記された内耳の**蝸牛**にて最初の情報処理（周波数分析）が行われる。その情報が神経系を伝わる電気情報に置き換えられて脳内に伝わる。

　蝸牛での周波数分析は不完全である。聴覚情報は蝸牛神経核から下丘、内側膝状体を経由して、大脳皮質側頭葉にある一次聴覚野へと至り、そこでさらなる処理が行われる。

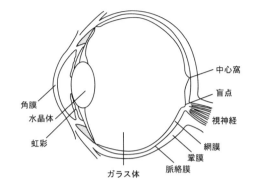

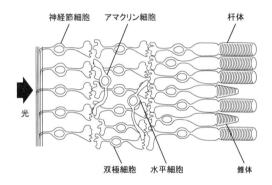

図1－2　視覚受容器（眼球および網膜）の構造

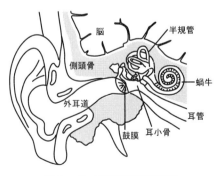

図1－3　聴覚受容器の構造

3）嗅覚

　この感覚は前に記した2つの感覚ほど機械的に再現されていない。鼻腔内壁の**嗅細胞**にあり、これが臭いを感知していることは明らかになっている（図1-4参照）。嗅細胞から発生した電気信号は脳の先端部にある嗅球に達する。その後、前梨状葉などの嗅皮質に至った後、前頭葉の眼窩前頭皮質まで到達することが明らかとなっている。

　しかし、嗅細胞および嗅球に臭い応答の弁別性（臭いの種類によって反応が異なる）が確認されていること、また嗅覚の脳活動を検討する方法がまだ多くないこと、等もあり嗅覚の構造は未だ明瞭でない部分が多い。

4）味覚

　私たちは味を主に舌で確認する。長く甘味、苦味、酸味、および塩味が味の四基本味とされていたが、昨今はこれにうま味を加えることが多い。また、味覚が4つ独立しているのではなく、一つの連続体であるという説もある。

　舌には感覚受容器である**味蕾**がある（図1-5参照）。この機能についても前項の嗅覚同様不明な点が多い。これまでは、上記の舌上の領域毎に異なる味を知覚する味蕾があるという知見が主流であった。近年ウェンナー（Wenner, 2008）は味についてのこれまでの知見をまとめている。その中で、カリフォルニア大学のズッカー（Zuker, C.）が舌上の味蕾は全ての味を知覚し、味蕾内の味細胞が甘味、苦味、酸味、塩味、うま味のいずれかに反応することを確認したことをまとめている。また、それぞれの味に関わる化学物質の量が少ない場合でも、その味を強く感じさせる味増強剤の存在を確認している。

　後者の発見は、特に甘味や塩味では砂糖や塩を少なくしてもそれぞれの味を強く感じさせることを可能とするため、健康的側面からも応用が期待されている。

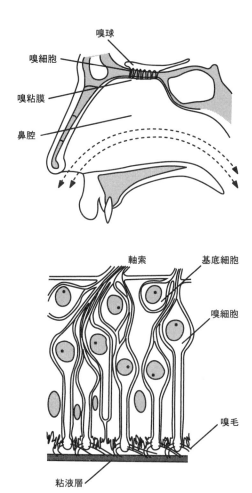

嗅球

嗅細胞

嗅粘膜

鼻腔

軸索

基底細胞

嗅細胞

嗅毛

粘液層

図1－4　嗅覚器の位置および嗅覚受容器の構造

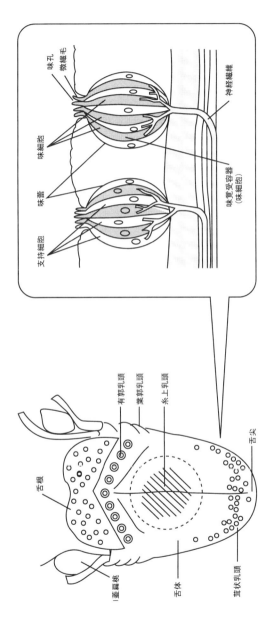

図1-5 味覚受容器の構造と味覚認識過程

5）体性感覚

　皮膚表面で感じる触覚・温冷覚・痛覚は、体表に分布するそれぞれの感覚受容器によって引き起こされている（皮膚感覚）。また、身体を動かすときに感じる位置および動作速度等の感覚は、骨格筋や関節にある受容器によって引き起こされている（深部感覚）。さらに、胃腸等の内臓内にも受容器があり、その動きを感じることができている（内臓感覚）。これらの感覚を総称して体性感覚と呼ぶ。

　特に皮膚感覚における感覚受容器は図1−6に示す。皮膚感覚は、触覚、温覚、冷覚、痛覚に分けることができる。これらの感覚受容器との関連はまだ未解明な部分が多い。しかし触覚は**マイスナー小体**が、温・冷覚はこれまでの知見である**ルフィニ小体**および**クラウゼ小体**に加え自由神経終末が、痛覚は自由神経終末が、それぞれ関連していると考えられている。

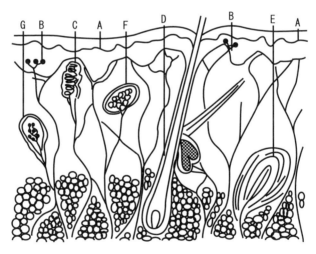

A：自由神経終末、B：メルケルの触板、C：マイスナー小体、D：毛根終末、
E：パチニ小体、F：クラウゼ小体、G：ルフィニ小体

図1−6　皮膚の受容器

［出典：真島英信『生理学　改訂18版』文光堂．p206．1986］

しかしこの体性感覚も、視覚・聴覚のように感覚受容器を機械的に再現するほどその構造が明らかになっていない。

　以上のように私たちの感覚受容器は多様な側面をもっている。しかしながら、感覚受容器の特性は未だ不明瞭な点が多々残されている。1）で説明した視覚は感覚受容器の中で比較的構造が解明されているが、その処理過程全てがわかっているわけではない。人間のこころを解明する上で、脳機能のみならずこれらの感覚受容器の特性を明らかにすることが必須事項であることがわかるだろう。

3．感覚の機能

　前述した通り、私たちの感覚機能はそれを模倣して人間自身が作った機器と異なる特徴を持つ。それはある側面、機器の機能より正確さを欠くことでもあろう。しかし、その機能的特徴が私たち人間の長所を形成しているとも考えることができる。以下にそれらを解説する。

1）刺激の感受性と範囲

　健康診断でよく行われる聴力検査を思い出して欲しい。日頃余り聞くことのない低い音や高い音を、とても小さな音量でありながら認識する能力を持っていることに気づくであろう。このように私たちの感覚能力はかなり高い。では、どのくらい小さな（大きな）刺激を私たちは認識できるのであろうか。刺激認識可能な最低の物理的刺激量を**刺激閾**、最大限界量を**刺激頂**と呼ぶ。

　音（聴覚刺激）では、20 Hz から 20,000 Hz くらいまでの音波（空気の振動）を聞き取ることができる。一般的なピアノは約 30 Hz 〜 4,500 Hz の範囲の音を奏でる。すなわち、低い音（周波数）はピアノの最低音程度であるが、高い音（周波数）はピアノの最高音をはるかに超える範囲を認識することが

可能である。強さ（音量）の刺激閾は個人差が大きい。

　また、視覚刺激では可視光と呼ばれる範囲に含まれる光（電磁波）を、人間は認識可能である。可視光は約380nmから780nmの波長で、普通無色と認識する。しかし、空に映し出される虹やプリズムによる分光から、実際は多様な色が含まれていることがわかる。この範囲は電磁波のごく一部にしか過ぎない。たとえば過剰照射が皮膚にダメージを与えることで昨今心配されている紫外線は可視光範囲外なので、視覚認知することは困難である。

　相手に軽く身体を触られたことに気づかない経験をしたことがあるだろう。もちろん、着衣をしていれば皮膚感覚受容器に（触られた圧力等の）刺激が届かないこともありそうである。しかし、皮膚に直接触れられても、接触されたことを感じることができないことがあり得る。

　図1-7に示すのはワインシュタイン（Weinstein, S.）が身体20カ所の圧覚の閾値を測定したものである。顔面の閾値が低く、下肢のそれは高い。つまり顔だと触ってわかるくらいの強さで足を触ってもわからないことが充分あり得ることを示す。なお、ワインシュタインによれば、女性の圧感覚閾値は、ほとんどの部位で男性より感度が高いことが確認されている。

　なお刺激の違いを認識することも感覚の重要な役割である。携帯型音楽プレーヤーの音量つまみをすこしくらい動かしただけでは、音量増減を感じないこともある。つまりある一定以上刺激量を大きくしないと差異に気づかないのである。感じることのできる最小の刺激の差を**弁別閾**という。これはちょうど差のわかる差異量でもあるので丁度可知差異（just noticeable difference; j.n.d.）とも呼ばれる。

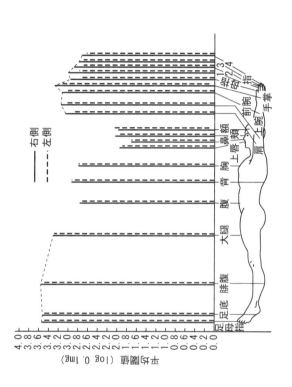

図 1 - 7　身体各部分における男性の圧感覚閾値 (Weinstein, 1968)

[出典：大山正・今井省吾・和氣典二編『新編 感覚・知覚心理学ハンドブック』誠信書房, p1227, 1994]

2）感覚の次元

　刺激には性質や様相の異なる複数の軸が存在する。これを感覚の次元と呼ぶ。たとえば、視覚刺激は、強度と波長という2つの次元が存在する。強度の高低は明るさで、波長の高低は色で感じることができる。

　色は色相、明度、彩度の3次元で表現することができる。これを色の3属性と呼ぶ。色の見えをこの3属性に従って色相を円環状に配列して円筒を作成し、円筒の中心軸で明度を表現し、中心軸から外側方向の水平軸の距離で彩度を示すことで、3次元空間内で全ての色を位置づけることができる。これを**色立体**と呼び、代表的なものとしてマンセルの色立体がある（図1-8）。

3）感覚の時間的変化

　山奥深くの洞窟内の暗闇で、フラッシュを動作させないでカメラのシャッターを押したらどのようになるであろう。その場合、画面は真っ黒で何も写らない。しかし、私たち人間がそのような洞窟の暗闇の場所に入ると、当初見ることができなかった洞窟内部が時間経過に伴って徐々に見えるようになる。これは**暗順応**と呼ばれる過程である。

　また、逆光（強い光源が被写体方向にある）状態において、ごく普通のカ

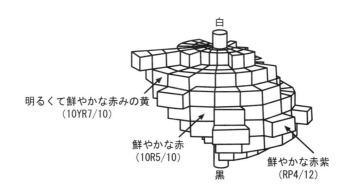

図1-8　マンセルの色立体

メラで（逆光補正等の機能を使わずに）撮影するとどうなるであろう。写真はまぶしさに溢れて、被写体そのものが明確に写らない場合が多い。これは適切な明るさをカメラが測定し得ないが故に起こる状態である。しかし、人間が同じ逆光の被写体を見ていると、当初はまぶしくて見ることが困難であっても徐々になれてくることを多々経験しているであろう。この過程が**明順応**である。

　これら視覚の順応過程は外界の光条件が変化して起こるのではない。私たち人間の感覚器の感度が変化することによって起こるのである。明順応は1分ほどで完了するが、暗順応は30分弱かかることもある。これは図1-2に記した網膜の杆体と錐体の反応特性の違いによって生じる違いである。すなわち暗闇で杆体の感度が鋭敏になるのに時間経過を要するからである。

　このような**順応**過程は他の感覚でも確認される。室内の空調機器で動作するファンの音が当初気になっても、気がつくと音の存在を忘れてしまうこともある。また衣装タンスで使う有臭の防虫剤は特徴的な臭いのものが多い。しかし、これも気がつくと感じなくなっていることがある。これらは継続的に同一刺激呈示によって起こる鈍化でもあり、負の順応と呼ばれる。

　順応の詳細な過程は感覚器毎に多少異なるが、どの感覚器にも共通の意味があると考えられる。つまり、刺激の強度が弱いときに自動的に感度を上げて弁別力を強めている。逆に刺激強度が強いときには感度を下げて感覚器にダメージが残らないようにしている。このような自動的な感度変更でより広い範囲の刺激を捉えようとしているのである。

4．まとめ

　以上、私たちの感覚について概説した。私たちが音楽をどのように感じるかを知ろうとしたとき、音楽の認識過程やその脳内での処理について検討するだけでは十分ではない。未だ音楽を受容する聴覚機能に解明すべき部分が

残っているのである。それ故、心の窓口でもあるこの感覚器の特徴を知ることが、さらなる心そのものの解明にもつながるであろう。

　また、夜間自動車運転をする場合、対向車のライトで一瞬視覚機能が低下してしまい、ドキッとすることがあるだろう。その様な時でも、明・暗順応についてもうすこし知るだけでも、多少以上に安心した運転ができるはずである。それ故、感覚器の特徴を知ることで、私たちの日々の生活をより有意義に過ごすことができるであろう。

　さらに状況によって、時計が刻む時間と心理的に感じる時間の進行が異なることを経験する。本章で触れることがなかった時間に関する感覚（時間知覚）も、私たちには重要な問題であるがその仕組みはまだあまり解明されていない。しかし、日々の生活では時間知覚のズレに何とか対応しているはずである。種々の感覚についてもっともっと意識してみると楽しいことは多いはずである。

発　展
時間知覚　感覚間の相互関連

引用参考文献
ウェンナー M（2009）「味を強める調味料」古川奈々子訳, 日経サイエンス編集部編『脳科学のフロンティア　意識の謎　知能の謎　別冊日経サイエンス』NO.166：115-119（Wenner M (2008) "Magnifying Taste," *Scientific American.* August 2008）
大山　正・今井省吾・和氣典二（編）（1994）『新編 感覚・知覚心理学ハンドブック』誠信書房
真島英信（1986）『生理学　改訂18版』文光堂
松田隆夫（2000）『知覚心理学の基礎』培風館
渡辺雅彦編著（2002）『みる見るわかる脳　神経科学入門講座（上）』羊土社

第2章　知覚

　知覚とは何だろうか。心理学辞典によれば、知覚とは、「生活体が、受容器をとおして、まわりの世界や自分自身の内部で起こっていることから生ずる刺激を受容し、それにもとづいて、外界の事物や出来事、自分自身の状態などについて、直接的に知ること、またはその過程」である（外林他, 1981）。心理学では、知覚はとりわけ外側の世界について知る過程として研究されてきた。さて、外界の世界に対して、われわれはどのように処理をしているのだろうか。本章では、主として知覚と認知について詳述する。

1．知覚

1）「図」と「地」

　対象が絵として知覚されるとき、その領域は**「図」**と呼ばれる。一方、対象が背景として知覚されれば、その領域は**「地」**と呼ばれる。図は、浮かび上がって見えることが多い。地は背後に広がって見える。図になりやすいものとして、小さいもの、取り囲まれたもの、垂直・水平であるもの、青色のような寒色よりも赤色のような暖色があげられる。つまり、視覚的刺激は、図となりやすいもの、地となりやすいものがあることになる。このような図と地は、決定的なものではない。

　図2-1は有名な「ルビンの盃」と呼ばれる絵であるが、この絵をしばらく眺めてみよう。すると、白い領域に注目すれば、盃に見える。一方で、黒い領域に注目すると、向かい合った二人の人間が見えるだろう。このように、2つ以上の見え方をし、それらがどちらも図となりうる図形を、**多義図形**と呼んでいる。ただし、それらが両方とも図となりうることがわかっていても、

同時に両者を図として知覚することはできない。つまり、この「ルビンの盃」の例でみると、盃と向かい合った二人の人間とを、同時に図として見ることはできない。

　多義図形の例を他にあげてみよう（図2－2）。この絵を眺めるとどのような図が見えるだろうか。ネックレスをした若い女性に見える時もある。また、顎をコートにうずめているおばあさんに見える時もあるだろう。この図も、さきほどの「ルビンの盃」と同様に、多義図形であって、若い女性に見えたりおばあさんに見えたりするが、同時に両者を知覚することはできない。

2）錯視（錯覚）

　全く同じ温度設定がなされた部屋であっても、寒色系で統一された部屋にいる時は、暖色系で統一された部屋にいる時よりも寒く感じるという。このように、対象の物理的特性と対象の知覚との間には何らかのずれが生じることがある。一般に、このずれを錯覚と呼ぶ。錯覚の多くは脳で起こると考えられている（北岡，2007）。

　特に、錯覚のうち、視覚による錯覚を**錯視**という。代表的なものにミュラー・リヤーの錯視がある（図2－3）。この錯視は、線分の長さが全く同じであるにもかかわらず矢羽が内向きであると、線分の長さが短く見えるのに対し、

図2－1　ルビンの盃

図2－2　若い女性と老婆

［Boring, E. G. (1930). A new ambiguous figure. *The American Journal of Psychology*, 42 (3), 444.］

26

矢羽が外向きであると、線分の長さが長
く見えるというものである。では、実際に、
ミュラー・リヤーの錯視図の線分の長さ
を測ってみよう。

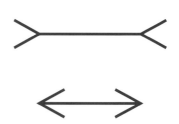

　次に**サッチャーの錯視**と呼ばれるもの
を紹介しよう。これはイギリスの元首相
（1979～1990）であるサッチャーの顔を上
下逆さまにしたものである（図2-4）。左

図2-3　ミュラー・リヤー錯視

の写真は、そのまま上下を反転させただけの倒立顔であるが、右の写真では、
目と口の部分がそれぞれ逆さまになっている。倒立顔提示であれば、左の写
真と右の写真の差がそれほど顕著ではないが、教科書を逆さまにして正立顔
で左右の写真を比べてみると、その差が顕著であることに驚くだろう。この
錯視が起こる原因を考えてみよう。ひとつの原因として、われわれは、普段
正立顔はよく見慣れているが、倒立顔はあまり見慣れていないことがあげら

図2-4　サッチャーの錯視

［Thompson, P. (1980). Margaret Thatcher: a new illusion. *Perception*, 9, 483-484.］

れる。つまり、普段よく見慣れている正立顔の全体処理はうまくできるのだが、あまり見慣れていない倒立顔については、全体処理がうまくなされないと考えられる。

その他にも、錯視にはさまざまなものがある（図2−5〜図2−9）。

3）逆理図形

図2−10は、逆理図形の例である。一見、日常的にありうる絵のように見えるが、よく見るといくつかの矛盾点がある。どこが矛盾しているのか、探してみよう。

4）主観的輪郭

図2−11は、カニッツアの図である。

主観的輪郭とは、そこにはあるはずのない輪郭線があるかのように自動的に知覚されることをいう。例えば、この図のように、本来あるはずのない三角が見えるのは、脳の自動的な補正によるものである。われわれは経験的に三角の形状を知っているので、知覚されるのである。

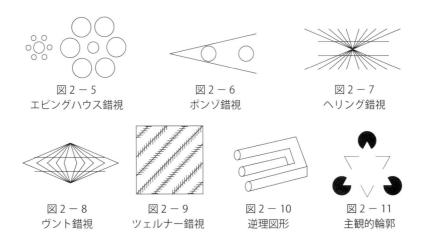

図2−5
エビングハウス錯視

図2−6
ポンゾ錯視

図2−7
ヘリング錯視

図2−8
ヴント錯視

図2−9
ツェルナー錯視

図2−10
逆理図形

図2−11
主観的輪郭

5）奥行き知覚

　目の構造はカメラに似ている（詳細は第1章を参照）。カメラのフィルムにあたるところが網膜である。網膜に、外界の像が結ばれる。つまり、われわれの網膜にうつる世界は2次元である。ところが、実際の世界は奥行きのある3次元から成り立っているので、さまざまな奥行きの手がかりを利用して、われわれは2次元の情報を3次元として知覚している。そうしなければ、日常生活が困難になるだろう。網膜には2次元的に平面としてうつっていても、遠近感や立体感が生じる。

　さて、奥行き手がかりには生理的要因と絵画的要因がある。

⑴　生理的要因

　生理的要因のひとつは、対象との距離によって水晶体の厚みを調節することである。対象が近くにあると水晶体は厚くなるが、対象が遠くにあると水晶体は薄くなる。水晶体の厚みをかえる毛様筋の緊張度は奥行き手がかりのひとつである。また、近接する対象を見るときは、距離に応じて両眼の輻輳が生じる。眼球を水平軸上で回転させる筋運動もまた奥行き手がかりのひとつである。

　また、奥行き知覚の手がかりのひとつとして、両眼視差がある（図2-12）。左右の目の見え方の差違を**両眼視差**と呼ぶ。特に、左右の目の網膜像のずれをさす。一般に、両眼視差は、遠距離になるとその効力を失う。

　では、実際に両眼視差を体験してみよう。人さし指を鼻に近づけ、片眼ずつ交互に閉じてみよう。その後、腕を伸ばして先ほどと同じことをしてみると、人さ

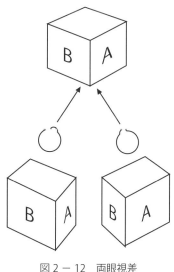

図2-12　両眼視差

し指の見え方はどのようになるだろうか。

　われわれは主として両眼視差によって立体感を得ている。3D 映画はこの原理を応用している。

(2)　絵画的要因

　絵画的要因には、以下のようなものがある。網膜像の中に含まれる手がかりである。

①　網膜像の大きさ

　同じ大きさのものであっても、網膜像は遠距離にあるものほど小さくなる。このため、網膜像が小さいほど、遠くにあると知覚される。電柱の高さはみな同じだと知っているため、小さく描かれた電柱は遠くにあるように感じられる。

②　重なり合い

　重なっているものは、下にあるものが遠く見える。近くにあるものは遠方のものを隠すことがあるが、遠方のものが近くのものを隠すことはない。知識に基づく遠近感であるといえる。

③　きめの勾配

　きめの細かいものは遠くに、きめの粗いものは近くに見える。網膜像の大きさと似て、きめが一定であるとすれば、遠くのもののきめは小さく細かく見える。

④　陰影

　陰影により、表面にふくらみやへこみがあるように感じられる。

　絵画は、上記のような手がかりをうまく用いることで一枚の平面的な画用紙上に、3次元の世界を描いているのである。例えば、広大な海原も遠近法を利用して、はるか遠くまで描くことができる。さらに、波打つ様子も、立体的に描くことが可能である。中にはあまりにもうまく描けているために、実物と見間違うほどのものもある。

6）恒常性

　われわれが、対象を見る時、対象の像は網膜上に常に同じ状態でとどまっていることはない。対象が動いたり、あるいは反対に観察者が動いたりすることにより網膜像は大きく変化する。ところが、その際に、対象の大きさや形がそれに伴い、大幅に変化して感じられるということはない。このように、大きさや形の変化が感じられないところから「**恒常性**」があると考えられる。

　大きさの恒常性とは、網膜像や視角の大きさが変化しても、見え方が一定に保たれることをさす。例えば、1メートル先にいるAさんが、2メートル先に移動したとしよう。網膜上には、Aさんの半分の大きさの像がうつしだされることになるが、実際には、半分の大きさのAさんが見えるというわけではないのである。

　形の恒常性についても、対象を見る方向を変えると、網膜上にうつる形は変化する。しかし、対象そのものの形が変化して知覚されるわけではないのである。

　これまで、錯視をはじめ知覚について概観してきたが、知覚は個人的な要因も大きく影響することがわかっている。つまり、われわれの見え方は自分自身の経験、動機づけにも左右されるということである。例えば、ブルーナーとグッドマン（Bruner & Goodman, 1947）による古典的研究がその代表である。

　ブルーナーとグッドマンは、10歳の男の子30人に1、5、10、25、50セントのコインを見せて、それと同じ大きさだと思う円をスクリーン上に作らせた。この実験においては、裕福な家庭のグループ、貧しい家庭のグループ、対照群で比較したが、貧しい家庭の子どもは、裕福な家庭の子どもに比べ、コインを過大視するという結果が得られた。つまり、この実験では個人の経験がコインの大きさの知覚に影響したのではないかと考えられる。貧しい家庭の子どもにとってはコインの価値が大きく、それゆえ実際の大きさよりも大きく見えるということなのだろう。

2．ゲシュタルト心理学

　先述の例は、われわれの知覚が、ありのままの刺激を受けとって構成されているわけではないことを示している。図2-11のように実際には三角形とはいえない視覚刺激であるが、全体として見ると、3つの小図形としてではなく、三角形として知覚されてしまうのは、三角形としての知覚の方がまとまりがよいからであろう。われわれの知覚が、このように部分的構成要素をひとつずつ正しく認識した結果からできあがっているのではなく、全体を、特定の認識しやすい形態として認識していることは、「全体は部分の総和以上のものである」というゲシュタルト心理学を生み出す発端となった。ゲシュタルトはドイツ語で「形態」を意味する。

1）群化
　群化とは、簡単に言うと、「まとまる」ということである。われわれが、外の世界を効率的に処理するために、まとまりのある形として知覚する（図2-13）。
　以下は、群化の要因である。
⑴　近接の要因
　お互いに距離が近いもの同士がまとまって知覚される。
⑵　類同の要因
　お互いに類似しているもの同士がまとまって知覚されやすい。例えば、同じ形や色をしているものはまとまりやすい。
⑶　閉合の要因
　お互いに閉じているものはまとまって知覚されやすい。
⑷　よい連続の要因
　つながって見えるものはまとまりやすい。

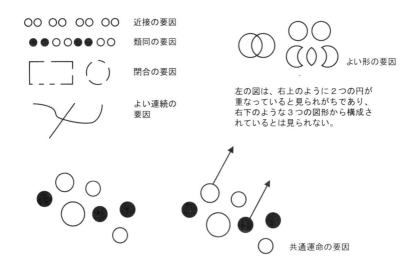

図 2 − 13　群化の要因

(5)　よい形の要因

　規則的な形をしているものにまとまって見えやすい。

(6)　共通運命の要因

　一緒に動くものは、まとまって知覚されやすい。

3．認知

　ゲシュタルト心理学は主として視覚の心理学であったが、その後、知覚を「情報処理」ととらえる認知心理学が生まれた。認知心理学においては、個々の刺激が持つ情報から作り出される知覚は「データ駆動型」あるいはボトムアップ型の知覚であり、刺激全体から作り出される知覚は「概念駆動型」あるいはトップダウン型の知覚であるとされる。今日的にいえば、ゲシュタルト心理学は、トップダウン型情報処理の研究であったといえるだろう。現代

の認知心理学のひとつの出発点はゲシュタルト心理学であるといえるだろうが、出発点といえるものは他にもあった。そのひとつが、ブロードベント（Broadbent, D. E.）に始まる実験的な注意研究である。

　ブロードベントは、情報理論の影響を受けたフィルタ理論を提唱した。この理論によれば、人間は容量制限のある伝達チャンネルとみなされている（大山他，2007）。われわれの情報処理の仕組みは、コンピューターと似ている。基本的には、外部の膨大な情報を取り入れ、出力するのだが、中枢処理系は処理容量が小さいため、情報処理の流れを取捨選択するというボトルネックが存在すると考えられている。

1）注意

　われわれが日常生活を送っていると、いろいろな対象に**注意**を向けなければならない。例えば、車の運転を考えてみよう。車を運転する際には、前方に注意を向けるだけでなく、後方や側方への視覚的注意、あるいは救急車やパトカーのサイレンの音などへの聴覚的注意も必要である。ただし、外界の情報すべてに対して注意を向けるのは実質不可能であるので、われわれは実際には、必要な事物のみに注意を配分し、他を無視している。これが**選択的注意**である。

　選択的注意の例として**カクテルパーティー効果**がある。パーティー会場では多くの話し声が錯綜しているなかで、特定の会話に注意を向け、他の会話を無視することができる。

　われわれは、選択的注意により、効率的に情報を取捨選択しているのである。もし、選択的注意という機能がなければ全ての情報処理をしなければならない。先ほどのパーティー会場の例であれば、多くの話し声のすべてに注意を払わねばならないとすれば、特定の人との会話が困難になるだろう。

　注意は、次にあげる2つの注意から成り立つ。ひとつは、焦点的注意であり、もうひとつは注意の分割といわれるものである。

⑴ 焦点的注意

　焦点的注意とは、ひとつの対象に注意を向け、処理することである。焦点的注意に関する実験方法に、**両耳分離聴**（りょうじぶんりちょう）というものがある。これは、左右の耳にそれぞれ異なるメッセージを聞かせ、他方のメッセージは無視して指定された方の耳から聞こえる内容を追唱させるというものである。**追唱**（shadowing）は、耳から聞こえてきた音声をすぐさま口に出して復唱するというものである。

⑵ 注意の分割

　注意の分割とは、複数の対象に同時に注意を向け処理することである。複数の対象に注意を向けることになるので、当然、注意の配分が重要になってくる。

　二重課題（dual task）と呼ばれる、被験者に同時に2つの課題をさせる実験がある。例えば、視覚課題と聴覚課題の2つを同時に行わせるといったものである。当然、ひとつの課題をするよりも2つの課題をする方が被験者にとっては難しく感じる。うまく、この二重課題を遂行するのには、注意の分割が必要である。

　注意の分割は、課題の難易度によっても影響を受ける。課題が容易であれば、他の課題にも注意を向けられるが、課題が困難であれば、他の課題に注意を向けることが難しい。結果として他方の成績が悪くなり、集中している課題でさえも、エラーが多くなるだろう。

　カーネマン（Kahneman, 1973）の注意のモデルによれば、人間が情報処理を行うのには**注意資源**（attentional resources）が必要とされている。さらに、この注意資源の**容量**（capacity）にも限界があるとされる。したがって、例えば課題が困難であれば、容量以上の情報処理を強いられることになり、処理がうまくいかない可能性がある。われわれの情報処理は、容量の限界の範囲内で行われていると考えられる。

　このように、ブロードベントの注意研究から始まり、カーネマンによる注

意資源や容量という概念の提唱がなされてきた。そして、近年では、認知心理学の枠組みにおいて、特に、視覚的注意に関する研究が盛んになってきている。視覚的注意の研究には、例えば、後述する損失利得法を用いた空間的注意研究や、視覚探索課題などがあげられる。では、まず空間的注意研究から見ていくことにしよう。

(3) 空間的注意

　空間的注意を調べるための認知心理学的手法として、ポズナー（Posner, 1980）の空間手がかりパラダイム（spatial cuing paradigm）がある。また、このパラダイムは損失利得法などと呼ばれることもある。このパラダイムは、その後に現れるターゲットに先だって、手がかり刺激を提示するという方法である。先行する刺激とその後のターゲットの位置が一致している場合は、一致条件（または有効条件）、一致していない場合は不一致条件（または無効条件）とされる。例えば、閃光が刺激として提示され、その同じ位置にターゲットが出現した場合、これは一致条件となる（図2-14を参照）。ターゲットに対する反応時間を測定すると、一致条件の場合は、不一致条件よりも反応時間が短くなることがわかる。

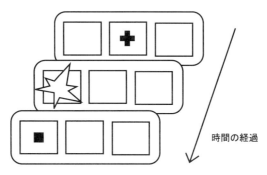

実験参加者はまず中央の枠を注視する。次に左右どちらかの枠が光る。さらに左右どちらかの枠にターゲットが出現する。

図2-14　ポズナーのパラダイムによる実験例

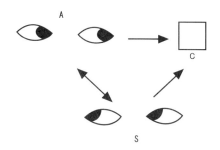

図2－15　共同注意の例

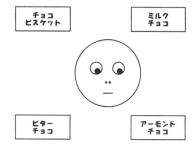

3歳から4歳の子どもに提示された絵。「チャーリーは、どのチョコレートを取るでしょうか？」と質問。（Baron-Cohen による図）

図2－16　視線と心の理論

[出典：サイモン・バロン＝コーエン著，長野敬・長畑正道・今野義孝訳『自閉症とマインド・ブラインドネス』青土社，p89（図3－15）/p97（図3－16），2002]

　このポズナー（1980）の空間手がかりパラダイムを用いた空間的注意の研究は、これまで認知心理学の枠組みで論じられてきた。近年は、ヒトの視線のような社会的な手がかりを刺激とした空間的注意研究がなされることによって（例えば橋本・宇津木（2005））、社会心理学や発達心理学の枠組みにおいても注目を集めるようになってきている。重要な知見なので詳しく見ていくことにする。

　この図を見てみよう（図2－15）。Aさんはあるモノ（C）を見ている。Sさんは、Aさんが特定の対象Cを見ていることがAさんの視線方向からわ

かる。SさんがAさんの注意の手がかり（視線）を用いることによって、二者（AさんとSさん）が同一の対象（C）に注意を向ける現象は**「共同注意」**（joint attention）と呼ばれる（第7章参照）。この「共同注意」という現象は、子どもの発達段階の指標としても注目されつつある（徳永，2009）。

　自閉症児では共同注意に問題があることが少なくない。正面向きと側方向きの顔線画を提示し、どちらの人物が自分を見ているかという質問をした場合には、健常児も自閉症児も、正面向きと回答する。しかし、自閉症児には視線方向の認知はできるが、視線方向の持つ意味を理解すること、つまり視線方向から他者の心的状態を推察することが難しい（図2-16）。

　このように、どこを見ているのかわかることと、その行動の意味を理解することとは、どうやら別の次元で働いているようである。

⑷　視覚探索

　われわれは日常生活において、人ごみの中から友人を探したり、本屋で買いたい本を探したりする。その時に、われわれは、多数の中から、目的の事物、つまりターゲットを探す。この行動は**視覚探索**（visual search）と呼ばれる。では、この視覚探索を用いた研究について詳しく見ていくことにしよう。

　視覚探索課題とは、多くの妨害刺激（ディストラクタ）の中から、ターゲットを探索させるものである。この場合、ターゲットを探索するまでの反応時間を測定する。妨害刺激の個数を操作した際に伴う反応時間の変化は探索関数と呼ばれる。この探索関数の勾配は探索効率と呼ばれ、視覚探索において最も重要な手がかりとみなされている（大山他，2007）。

　通常、妨害刺激の数が多くなると、それに伴いターゲットの検出に要する時間が長くなる。つまり、探索勾配は右上がりになる。視覚探索において探索関数の勾配が見られないとき、つまり、妨害刺激の数にかかわらずターゲットの検索に必要な時間が変化しない現象は、ポップアウト（pop out）と呼ばれている。

　さて、視覚探索課題を用いた研究があるので紹介する。ペレットら（Perrett

et. al., 1992）によれば、人々の顔面が持つさまざまな情報の中には、脳内の特定の神経モジュールによって自動的に処理されていると思われるものがある。マカク（ニホンザルと近縁のサル）の側頭葉、正確には上側頭溝の前部に位置する神経細胞の中には、視線方向に選択的に反応するものがある。人間においても、視線方向の処理が上側頭溝で行われていることを示唆する研究がある（Hooker et. al., 2003）。他者の視線は、重要な情報として、特別な知覚的処理を受けているらしい。

　グリュノーとアンストン（Grünau & Anston, 1995）によれば、群衆の中で、自分に向けられた視線（直視）は特異的に知覚される。彼らの実験結果は、たくさんの「左右視線」背景中からひとつの「正面視線」を見つけだすのは、たくさんの「正面視線」背景中からひとつの「左右視線」を見つけだすよりも高速であることを示している。つまり、直視視線は、左右視線に比べより速く検出されるというものである。しかも、背景の数が増えても遅くならない。つまり、探索関数に勾配が見られない。これは、自分に向けられた視線（直視）に対しては、自分に向けられていない視線（側方視線）よりも重要なものだと認識されるため、敏感に察知するのであろう（図2−17を参照）。

　また、表情顔を刺激とし、視覚探索課題をさせた実験もある。例えば、怒り顔は速く検出されることがわかっている（Hansen & Hansen, 1988）。

　たくさんの背景顔から「怒り顔」の有無を判断するのは、「幸福顔」や「中性顔」の有無を判断するよりも高速である。しかも、背景の数が増えても速度は遅くな

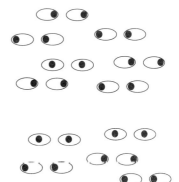

正面視線は発見しやすい（上図）が、右向き視線を見つけるのには時間がかかる（下図）。

図2−17
グリュノーとアンストンの実験に使われた刺激図形の模式図

らない。では、「怒り顔」はなぜ他の表情より高速に処理されるのだろうか。解釈のひとつとして、**生態学的妥当性**から考えると、他者の怒り顔は自分にとって危険あるいは不利益を生じさせる可能性がある。例えば、怒りは、後で攻撃行動につながるかもしれない。一方で、幸福顔や中性顔は、すぐさま不利益になるとは考えにくい。よって、怒り顔に対する迅速な処理は理にかなっていると思われる。

さらに、表情だけでなく、視線方向もまた非常に重要な意味を持つ。先述したグリュノーとアンストン（1995）の研究結果とも関連してくるのだが、怒り顔が自分に向けられているのか、それとも別の対象に向けられているのかで、その意味合いは全く異なってくる（吉川・佐藤，2000）。つまり、正面向きの怒り顔というのは、今この瞬間、相手の怒り感情が自分に向けられていることを示す。言い換えれば、非常に緊迫した状態にある。怒り顔が正面を向いていない場合は、相手は怒り感情を抱いているが、その対象は自分ではない可能性がある。したがって、正面向きの怒り顔と比較すると、緊迫した状態ではないと考えてよいであろう。

このように、視線と表情の知覚は、特定の人物が、今、誰に対して、どのような感情を抱いているかを知り、迅速にかつ適切に対処するのに、非常に重要である。

2）自動的情報処理

他者の視線や顔の表情は、特異的に高速で処理されることを示している。つまり、他者の視線の方向を考えて推論をしなくても、無意識のうちに、ただちに結果が得られるのである。かつては、このような無意識の反応は「本能」や「反射」の概念で説明されていたが、認知心理学では、自動的な情報処理という概念が用いられる。

シュナイダーとシフリン（Schneider & Shiffrin, 1977）は、人間の情報処理について２つの過程を提唱している。ひとつは、**制御された処理**（controlled processing）と呼ばれるものがある。これは、実行するのに注意が必要であり、時にはエラーを伴う。一方、**自動的処理**（automatic processing）と呼ばれる過程は、主として長期にわたる練習の結果として得られる。例えば、楽器の演奏やテニスなどの、認知的な運動スキルの獲得である。熟練したスキルは、ほとんど注意を伴わないで実行され、速く、また正確である。

　彼らの考え方に基づくと、情報処理は、学習していく過程で、当初の制御された処理から自動的処理へと移行していく。例えば、ピアノの演奏に関していえば、最初は楽譜と鍵盤を代わるがわる見ながらでないと弾けなかったものが、練習が進むと鍵盤に注意を向けなくても弾けるようになる。つまり、ピアノの練習を積むうちに、次第に制御された処理から自動的処理へ移行していくと思われる。

3）無意識の知覚

　認知心理学ではわれわれの知覚を、意識的であっても無意識的であっても、情報処理として考える。伝統的な知覚研究では、さまざまな感覚的刺激を提示して、何が見えていますか、何が聞こえましたかと尋ね、それに対する答えによって、その人が何を知覚したのかを知るという方法をとっていた。つまり、知覚は意識過程に限定されて研究されてきた。しかし、自動的な情報処理という考え方に立てば、無意識の知覚もありうることになる。

　われわれは見えているものを見ている、見えないものは見ていないと感じているが、実は見えているとは思っていないものが見えていることがある。映画は毎秒24コマの静止画像を連続的に提示しており、われわれの視覚は、それを連続した運動として知覚するが、1コマ1コマの画像は、約40ミリ秒しか提示されず、意識レベルではほとんど見えていない。1957年に、上映中の映画のコマに、「コーラを飲もう」「ポップコーンを食べよう」という広告を忍び込ませたところ、売り上げが伸びたという、根拠のはっきりしないうわさが伝えられた。実際には、このような「意識下」の宣伝に効果があ

るかどうかはよくわからないが、ごく短時間の提示であるために、意識にはのぼらない、つまり見たという記憶を生じない視覚刺激（サブリミナルな刺激といわれる）が、その刺激と関連した特定の情報処理を促進する作用があることは、広く認められている。これは、**プライミング**（priming）と呼ばれる作用である。プライム刺激を提示したあとで別の刺激（プローブ[注2]と呼ばれる）を提示して反応を見ると、プライム刺激に関連していない刺激に対する反応より、プライム刺激と関連する刺激に対する反応が促進されていることがわかる。プライミングは普通に見聞きする刺激に対しても生じる。もっとも一般的な例は連想である。例えば自動車メーカーの名前を見せた後で「乗り物」といえば、「自動車」という連想が生じやすいが、「観覧車」という連想は生じにくい。しかしプライム刺激として遊園地のビデオを見せたあとで「乗り物」というと、「観覧車」という答えが返ってきやすい。

　視覚刺激に限れば、数十ミリ秒以下の刺激提示であれば、文字にしても図形にしても、何かがちらついたという程度の印象しか生じない。しかし、その後にプローブを与えると、見えていないはずの文字や図形がプローブ刺激に対する反応を促進、あるいは妨害することがわかる。つまり、見たという印象がなくても、「見えていた」ことになる。

4）単純接触効果

　ザイアンス（Zajonc, R. B.）は、見たことのある単語や図形は何となく好きになるという研究結果を報告している（Zajonc, 1968）。われわれは、見慣れたものは何となく好ましいと評価する傾向にあるというのである。この場合、ただ見ている回数が多いというだけで、好ましさに変化が生じる。例えば、知っている人の写真と、それを左右反転させて提示した写真との2種類を用意する。そしてどちらの写真が好きかと尋ねると、平均的には反転していない方の写真が好まれるのである（Mita, T.H., Dermer, M., & Knight, J., 1977）。多くの場合、写真そのものを見て反転写真かどうかを正確に判断す

ることはできない。つまり、見慣れた顔がうつっている写真の方が何となく好きな感じがするのである。自分自身の顔写真については、反転した写真の方が好まれることが多い。自分の顔を自分で見るという機会は主として鏡にうつる自分の顔であろう。したがって、自分自身の写真に限っては、左右が反転している顔写真が何となく好まれることになる。

注：1）実験心理学においては、パラダイムとは標準的な実験手続きのことをさす。
　　2）プローブとは、探り針の意味である。ある心理状態を推定するために、別の刺激をプローブとして提示し、それに対する反応を測定する。

発　展

中心窩　視角　眼球運動　ヒット率　フォールスアラーム率　信号検出理論　ストループ効果

引用参考文献

Boring EG (1930) "A new ambiguous figure," *The American Journal of Psychology*, 42 (3) : 444.

Bruner JS & Goodman CC (1947) "Value and need as organizing factors in perception," *Journal of Abnormal and Social Psychology*. 42 : 33-44.

Grünau M von & Anston C (1995) "The detection of gaze direction : A stare-in the crowd effect," *Perception*. 24 : 1297-1313.

Hansen CH & Hansen RD (1988) "Finding the face in the crowd: An anger superiority effect," *Journal of Personality and Social Psychology*. 54 : 917-924.

Hooker CI, Paller KA, Gitelman DR, Parrish TB, Mesulam MM, & Reber PJ (2003) "Brain networks for analyzing eye gaze," *Cognitive Brain Research*. 17 : 406-418.

Kahneman D (1973) *Attention and effort*. Englewood Cliffs N. J. : Prentice-Hall.

Karremans J, Stroebe W, & Claus J (2006) "Beyond vicary's fantasies: The impact of subliminal priming and brand choice," *Journal of Experimental Social Psychology*. 42 (6) : 792-798.

Mita TH, Dermer M, & Knight J (1977) "Reversed facial images and the mere-exposure Hypothesis,” *Journal of Personality and Social Psychology*. 35 (8) : 597-601.

Perrett DI, Hietanen JK, Oram MW, & Benson PJ (1992) “Organization and functions of cells responsive to faces in the temporal cortex,” *Philosophical Transactions of the Royal Society of London B*. 335 : 23-30.

Posner MI (1980) “Orienting of attention,” *Quarterly Journal of Experimental Psychology*. 32 : 3-25.

Schneider W & Shiffrin RM (1977) “Controlled and automatic human information processing: I. Detection, search, and attention,” *Psychological Review*. 84 : 1-66.

Thompson P (1980) “Margaret Thatcher: a new illusion,” *Perception*. 9 : 483-484.

Zajonc RB (1968) “Attitudinal effects of mere exposure,” *Journal of Personality and Social Psychology Monograph Supplement*. 9 : 1-27.

アトキンソン RL 他（2002）『ヒルガードの心理学』内田一成（監訳）　ブレーン出版　（Atkinson RL et al. (1996) *Hilgard's introduction to psychology*.: Wadsworth publishing）

大山　正・今井省吾・和氣典二・菊池　正（編）（2007）『新編 Part 2　感覚・知覚心理学ハンドブック』誠信書房

北尾倫彦・中島　実・井上　毅・石王敦子（1997）『グラフィック心理学』サイエンス社

北岡明佳（監修）（2007）『Newton 別冊　脳はなぜだまされるのか？錯視完全図解』ニュートンプレス

外林大作・辻　正三・島津一夫・能見義博（編）（1981）『誠信　心理学辞典』誠信書房

德永　豊（2009）『重度・重複障害児の対人相互交渉における共同注意』慶應義塾大学出版会

橋本由里・宇津木成介（2005）「ヒトの視線と矢印記号による視覚的注意喚起」『人間工学』第 41 巻第 6 号：337-344

バロン＝コーエン S（2002）『自閉症とマインド・ブラインドネス』長野敬・長畑正道・今野義孝訳　青土社（Baron-Cohen S（1995））

森　敏昭・井上　毅・松井孝雄（1995）『グラフィック認知心理学』サイエンス社

横澤一彦（2010）『視覚科学』勁草書房

吉川左紀子・佐藤　弥（2000）「社会的メッセージ検出機構としての顔知覚－表情と視線方向による促進－」『心理学評論』43：259-272

Column 1

K-ABC を指導に生かす

松尾　志保

　K-ABC（Kaufman Assessment Battery for Children）とは、心理検査のことである。この検査の特徴のひとつは、認知過程を「継次処理」と「同時処理」から評価し、得意な学習スタイルをみつけることである。

　特別支援教育では、子どもを評価するひとつの手段としてK-ABCを用い（もちろん、日常の行動観察によって検査結果を補う）、それぞれの得意な学習スタイルをみつけ、日常生活や学習場面の具体的な指導に生かすことがある。

○『同時処理』を主に使う子ども

　　同時に多くの情報の部分をまとめたり、統合したりすることで課題を解決していくことが得意

○『継次処理』を主に使う子ども

　　連続的で段階的な順番に情報の部分を配列していくことで課題を解決していくことが得意

〈実際の指導例〉

　　対象：『継次処理』を主に使う、特別支援学校の小学生

　　場面：登校後の授業準備

　以下のような細かいステップにして、紙に書いて示す。つまずきが生じたら、そのステップの番号を指さし、それでもできないときは声をかけるなどして、必要に応じ、手がかりを与える。

　①　かばんを机においてすわる

　②　かばんから連絡帳をだし、先生にわたす

　③　かばんから教科書とふでばこをだし、かごにいれる

　④　かばんからタオルをだし、かける

　⑤　かばんをロッカーにしまう

このように、段階的に手順を示すことで、自分でひとつずつ確認しながら、スムーズに『登校後の授業準備』を進めることができる。また、「順番にやると上手にできるね」などの声をかけて、自分が継次的に処理することが得意であることを意識させると、『登校後の授業準備』のみならず、さまざまな場面で応用しやすくなる。

参考文献

前川久男・石隈利紀・藤田和弘・松原達哉（1995）『K-ABC　アセスメントと指導』丸善メイツ株式会社

第3章　学習

1．はじめに

　学習というと、学校の勉強のことのように思われるかもしれない。学校における学習は、主として言語による知識の獲得であり、言語的記憶の側面が強い。記憶については次の第4章で学ぶ。では、心理学における**学習**（learning）とはどのようなものであろうか。

　学習の研究は、動物の行動研究から始まった。人以外の動物には知性がなく、生まれつき決まっている刺激に対する反射的行動という、いわば本能で生きているものと考えられていたから、動物が事象間の抽象的な関係に伴って、新しい刺激に対して行動することを憶えるという「条件反射」の発見は、驚きをもって迎えられた。当初、条件反射は新しい反応行動の習得であると考えられていたが、その後、動物の学習研究が進むにつれて、学習は知識の獲得であること、また学習のメカニズムは、動物と人間に共通していることがわかってきた。

2．古典的条件づけ

1）条件反射

　長い間、動物には知性がない、少なくとも高度な知性はないと考えられていた。動物が食べられるものと食べられないものとを区別したり、自分の子どもを他の子どもから区別したりするのは、みな、生まれつきの性質である本能として説明された。そして、知性のない動物でも、さまざまな刺激を見分けたり聞き分けたりして、異なった行動を起こすのはなぜかということを説明するために、「**反射**：reflex」という概念が考えだされた。人間でも、

熱いものにさわると手を引っ込めるという動作が生じるが、これは、熱の感覚的刺激が、自動的に腕の筋肉を収縮させるのだと考えられた。動物が、さまざまな刺激に対する反射を多数そなえているとすれば、空腹になれば食べ、気温が高くなれば涼しいところへ移動し、繁殖の時期に異性を見つければ性行動を行うことができるだろう。野生動物であれば、人間の姿をみれば逃げるという反射を持っているかもしれない。

　しかし、すべての行動が生まれつきの反射で説明できるわけではない。飼いイヌであれば、特定の飼い主には従い、見知らぬ人物には従わない。しかし、生まれる前から飼い主が決まっているとは考えられないから、飼い主であるかどうかの区別は、経験によって生じたはずである。つまり、家畜にはある程度の知恵があって、自分の飼い主を他の人々から区別することができるようになると思われていた。この動物の知恵がどのようなものなのかを初めて説明し、実際に操作したのがロシアのパブロフ（Pavlov, I. P., 1849-1936）である。このような知恵の獲得は「条件反射」によるものだと考えられた。パブロフが発見した条件づけ、すなわち条件反射を作り出すことは、現在では**古典的条件づけ**（classical conditioning）とよばれる。なぜ古典的とよばれるかというと、別のタイプの条件づけの研究が、その後始まったからである。古典的条件づけにおいては、主として**自律神経系**の無条件反射が利用された。その後、さまざまな「反射」の生理的メカニズムの研究が進み、単純な反射であると思われていた多くの行動が、実はかなり複雑なメカニズムによって生じていることが分かってきた。現在は反射の代わりに「反応：response」という用語が使われる。

2）パブロフの研究

　パブロフの実験は有名なので、すでに知っているかもしれないが、少し説明をしておこう（図3−1）。パブロフはイヌの消化液の研究をしていた。ヒトもイヌも、口の中に食物が入ると、唾液や胃液などの消化液の分泌が生じ

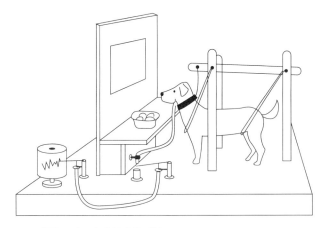

図3－1　古典的条件づけ（Yerkes & Morgulis, 1909 に基づく）

る。これは、知性とか意志とよべるような心の働きによるものではない。このような消化液の分泌は、現在では自律神経系の複雑な反応であると考えられているが、当時は、反射的に消化液が分泌されると考えられた。パブロフが発見したことは、逸話によれば、イヌに食物を与える係の助手があらわれると、あるいはその足音が聞こえるだけで、まだ食物が与えられていないのに、消化液の分泌が始まることであった。消化液の分泌は、大脳皮質を切除したイヌでは見られなかったから、このような反射は大脳皮質で起こっているのだろうと考えられた。

　口の中の食物は、消化液の分泌という反射的反応を無条件に生じさせるので、**無条件刺激**（unconditioned stimulus: UCS）とよばれる[注1]。無条件刺激によって反射的に、つまり自動的に生じる反応は**無条件反応**（unconditioned response: UCR）である。これは、生まれつきの反応であると言ってよい。ところが、口の中に食物をいれるより前に、特定の視覚的あるいは聴覚的刺激が提示されると、次第に、これらの刺激の提示だけで無条件反応と同様の消化液の分泌が生じるようになる。この場合の反応は、口内の食物に対する

生まれつきの自律神経系の反応とは異なり、無条件に生じるものではないから、「無条件ではない、条件つきの反射」であるということになり、条件反射（conditioned reflex）とよばれた。これは現在では**条件反応**（conditioned response: CR）とよばれている。

　助手の姿や足音は、条件反応（CR）を生じる刺激であるから、**条件刺激**（conditioned stimulus: CS）とよばれる。条件づけとは、無条件刺激 UCS に対して生じる無条件反応 UCR を利用して、条件刺激 CS に対する条件反応 CR を作り出す手続きである。パブロフのイヌは、助手が来ただけで消化液を分泌させることを、条件づけによって学習したことになる。

　いったん成立した条件づけであっても、CS を提示するだけで UCS をまったく提示しないと、条件反応 CR は次第に弱まって、ついには反応があらわれなくなる。例えば、ベルの音を聞かせたあとで食物を与えると、条件づけによって、当初は CS（ベルの音）に対して CR（消化液の分泌）が生じるが、CS だけを提示して UCS（食物）を与えないでいると、やがて CR は生じなくなったり、ごくわずかになる。この手続きは、いったん成立した条件づけを消すという意味で、**消去**とよばれる。

　異なった 2 つの刺激が常にペアで提示されると、両者の間に連合関係ができあがるという考え方を**連合主義**という。この考え方は、人が経験によって知識を獲得していくことを説明する原理であった。文字 A が発音「エイ」とつねにペアで提示されると、A を見るとエイという音が思い起こされ、逆にエイを聞くと A の文字が思い起こされるというのである。条件づけの手続きにおいては、CS と UCS とが常にペアで提示される。連合主義の立場からは、2 つの刺激がペアで提示されるために、脳内でこの 2 つの刺激が連合して等価になると考えられた。しかし、その後、多数の実験が行われて、CS のあとに UCS を提示するときには条件づけが成立するのに、時間的順序を逆にして UCS のあとに CS を提示する手続き（**逆行条件づけ**）では、条件づけはほとんど成立しないことが分かってきた。2 つの刺激の提示順序が逆

転すると条件づけが難しくなることから、2つの刺激は単に時間的に接近しているために連合するのではなく、食物に先行して提示される中立的な刺激（CS）が生物学的に重要な刺激である食物（UCS）を指し示す信号であることを、イヌが学習するのだと考えられるようになった。比喩的に言えば、パブロフのイヌはベルの音を聞くと食物を思い出すのであるが、食物が口に入ったからといってベルの音を思い出したりはしないということである。

3．オペラント条件づけ

1）レスポンデントとオペラント

　パブロフの条件づけは主として自律神経系の反応について研究されたが、**体性神経系**の反応についても学習が可能である。ソーンダイク（Thorndike, E. L., 1874-1949）はネコを「問題箱」とよばれる箱に閉じこめて、そこから逃げ出すまでの時間を測定した。この箱には何カ所かに仕掛けがしてあって、それらをすべて解除しないと外に出る扉が開かないようになっている。最初のうち、ネコが外に出るのにはかなり長い時間がかかるが、何度もやっているうちに、短時間で箱から出てくるようになる。これは**試行錯誤学習**（trial and error learning）とよばれた。スキナー（Skinner, B. F., 1904-1990）は、動物の行動を、環境内の刺激に対する受動的反応（**レスポンデント**行動）と、環境に対する積極的な働きかけ（**オペラント**行動）とに区別した。試行錯誤は、オペラント行動の一種であると考えられる。オペラント行動に対する条件づけは後述するようにオペラント条件づけとよばれる。古典的条件づけは、動物には選択のできない反射的行動を取り扱っているので、レスポンデント条件づけである。

　動物が特定の環境におかれたとき、動物はその環境に対する特定の行動を反射的にとるわけではなく、実行可能な複数の行動から、どれか一つを選択して実行する。空腹で食物を探しているネズミの前に、右の道と左の道があ

る場合（Ｙ字迷路）、ネズミに人間のような意志があるかどうかは別として、偶然であるとしても、どちらかの道を選んで進む。最初のうち、ネズミは右の道と左の道をほぼ50パーセントの割合で選ぶだろうが、もしもつねに右側の道の先に食物があるとすると、だんだんと右の道だけを選ぶようになる。つまり、ネズミは食物獲得の可能性が高い行動を選び、可能性の低い行動は選ばなくなる。このような行動は、食物をとるために有用な「道具」として用いられていると考えることができる。ネズミは食物をとるための道具的行動を選択し、その結果食物が得られるかどうかによって、特定の道具（行動）が選択される確率が変化するのである。このような学習は、初期には道具的条件づけとよばれていた。オペラント条件づけと道具的条件づけは、実験手続きの面で、同一の条件づけであると言える。

２）スキナー・ボックス

スキナーは**スキナー・ボックス**という実験装置を考案した（図３−２）。スキナー・ボックスには、動物が押すことのできるバーとよばれるスイッチと、バーが押された回数が自動的に記録される装置がついている。記録を見ると、動物がどのような時期に、どれだけの頻度でバー押しを行ったかがわかる。

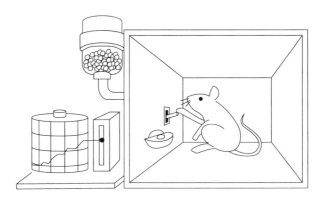

図３−２　オペラント条件づけ（スキナー・ボックス）

この箱に入れられた空腹の動物は、まず環境に対して能動的に行動する。食物が出てくるのをじっと待ちつづけるという受動的な行動ではなく、みずから行動して食物を見つけようとする行動を始める。スキナーはこのような能動的行動をオペラント行動とよんだ。これはスキナーの造語であるが、日本語に訳せば「自発的行動」に近い。スキナー・ボックスにおける動物の学習は、**オペラント条件づけ**とよばれる。

　空腹の動物はスキナー・ボックスの中で動き回るが、そのうちに偶然にバーを押す。何度かバーが押されると、食物が出てくる。やがて空腹のネズミは、他の行動、例えば箱の中を歩き回ったり、檻をかじったり、あるいは箱の中でうずくまったりするよりも、バー押し行動を優先的に、高頻度で行うようになる。つまりバー押し行動が食物の提供によって強められるのである。これを**強化**とよぶ。強化を起こすもの（この場合には食物）は**強化子**（reinforcer）とよばれる。

　古典的条件づけの場合も、口の中の食物は強化子である。古典的条件づけの場合、ベルの音だけ聞かせていると条件反応が弱まって、最後には消失する（消去）。同様にオペラント条件づけにおいても強化子を与えないと、つまりいくらバーを押しても食物が出ないと、バーを押す行動は消去される。

　こうしてネズミは空腹の時にスキナー・ボックスに入れられると、必ずバーを押すようになる。食物を得るために必要なバー押しの回数は、実験者があらかじめプログラムを作成して決めておく。このようなプログラムは**スケジュール**とよばれる。

　空腹でないネズミはバーを押さない。空腹はバー押し行動を起こさせる要因、すなわち「動因」として作用している（第6章参照）。人間の場合、ショッピングセンターが遠くにあると、空腹の度合いが弱いときには買い物に行かない。しかし家の向かいにコンビニがあれば、少しの空腹でも食べ物を買いにいくだろう。ネズミも同様に、例えば24時間の絶食であれば100回バーを押すごとに1粒のエサが得られるという厳しいスケジュールでもバーを押

して食物を取ろうとするが、2時間程度の絶食であればバー押し行動は出現しない。これは絶食時間によって動因を操作しているのである。しかし、2時間の絶食であっても、また100回バーを押さないと食物が出ないという厳しいスケジュールであっても、非常に好ましい食物であればネズミはバーを押して食物を取る。おいしい食物であれば、空腹でなくてもそれを得ようとするのは人も動物も変わりがない。強化子とスケジュールを操作すると、動物がおいしい食物（大きな利益）を得るためには、大きなコストをかけていることがわかる。

　強化子は特定の行動が生じる確率を高めるので、**報酬**とよばれることもある。**正の強化子**とは動物がそれを得ることで快を生じ、報酬として作用するものであり、**負の強化子**とは動物がそれから逃れることで不快を減じ、報酬として作用するものである。バーを押すと電気ショックを止めることができるような場合が、負の強化子の代表的な例である。一方、特定の行動が生じる確率を低下させるためには**罰**が用いられる。典型的には、特定の行動を行うたびに電気ショックを与えると、動物はその行動を行わなくなる。

4．条件づけの応用

1）古典的条件づけの臨床的応用

　ネズミの条件づけが人間とどんな関係があるのかと思う人がいるかもしれない。しかし、古典的条件づけやオペラント条件づけの手続きは、臨床心理学の場面で**行動療法**として使用される。初期の学習研究者の1人であるワトソン（Watson, J. B., 1878-1958）は古典的条件づけと消去の手続きをつかって、幼児を対象に、実験的に恐怖症とよばれる症状を作り出し、またそれを治療するというデモンストレーションを行った（Watson, 1920）。恐怖反応には、呼吸器系および心臓血管系の大きな変化、すなわち自律神経系の活動の大きな変化が伴う。ワトソンの考えによれば、恐怖反応を引き起こす生ま

れつきの無条件刺激（UCS）は大きな音である。大きな音というUCSに対して恐怖反応という無条件反応（UCR）が生じるわけであるから、大きな音の直前に、それ自体はどのようなUCRも引き起こさない、中立的な刺激の提示を繰り返すと、やがてその中立的な刺激に対して恐怖反応が生じるようになるはずである。これは古典的条件づけの手続きに他ならない。ワトソンは「アルバート坊やの実験」という有名な実験を行った。子どもは白いハツカネズミを見せても怖がらないが、白ネズミを見せるたびに大きな音を伴わせることによって、白ネズミに対して恐怖反応が生じるように条件づけを行うことができた。ワトソンはまた、白ネズミに大きな音が伴わない試行を繰り返すことによって、恐怖反応を消去することができると述べている。恐怖症のすべてが古典的条件づけによって、経験を通じて生じたものであるとは必ずしも言えないが、現代の認知行動療法においても、恐怖感や不安を軽減させるために古典的条件づけの消去手続きが用いられ、一定の効果が得られている。

2）オペラント条件づけの臨床的応用

　オペラント条件づけの理論によれば、望ましい行動に対して報酬を与え、望ましくない行動に対しては罰を与えるという強化のしかた（スケジュール）によって、社会的に望ましい行動を増加させ、社会的に望ましくない行動を減少させることができる。子どものしつけでは、よい行動をほめ、悪い行動を叱る。これは、心理学の知識などなくても、たいていの親が実行していることである。それならば学習理論は、だれでも知っていることを難しく言い換えただけのものなのだろうか。学習研究は、ほめたり叱ったりすることがどのような効果をもたらすかを、厳密に示すことができる。例えば、報酬と罰の関係は対称ではないことが知られている。自発的に生じる行動は多くの場合に快の獲得と結びついているため、罰を与えるとしばらくは行動が抑制されるが、罰がなくなると再び生じてくることが多い。一方、望ましい

行動をほめると、その効果は長続きする傾向があることが知られている。つまり報酬の効果は永続的であるが、罰の効果は短期的であると言える。

　このほか、現在では、主としてネズミを使って、オペラント行動の変化を観察することによって、薬物の効果や副作用を調べたり、特定の遺伝子がもつ行動への影響を調べたりすることが行われている。これもまた学習の研究が人間の生活に役立っている例である。

5．学習と認知心理学

1）古典的条件づけとオペラント条件づけ

　この2つの条件づけは、同一のメカニズムで生じているのだろうか、それとも異なったメカニズムなのだろうか。古典的条件づけは、特定の刺激に対して生まれつきもっている自動的な反応を利用して、本来は反応を起こさないはずの刺激に対しても反応が生じるようにする方法である。古典的条件づけは、ほとんどの場合、自律神経系の反応について行われる。これに対してオペラント条件づけは、なんらかの利益を求めて意図的に行われる骨格筋の運動による道具的な行動について行われる。やや単純化して言えば、古典的条件づけは自律神経系の反応の条件づけであり、オペラント条件づけは体性神経系の反応の条件づけであると言える。

　古典的条件づけの場合には、例えばベルの音の脳内の印象（心的表象：mental representation）が、口の中の食物の表象と結びついたと考えることができる。同様にオペラント条件づけにおいても、バーを押す行動の表象が食物の表象と結びついたと考えられる。どちらの条件づけの場合も、食物の到来を指し示す表象と食物の表象とが結びついていて、前者ではその結びつきにしたがって自律神経系の反応が生じ、後者ではその結びつきにしたがって体性神経系の反応行動が生じる。関与する神経系に違いはあるが、その違いは反応行動の違いであって、学習したことはどちらも2つの事象の関連で

あり、一方の事象が生じたあとに他方の事象が生じることが多いという、予測に関する法則的知識の獲得であると考えることができる。もしそうであるとすれば、一方の事象が生じたときに他方の事象がどれくらいの割合で生じるかということが、大きな問題になるだろう。

2）随伴性

　人を含めて、動物が経験に基づいて学習が成立するのは、ベルの音と食物の獲得という体験、バー押し行動と食物の獲得という体験が何度も繰り返されるからだという考え方がある。この考え方に疑問を持ったレスコラ（Rescorla, R. A.）は、ベルを鳴らしたあとに食物が与えられる場合と、ベルの音のあとに食物が与えられない場合とをランダムに繰り返す実験を行った。動物は、ベルの音のあとに食物が与えられる場合には条件づけされ、ベルのあとに食物が与えられない条件では、条件づけされないだろうと考えられる。つまり、条件づけによる学習が成立するために回数だけが必要ならば、毎回強化刺激を与える条件に比べ、レスコラのスケジュールでは、強化の回数が少ないだけスピードは遅くなるけれど、動物は条件づけによって学習するだろうと考えられる。ところが、動物はこの実験ではまったく条件づけされなかった。レスコラはこの現象について、動物は、ベルのあとに食物が来ることもあれば食物が来ないこともあること、すなわちベルの音と食物とは無関係であることを学習したのだと考えた（Rescorla, 1967）。条件づけによる学習は、当初考えられていたほど単純ではないことがわかってきた。

　天気予報が必ず外れるのであれば、役に立つ。「明日は晴れ」と言われれば傘を持って行けばよい。役に立たない天気予報とは、予報と実際の天気の間に、なんの関連性もない場合である。人間も、レスコラの実験動物と同様に、役に立たない情報は信じない。ある事象 A に後続して他の事象 B が起こるという事象間の関連性を、**随伴性**（contingency）とよぶ。人も動物も、随伴性の知識を持とうとしているようである。

小さな事象によって、偶然よりも高い確率で重要な事象を予測できることは、生物にとって大きな利益であるが、重要な事象のあとで小さな事象が必ず起こることを知っても、生存にとっての利益をもたらさない。例えば、大きな地震の 24 時間後に地下水の温度が 1 度上がるという知識と、地下水の温度が 1 度上がった 24 時間後に大きな地震が来るという知識とでは、どちらが生物にとって重要であろうか。とすれば、人も動物も、役に立つ随伴性を学習しようとするであろう。

3）動物の注意力

　先に述べたように、CS と UCS の提示順序を反対にする逆行条件づけの手続きでは、条件づけがほとんど不可能になる。今日では、この原因は、動物は生物学的に重要な出来事（UCS）を予測する現象（CS）に対して、特に注意を払うからであると考えられている。だから、食物が出た後で音や光刺激を提示しても、それらに注意が払われることはない。

　光刺激を提示した直後に UCS を提示する通常の古典的条件づけが成立したあとで、光刺激の直後に音刺激を出し、その後で UCS を提示するという条件づけを新たに行ったとしよう。単に随伴性のみによって学習が成立するのであれば、この新たな条件づけによって、UCS を予測できる音刺激に対しても条件反応が出現するようになるだろう。しかしこの場合には、あとから付け加えた音刺激を単独で提示しても条件反応は生じない。つまり光刺激が UCS の予測力を十分に持っていることを動物はすでに学習しているので、それ以外に予測力のある刺激が提示されても、そこには注意が行かず、従って学習が成立しないのだと考えられる。このようにすでに成立した学習があとの学習を妨害する現象は、**阻止**（blocking）とよばれる。

　大きな音と小さな光を提示したあとで電気ショックが来るという状況を体験した動物は、大きな音と小さな光を同時に提示すると逃げ出す。それらは電気ショックが来ることを示す信号として作用している。この場合、動物は

何を学習したのだろうか。大きな音だけを提示した場合、あるいは小さな光だけを提示した場合には、何が起こるだろうか。動物の学習をごく機械的に考えると、CSは音と光の両方であったから、音だけ、光だけでは電気ショックの予測をすることができず、動物は逃げ出さないのではないだろうか。しかし実際に実験をしてみると、大きな音に対して動物は逃げ出し、小さな光刺激に対しては逃げ出さない。動物は、電気ショックを予測する現象として、大きな音には注意を向けたが、小さな光には注意を向けなかったのである。このように目だつ現象に注意が向けられる現象は、**隠ぺい**（overshadowing）とよばれる。人も同様に、彗星の出現を天変地異の前触れと考える反面、地下水の温度が少し増減したからといって、それが火山活動と関連があるとは思わない。動物は必ずしも環境内のすべての出来事に均等に注意を向けているわけではないのである。

4）まちがった学習

　随伴性が無視されたように見える学習が生じることがある。スキナーが発見した迷信行動とよばれる学習は、その例である（Skinner, 1948）。何もしなくても定期的に食物が出てくるスケジュールにおいて、スキナーは、ハトがときどき左にぐるりと回る行動をするのを発見した。食物が出る前にたまたま行った行動が左に回るという行動であると、その直後に偶然に出てくる食物と結びつく。するとこのハトは、食物との随伴性の高いオペラント行動として、頻繁に左に回るのである。これは、朝食にカレーライスを食べた日に（偶然に）試合に勝ったために、それからは試合の日は必ずカレーライスを食べるようになるという、縁起担ぎの行動によく似ている。

　また、例えば青い丸印をつつくと20％の確率で食物がもらえ、赤い丸印をつつくと80％の確率で食物がもらえるという学習のスケジュールを考えてみよう。つまり赤い丸印をつつくほうが、食物がもらえる確率が高い。しかしハトが最初に青い丸印をつついたときに偶然に食物がもらえると、ハト

は赤い丸印には見向きもせず、青い丸印ばかりをつつくようになることがある。この現象は、たまたま駅前の宝くじ売り場で購入した宝くじが当せんすると、その売り場でしか宝くじを買わなくなるという現象に似ている。

　スキナー・ボックスにおけるバー押し行動に対する強化子の与え方（スケジュール）はさまざまなものが研究されているが、代表的なものは、一定回数のバー押しに対して必ず強化子が与えられる**固定比率強化**スケジュール（fixed ratio schedule）（定率強化とも言う）と、回数に応じて強化子が与えられるものの、その割合が変動するスケジュール、例えば平均すると 50 回に一度食物が出るのであるが、10 回目に食物が出ることもあれば 100 回目に食物が出ることもある**変動比率強化**スケジュール（variable ratio schedule）（変率強化とも言う）である。いったん獲得した行動を、強化子を提示しないことによって消去しようとする場合、前者に比べ、後者によって獲得した行動は消去されにくい。これは、ギャンブル行動を止めるのが難しいこととよく似ている。

5）学習の生物学的制約

　古典的条件づけにせよオペラント条件づけにせよ、研究の初期の段階では、どのような中立的刺激であっても、またどのような行動であっても、条件づけの手続きによって学習が可能であると考えられていた。動物は体験によって、機械的に、どのような随伴性であっても学習できると考えられていたのである。ところが、さまざまな実験の結果、動物は特別な刺激と反応の関係はすぐに学習するのに、他の刺激と反応の間の関係はほとんど学習しないことがわかってきた。

　例えば**ガルシア効果**といわれる現象がある（Garcia & Koelling, 1966）。この実験では、ネズミは人工甘味料で味つけされた水を飲む群（A 群）と、光と音が出る環境下で普通の水を飲む群（B 群）に分けられる。次にこの両群をそれぞれ 2 つに分け、一方では体調を悪くさせ（X 群）、もう一方は電気

ショックをかける（Y群）。AX群のネズミは、味のついた飲み水と体調不良の関連をすぐに学習し、以後、味のついた水を飲まなくなった。味のついた水を飲んだ後に電気ショックをかけられたネズミ（AY群）は、それ以降も味のついた水を飲んだ。光や音が出る環境下で普通の水を飲んだネズミは、直後に体調不良になっても（BX群）、同一の味の水を引き続き飲み続けた。光と音が出る環境で水をのみ、あとで電気ショックをかけられたネズミ（BY群）は、以後、光と音が出る環境下では水を飲まなくなった。つまり、ネズミは味覚と体調不良の関連性、光・音環境と電気ショックの関連性については容易に学習するのに、光や音が体調不良を起こすとか、水の味が電気ショックを引き起こすとは全く考えておらず、そのような随伴性を実験的に作っても、学習しない（できない）ということである。われわれがおなかをこわしたとき、昨日授業に遅刻したせいだとは考えずに、昨夜の食べ物に当たったのではないかと考えること、また、特定食品で食中毒を起こすと、二度とその食品を食べないという人が少なくないことなどは、人間でも食品と健康との関連の学習には特異性があることを示している。

　真の随伴性とは異なった随伴性を学習してしまう例を示そう。ヘビに遭遇してあわてて自動車に逃げ戻り、ドアを閉めるときに指を挟んで大けがをした人が、強いヘビ恐怖症になったのに自動車恐怖症にはならなかったという例がある。この場合、真の随伴関係はヘビとけがとの間にはなく、自動車のドアとけがとの間にあるが、ドアと身体的苦痛の間の関連性は学習されなかったのである。このように、学習は、事象間の抽象的な随伴関係を見いだす能力ではなく、動物が生きていく上で重要な事象に限って随伴関係を見つけ出す能力であるということが言える。

6）条件づけによらない学習

　先にソーンダイクの試行錯誤学習について述べた。これは、ネコが実際にさまざまな行動を試行し、罰が随伴する無効な行動と報酬が随伴する有効な

行動の体験から、次第に有効な行動のみを実行して問題箱から出てくるようになるという事態について言われる。この事態は、別の見方をすると、「問題解決」であると言うことができる。そして、問題を解決することが学習の目的であるとすれば、必ずしも試行錯誤によってのみ問題解決が行われるとは限らないかもしれない。**ゲシュタルト心理学**の立場にたつケーラー（Köhler, W.）は、チンパンジーを使って「**洞察学習**」の存在を示した。手の届かない高さに天井から吊されたバナナを、短い2本の棒をつなぎ合わせたり、箱を積み重ねたりして手に入れる行動は、試行錯誤によっては実現されにくい。ケーラーの洞察学習は、経験よりは知性を重視する考え方に沿ったものであると言える。

6．観察学習

　学習は個人や個々の動物の体験に基づいて進行する。しかし、社会的行動は非常に多様であるから、それらを一つ一つ実行し、その度に報酬や罰を受けることによって学習が進んでいくとはとうてい考えられない。人間の場合には、他者の行動を観察することで多くの学習が生じる。

1）社会的学習理論

　バンデューラ（Bandura, A.）は、社会的行動の多くは、他者の行動の観察によって生じると考えた（**モデリング**）。例えば、兄や姉が親から叱られているのを見た弟や妹は、自分が叱られたのではなくても、何をすると叱られるのかを学習する。つまり、自分自身に報酬・罰が与えられなくても、他者の例を観察することによって、どのような行動に報酬が与えられ、どのような行動に罰が与えられるのかを知り、社会的に望ましい行動をおこない、望ましくない行動を抑制することが可能になる。

　他者の行動に報酬や罰が与えられる場合には、観察による学習が生じるだろ

う。しかし報酬や罰がなかった場合にはどうであろうか。バンデューラは、他者の攻撃行動を観察した人々は、報酬がなくても同様の攻撃行動を行う確率が高くなることを見いだした。彼の実験では、人形に対する攻撃行動を含むビデオを視聴した子どもたちが、その後にビデオと同様の攻撃行動を行うかどうかが調べられた（Bandura, 1965）（図3-3）。ビデオは、登場人物が攻撃行動のあとでほめられる（報酬）、叱られる（罰）、報酬も罰も受けないという3種類が準備された。これらのうち、罰を受けるビデオを視聴した子どもは、予想通り、報酬をうけるビデオを視聴した子どもに比べて攻撃行動の模倣が少なかったが、報酬も罰も受けていないビデオを視聴した子どもは、報酬を受けるビデオを視聴した子どもと同程度の攻撃行動を示した。この現象は、「罰をうけなかった」ということが強化子として作用したのだろうと説明されている。

2）模倣

　人間の場合には観察による学習が可能であるが、他の動物ではどうであろ

図3-3　攻撃行動の観察学習

うか。霊長類では、他者の行動を観察し、その行動を模倣することがある。集団内では、一者の行動がどのような利益（報酬）や損失（罰）を生み出すかが観察され、集団の他のメンバーの大多数がそれを模倣することによって、集団全体の利益を増大させ、また損失を減少させることができる。典型的な例として、ニホンザルの一個体の、芋を海水で洗って食べるという行動が短期間のうちに集団全体に広まったという事例がある。このような、行動の模倣が文化の基礎になるという考え方がある。

　人の幼児は大人の行動を単純に模倣する傾向が強い。集団生活をする動物においては、集団の他のメンバーの行動を模倣することそれ自体に大きな意味があると考えられる。比較的最近のことであるが、サルの脳で発見された**ミラー・ニューロン**とよばれる神経細胞は、運動系の神経細胞であるにもかかわらず、他者の行動を観察しているときに活動する。例えばバナナを食べている他者を見ているだけで、口を動かす運動の準備状態が生じる（Rizzolatti & Sinigaglia, 2006）。ヒトでは、サルと同一のミラー・ニューロンが存在するわけではないが、同様の機能をもった神経細胞が存在するのではないかと考えられている。このことは、他者の行動の模倣が、生得的なメカニズムによって促進されていることを示唆している。

7．技能の習得

　心理学の実験実習でよく用いられるのが「鏡映描写」課題である。これは、単純な迷路を鉛筆でたどるだけの作業であるが、鏡に映る上下反転した迷路をたどらねばならないので、最初のうちはとまどう。多くの間違いが生じ、長い時間がかかる。何度か経験するうちに間違いの数が減り、迷路の出口に到達する時間が短くなる。これは技能の学習の典型例である。楽器の演奏やスポーツなど、技能に関する学習は、**知覚運動学習**、あるいは運動学習とよばれる。知覚運動学習においては、試行を重ねるごとに少しずつ成績が向上

すること、つまり練習するとだんだん上手になるという、当たり前のようなことが生じる。

　心理学的な視点から技能に関する学習を考えると、まず感覚的フィードバックが重要な要因としてあげられる。楽器演奏を例にとれば、指の運動にかかわる筋肉からのフィードバック、視覚的フィードバック、聴覚的フィードバックによって、自分の今の演奏が「理想的な演奏」とは異なっていること、したがって、改善の余地があることがわかる。そのような改善は、例えば指を速く正確に動かす練習、楽譜を読む練習、リズムをとる練習など、さまざまなレベルでなされる。より理想に近い演奏行動は強化されて再度試みられ、理想からはずれた演奏に関わる行動は捨て去られる。この部分だけを見れば、試行錯誤やオペラント条件づけ、あるいはそれに類似した学習のプロセスが関わっていると思われる。また、技能レベルの高い人々の演奏を観察し、聴取して模倣することも上達を生み出す。しかし、技能上達の本質的な部分は、「考えないでも自然に手足が動くようになる」ところにある。技能の向上には、一種の自動化がかかわっている（第 2 章を参照）。そのような無意識の身体運動には小脳や運動制御の錐体外路系（第 15 章参照）が関与していると思われる。技能の学習では、当初は視覚聴覚などの感覚情報に従って手足の筋肉を意識的に制御するが、次第に制御は無意識的になる。自転車やスノー・ボードなど、自分の体験を思い出してみよう。

　知覚運動学習の技量向上には、練習が必須である。多くの人が経験することであるが、練習を始めた当初は練習に伴って目に見えて技量が向上するが、やがて練習量に比べて技量の向上はわずかになっていく。技量の向上は、実際の動作による成績によって測定される。このような作業成績をパフォーマンス（performance）と呼ぶ。練習量とパフォーマンスの関連をしらべた初期の研究に、鏡映描写の試行を 1 日に 1 回、60 日間続けたものがある（図 3-4）。作業成績は所要時間（秒）と過誤の合計値の逆数で示されている。学習が進むと作業は速く、間違いが少なくなっていく。グラフが示す通り、最初

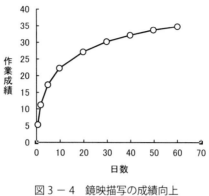

図3－4　鏡映描写の成績向上

［Fitts & Posner, 1967 に準拠］

の数日間には成績の大きな向上が見られるが、およそ6日目以降は成績の向上は次第にゆっくりしたものになっていく。スポーツであれ楽器演奏であれ、あるいはパソコンのキーボード操作であれ、技能は、練習や訓練を重ねることによって必ず向上する。ただし練習量あたりの向上量はどんどん少なくなっていく。

8．まとめ

　20世紀の初頭に、人以外の動物が新しい行動や知識を経験によって、つまり学習によって獲得するという事実が発見され、またその動物の学習のしかたと人の学習のしかたとがよく似ているという発見があった。また、人間の学習にもさまざまな制約があることが知られるようになった。学習理論上の大きな発見はおおむね1970年代までになされたが、その成果は現在では、認知心理学、行動薬理学、脳神経科学などの領域で活用され、また教育や臨床の場面で応用されている。心理学の各領域における知識の理解を深めるため、また応用されている技法の根幹を理解するため、学習理論に関する知識

は不可欠のものであると言える。一方、新しい知識の獲得については、経験主義ではない立場に立つ理論についても、機会をみて学ぶことが望ましい。

注1 「無条件」に相当する英語はunconditionedではなく、unconditionalである。昔、ロシア語から英語に翻訳が行われたときに間違って訳されたという説が有力である。

発　展
連合主義　動因低減説　レスコラ・ワグナーの理論　マッキントッシュの注意説　強化スケジュール　ピアジェの認知発達理論　ヴィゴツキーの学習理論

引用参考文献

Bandura A (1965) "Influence of models' reinforcement contingencies on the acquisition of imitative responses," *Journal of Personality and Social Psychology*. 1 : 589-595.

Garcia J & Koelling R (1966) "Relation of cue to consequence in avoidance learning," *Psychonomic Science*. 4 : 123-124.

Rescorla RA (1967) "Pavlovian conditioning and its proper control procedures," *Psychological Review*. 74 : 71-80.

Skinner BF (1948) "'Superstition' in the pigeon," *Journal of Experimental Psychology*. 38 : 168-172.

Watson JB & Rayner R (1920) "Conditioned emotional reactions," *Journal of Experimental Psychology*. 3 : 1-14.

Yerkes RM & Morgulis S (1909) "The method of Pawlow in animal psychology," *Psychological Bulletin*. 6 : 257-273.

フィッツ PM & ポスナー MI（1981）『作業と効率』関　忠文・野々村新・常磐　満訳　福村出版（Fitts PM & Posner MI (1967) Human Performance. Brooks/Cole Publishing Co.）

パヴロフ IP（2004）『大脳半球の働きについて（上・下）』川村　浩訳（岩波文庫青 -927- 1, 2）岩波書店（Pavlov IP (1927)）

ピアース JM (1990)『動物の認知学習心理学』石田雅人他訳　北大路書房（Pearce

JM (1987) *Introduction to animal cognition.* Lawrence Erlbaum Assoc.）

リゾラッティ G & シニガリア C（2009）『ミラーニューロン』柴田裕之訳　紀伊國屋書店（Rizzolatti G & Sinigaglia C (2006) *So Quel Che Fal.* Raffaello Cortina Editore.）

第4章　記憶

　記憶は、われわれの生活と切り離せないものである。何かを実行しようとするとき、記憶に基づいて行動することもしばしばである。例えば、料理するとき、最初は本を見ながら作るが、作り方を覚えると次からは材料さえあればできるようになるだろう。また、目的地にたどり着くまでの道順なども、記憶しているからこそ、迷うこともなく無事に目的地に往復できるのである。われわれは、記憶のおかげで円滑に行動することができるといってよいだろう。

　さて、記憶とは何であろうか。まずは記憶のプロセスから探ってみることにしよう。

1．記憶のプロセス

　記憶は、**記銘、保持、想起**の3段階のプロセスから構成されている。記銘とは、覚えること、保持とは、覚えた内容をとどめておくこと、想起とは、覚えた内容を思い出すことである。この3段階のプロセスのうち、ひとつでも欠けると記憶が成立しなくなる。

　近年の情報処理モデルによれば、記憶は符号化、貯蔵、検索の3つから構成される。これは、記銘・保持・想起のプロセスと基本的には同じである。

　記憶は、保持時間の短いものから順に、感覚記憶、短期記憶（作動記憶）、長期記憶と呼ばれる。では、それぞれ詳しく見ていくことにしよう。

1）感覚記憶（sensory memory）

　保持時間は、視覚刺激で数百ミリ秒、聴覚刺激で数秒といわれる。つまり、

見た直後であれば見たものを全て覚えており、聞いてすぐであれば、全ての内容を覚えていることになる。

　例えば、全く知らない言葉でも、聞いた直後であれば、そのまま口に出して繰り返すことは可能である。意味のわからない言葉を含む発話であっても、聞いた直後であれば、意味がわからないまま、おなじ発話を繰り返すことが可能である。

　スパーリング（Sperling, G.）の実験を例にとって考えてみよう。スパーリングは、一度に短時間提示する英文字を幾つ記憶することができるだろうかという研究をしていた（Sperling, 1960）。4列4行の16文字を提示した場合、実験参加者は平均的には4文字くらいしか正しく答えられなかった。見た瞬間には、もっと多くの文字を認識しているのだが、見た文字を答えているうちに見た文字を忘れてしまうようであった。彼の研究によれば、複数の英文字を短時間提示して、全部を答えさせようとすると正答率はあまりよくないが、プローブ刺激を与えて特定の行だけ再生させると、正答率がよい。要するに、前者のように全部を答えさせる方法であれば、答えている間に時間が経過するため他の文字を忘れてしまうと考えられる。また、一方で特定の行だけ再生させるような方法であっても、一定の時間が経過してしまうと、全部を答えさせる方法と比較しても正答率が変わらないという結果であった。つまり、文字列を見た瞬間には、われわれは見た文字を9個くらい貯めておけるのであるが、数百ミリ秒くらいの間に、それらのごく短時間の記憶は失われてしまうのである。

2）短期記憶（short term memory）と作動記憶（working memory）

　短期記憶の保持時間は、15〜30秒といわれている。例えば、携帯の電話番号を聞いて、それを自分の携帯に入力することを考えてみよう。多くの人は、11桁の携帯電話番号を一度聞いただけで長く記憶にとどめておくことが難しい。それゆえ、ある程度、短期記憶にとどめようと思うならば、何ら

かの方略が必要である。方略のひとつとして、次にあげる「リハーサル」が
ある。リハーサルは記憶の保持に有効である。

リハーサル（復唱）とは、口に出して、あるいは心の中で直前に聞いた言
語メッセージを繰り返すことをさす。リハーサルをすることで、より記憶に
残りやすくなる。つまりより長く記憶にとどめることができるのである。

また、普段よくやっていることであるが、メモをとる（記録を残す）こと
も記憶にとどめる方法として有効である。メモをとるという行動自体によっ
て、記憶に残りやすくなるのである。

このように、口に出して繰り返したり、記録に残したりすることは記憶の
保持に役立つ。

われわれ人間が、一度に記憶できる量には限界がある。一般に記憶できる
量はおよそ7±2項目といわれており、'不思議な7'として、特に**マジカ
ルナンバー7**と呼ばれている（Miller, 1956）。また、われわれが一度にたく
さんの量を覚えるのは難しいけれども、**チャンク**と呼ばれる意味的なまとま
りを7±2項目以内にすれば、たとえ、たくさんの文字でも記憶が容易にな
る。具体例をあげてみよう。

CATRABBITDOGDOLPHIN というアルファベットの羅列があったとし
よう。これは 19 のアルファベットから構成されている。これを一度に覚え
るのはなかなか困難である。ところが、よく見てみると、19 のアルファベッ
トは CAT, RABBIT, DOG, DOLPHIN という 4 つの単語から成っているこ
とに気づくだろう。したがって、アルファベットの羅列を区切ると、4 つの
単語を覚えればよいことになる。つまり、先述したチャンクが 4 項目にな
るため、19 項目を覚えるよりもはるかに容易になるのである。この例では、
各英単語を知っていれば 4 項目に区切ることが可能であるが、英語の単語を
知らなければ、チャンクを作ることは困難であろう。

もう少し、日常的な例をあげてみることにする。人名を 9 つ丸暗記するの
は困難でも、歌手が 3 人、サッカー選手が 3 人、政治家が 3 人のように組み

分けをすると、覚えやすいことがある。電話番号も同様に、市外局番、局番、番号と３つにわけると覚えやすい。フリーダイヤルの電話番号には、「0120」の後にうまく語呂合わせをして、番号を覚えやすくさせているものもある。このように、覚え方を工夫すると、一見難しそうなものでも容易に覚えることが可能になる。

　記憶装置の性能としては短期記憶であるが、記憶だけでなく情報の処理機能を統合した機能を**ワーキングメモリ**（作動記憶：working memory）と呼ぶことがある。

　ワーキングメモリは、「脳のメモ帳」とも表現される。従来の短期記憶のモデルでは説明ができない機能であり、認知活動を行う際の情報処理を担っている。例えば、目的地まで車の運転をしながら、目印となる建物を覚え、道順を覚えるというものである。

　バッデリーらは、ワーキングメモリのマルチコンポーネントモデルを提唱した（Baddeley & Hitch, 1974）。このモデルは、言語情報を保持するための音韻ループ、視空間情報を保持するための視空間スケッチパッド、音韻ループと視空間スケッチパッドを管理する中央実行系とから成っている。後に、

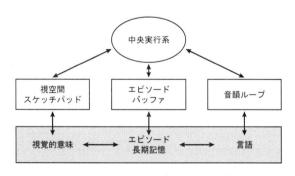

図４－１　マルチコンポーネントモデル

［Baddeley A (2000)“The episodic buffer: a new component of working memory?”, *Trends in Cognitive Science*, 4(11), 417-423. の421ページの Fig.1］

エピソード・バッファが第4のコンポーネント（要素）として追加されている（Baddeley, 2000）（図4-1参照）。

　ワーキングメモリの容量が小さいと、さまざまな事柄のうち優先順位をつけて処理をする、会話をしながら的確に返答をするといったような瞬時の判断をするのが難しい。また、ワーキングメモリには注意制御機能があり（Engle, 2002）、この機能のおかげで必要なものを取捨選択して情報処理することが可能である。ワーキングメモリ容量が大きいと注意制御能力が高いことが明らかになっている。ワーキングメモリの容量の測定の際に、よく使われるのはリーディングスパンテストという二重課題である。例えば、複数個の文章を読み上げ、各文の最後の単語を記憶するように教示され、すべての文を読み上げた後に、各文の最後の単語を正しい順番で解答するというものである。ワーキングメモリの容量は、いわゆる知能との関連性が強いことが指摘されている（Cowan, 2008）。

3）長期記憶（long term memory）

　自分の名前、自宅の電話番号などは、だれでもが長期にわたって記憶している。ほぼ永久に覚えていると考えられるため、長期記憶と呼ばれる。長期記憶には、さきほどの短期記憶のような容量の限界がないといわれる。つまり、長期記憶には膨大な情報が蓄えられていると考えられる。友人の携帯電話番号のような短期記憶であっても、頻繁に使用する場合には、次第に長期記憶に移行する。このような長期記憶への移行を**固定**（consolidation）という。

　長期記憶は、**手続き的記憶**と**宣言的記憶**にわけられる。われわれは、車の運転の方法など、確かに記憶しているが、言葉で表現することが難しい。したがって、行動的な記憶は、言語的な記憶ではないと考えられており、手続き的記憶と呼ばれる。これに対して宣言的記憶は、言葉で表現することができる。また、次に述べるように、宣言的記憶は意味記憶とエピソード記憶とにわけることができる。

⑴　意味記憶

　意味記憶は、言語によって表現される知識による記憶のことをさす。例えば、「ブドウは果物である」とか、「太陽は東から昇る」といったような内容であり、一般的な知識をさす。一般に、記憶内容をいつ記憶したのかについて記憶をもたない。英語の単語などは、中学に入学した後で覚えた単語がほとんどであろうが、それらをいつ、どこで覚えたのか、覚えていることはほとんどない。意味記憶はかなり長期にわたって保存されるが、忘却も生じる。受験が終わってしばらくたつと、覚えていたはずの知識がどこかに消えてしまったという経験は多くの人が持っている。

⑵　エピソード記憶

　エピソード記憶とは、自分自身の体験に関する記憶のことをさす。例えば、「昨日は友人と映画を見に行った」とか「今日のお昼は、家族とフランス料理を食べに行った」といったような内容である。個人に関することなので、人それぞれが異なる記憶を所有している。言い換えれば、その人特有の記憶といってもよいだろう。正確さの程度はさまざまであるが、出来事が起こった場所や時間などを同時に記憶していることが特徴である。意味記憶とエピソード記憶は言語的表現が可能である点ではよく似ているが、記憶のメカニズムは同一とはいえない。精神的なショックや頭部の外傷によって、意味記憶は損なわれていないのに、エピソード記憶に欠損が生じる（逆行性健忘）ことがある。また、エピソード記憶は忘却されることも多い。一週間前に近所のスーパーで牛乳を買ったというような記憶は、それでおなかをこわしたとか、誰か珍しい人に遭遇したなどの感情的な体験を伴わない場合には、1、2年後には全く忘れられている可能性が高い。

2．記銘と忘却

1）エビングハウスの忘却曲線

　われわれはさまざまな新しい記憶を得るとともに、古い記憶を忘れていく。図4−2は、**エビングハウス**（Ebbinghaus, H.）の**忘却曲線**である。エビングハウスは、自らを被験者として、例えばCJRとかRWSのような無意味綴りを材料とし、記憶の実験を行った人物である（エビングハウス，1978）。無意味綴りを実験材料としたのは、有意味材料だと、すでに多くの人がその事物を記憶しているため、記憶や忘却のしくみを調べるのには適切ではないと考えたからである。また、有意味材料を用いると、個人の経験がそこに反映され、記憶に影響を及ぼすからである。例えば、「車」という有意味材料を記憶の実験材料に用いたとしよう。ある人は「車」に対して、毎日通勤や買い物で利用するので、「便利」という肯定的なイメージを抱いているかもしれない。また別の人は車の運転中に事故に遭ったために、車を「事故」と結びつけて、否定的なイメージを持っている可能性もある。無意味材料を用い

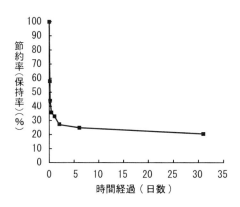

図4−2　エビングハウスの忘却曲線

ヘルマン・エビングハウス著　宇津木保　訳　望月衛　閲（1978）「記憶について　実験心理学への貢献」誠信書房の82ページの表をもとに作成

ることは、単語から連想されるイメージを統制できる、つまり個人差をなくすことができるというメリットがある。

　エビングハウスは13音節の系列から成る無意味綴りを覚え、一定の時間後どれくらい記憶が保持されているかを**節約率**を使って調べた。その結果、図に示されているように、20分後には約60パーセントが保持されていたが、1日後には約3分の1に低下した。しかし1ヶ月たっても約20パーセントが保持されていた。つまり1日目には急速に保持率が低下するが、その後は時間の経過とともに保持率はなだらかに低下していく。だから英語の単語をたくさん覚えれば、大半は忘れるとしても20パーセント程度は保持されるのであり、決して無駄ではないということになる。

2）再生と再認

　記憶研究では、しばしば、**再生**と**再認**という言葉が用いられる。再生と再認は、ともに記憶の測定法としてよく用いられており重要である。

　再生とは、覚えた内容をそのまま答えさせることである。例えば、試験問題の中で、「徳川幕府を開いたのは誰ですか」のように、語句を答えさせる問題がこれにあたる。エビングハウスが試みたのは、記銘した単語の再生であった。

　一方、再認とは、語句や図形をまず提示し、一定時間をおいて、同一のまたは異なった語句や図形を提示し、それが前に見たものと同じかどうか判断させることである。多くの場合、再認時には、すでに提示した刺激以外のディストラクタ（妨害刺激）を問題の中に入れ、提示した刺激が既知の刺激であるかどうかを判断させる。例えば、試験問題の中では、選択式の問題がこれに該当する。「徳川幕府を開いたのは誰ですか」という質問に対し「a. 綱吉　b. 吉宗　c. 家康」のような選択肢から答えるような場合である。つまり、授業で徳川幕府を開いたのは家康であるという記銘を行い、ついで試験の際にそれを再認できるかどうかで知識が正確に記憶されているかどうかを調べ

ようとする。顔の記憶については、再生は難しいので、しばしば再認法がよく使われる。

　記憶のプロセスから考えると、再認よりも再生の方が難しいと思われる。再認は、情報を探索するプロセスが不要で、照合というひとつのプロセスのみでよい。再生においては、まず情報を探索した後、そのことがらが探索の条件に合っているかどうか照合する必要があるからである。試験の際に、再生法よりも再認法で問われた問題の方が簡単に思えるのも、われわれは経験的によく知っていることである。

3）系列位置効果

　記憶材料を用いて実験をする際に、材料の提示順序が、記憶の成績に影響を及ぼすことがわかっている。これを、**系列位置効果**という。系列位置効果には、次にあげる、初頭効果と新近性効果がある。

⑴　初頭効果（primacy effect）

　初頭効果とは、単語リストの最初の方に提示された内容の再生率や再認率などが高くなる現象をさす。

⑵　新近性効果（recency effect）

　新近性効果とは、単語リストの最後の方に提示された内容の再生率や再認率などが高くなる現象をさす。つまり、記憶の材料を提示した場合は、最初と最後あたりに提示されたものがわれわれの記憶に残りやすいことを示している。

4）記憶学習の方法

　次は、学習の方法によって記憶に影響を及ぼす現象を紹介しよう。

　学習においては、人によっては、一夜漬けが得意だという人もいるかもしれない。ところが、一般に一夜漬けのような**集中学習**よりも、毎日コツコツとやる**分散学習**の方が効率がよいといわれている。したがって、例えば、「心

理学」を一日中勉強するよりも、間に休憩をはさみながらさまざまな科目を入れて勉強した方が、記憶の観点からは効率がよいとされる。大学の授業を考えても、週一回90分の「心理学」の授業が、複数回にわたって毎週展開されることが多いのは、そのためであろう。

全習法と**分習法**と呼ばれる学習方法がある。全習法では全体の体系的な学習が可能になる。分習法は、例えば、授業で単元ごとに区切って学習する方法であり、個々の単元ごとに学習の度合いが異なってくる可能性がある。どちらが有利かは学習すべきことがらの内容や、学習者の条件によって異なる。

5）忘却のしくみ

前節でも少しふれたが、忘却、簡単にいうと、思い出せないことについて考えてみよう。日常生活の上では、「思い出せる」方が「思い出せない」よりも得なような気がするかもしれない。しかし、自分にとって不都合な、あるいは嫌な出来事は、いっそ思い出せない方がよい場合もある。特に、不快な感情がしばらく持続すると、深刻な場合は心のトラブルを引き起こしかねない。自分自身を守るために、記憶していても抑圧（詳細は第8章を参照）されているために思い出せないこともある。

年末になると恒例で「忘年会」があるのも、不都合なこと、嫌なことは全部忘れて、つまり意図的に思い出さないようにして、新たな年を迎えようという目的でなされるのである。

さて、忘却のしくみであるが、減衰、干渉、検索の失敗から成る。減衰とは、記憶を用いなければ、時間が経過するうちに記憶が薄れていき、思い出せなくなってしまうというものである。

干渉とは、記憶の再生の妨げを意味する。干渉には、**順向干渉**と**逆向干渉**がある。順向干渉とは、前に覚えた内容が、後に覚えた内容に干渉し、記憶の再生を妨げることをさす。また、逆向干渉とは、後で覚えた内容が、前に覚えた内容に干渉し、記憶の再生を妨げることをさす。

先に、初頭効果と新近性効果について述べた。これらの効果は、記憶すべきことがら（材料）を順番に並べて記憶させる場合、例えば単語を 10 個、順番に提示して記憶させる場合に顕著に生じる。このような効果が生じる説明として、まず初頭効果は、それ以前に記憶すべきことがらがない、つまり順向干渉がなく、記憶の再生が妨げられにくいために生じると考えられる。一方、新近性効果は、それ以後に記憶すべきことがらがない、つまり逆向干渉がなく、記憶の再生が妨げられにくいために生じると考えられる。これに対して系列の中央付近では、順向干渉と逆向干渉が両方とも作用するため、再生が困難になると考えられる。単語を 10 個順番に提示して後から再生させると、再生率は U 字型になるはずである。これに忘却の効果が加わるため、最終的には J 字型の再生率曲線が得られる。

　検索の失敗とは、覚えた情報を検索するための適切な手がかりが存在しないことによって、思い出せないというものである。

　忘却の主要因は、検索の失敗であるといわれる。その理由は、長期記憶はほぼ無制限の容量をもっていると思われること、きっかけ（よい手がかり）があると、完全に忘却していた記憶がよみがえることがあることによる。試験が終わった後で正解を思い出すという体験は、誰にでもありそうである。

6）睡眠と覚醒

　記憶の保持についての興味深い実験がある。ジェンキンズとダレンバック（Jenkins & Dallenbach, 1924）の実験では、睡眠群と覚醒群に分けて、記憶への影響、つまり記憶への干渉について調べた。彼らの実験では、被験者に 10 項目の無意味綴りを記憶させた後、睡眠条件（睡眠をとらせるグループ）と覚醒条件（起きているグループ）とで比較した。その結果、覚醒条件の方が睡眠条件よりも、忘却の程度が大きいというものであった。このことにより、覚醒条件である被験者が起きている間に行った認知活動が、記憶の保持に干渉を与えたのではないかと思われる。

このように考えると、睡眠をとらずに徹夜で勉強をするのは、干渉の観点から不利益が生じると思われる。勉強の合間に、音楽を聴いたり、映画を見たりすれば、何らかの認知活動が生じることになるため、記憶が干渉される可能性がある。

せっかく記憶したものが、干渉を受けて再生できなくなるのはいささか損した気分になる。効率のよい記憶の仕方があるとすれば、それを実行してみるのもよいかもしれない。試験勉強をした後は、すぐに床に入るのがよさそうである。睡眠は単に干渉をなくすというだけでなく、睡眠によって記憶が定着することも知られている。

7）処理水準

先に述べたように、記憶のメカニズムを説明するために、長期記憶や短期記憶といった、記憶の収納場所のモデルが提案されている。これに対してクレイクとロックハート（Craik & Lockhart, 1972）が提唱した**処理水準説**（levels of processing）によれば、情報は物理的、音響的、意味的水準の3種類の水準で順次処理される。記憶が長期に保存されるかどうかは、記憶の収納場所によるのではなく、その情報がどのくらい深く処理されたかによると考える。つまり、深い処理がなされたものは記憶に残りやすい。

次にあげる体制化、精緻化は、ともに記銘する際の方略として有効だと考えられる。それでは、それぞれ具体的な例をあげながら見ていくことにしよう。

⑴　体制化

体制化とは、与えられた複数の項目を同じカテゴリーごとにまとめ、整理して覚える方略である。

体制化は、例えば、われわれが部屋の掃除をする際に、本は本棚へ、洋服はクローゼットへというように関連のあるもの同士を同じ場所に収めることと似ている。関連のあるもの同士が整理されていれば、部屋も片付いてすっ

きり見える。これと同様に、カテゴリー化された情報は記憶されやすい。

(2) 精緻化

　精緻化とは、提示された項目を具体的なものと結びつけてイメージさせることにより、覚えやすくするという方略である。例えば、次のような実験がある。バウアーとクラーク（Bower & Clark, 1969）は、無関連な 10 単語から成る 12 のリストを記憶させる実験を行った。一方のグループには各単語で文を作成し、それらから物語を作らせた（物語群）。他方のグループには、ただ、単語を覚えさせた（統制群）。その結果、物語群の方が、記憶の再生の成績がよいことがわかった。

　したがって、記銘する際にはただ単に覚えるよりも、物語を作るなど、何らかの意味のあるイメージをもたせるのがよいといえる。

3．顔の記憶と認知

1）既知性判断

　われわれは、人と関わりながら社会集団の中で生きている。生物界においても、自分にとって相手が「同種他個体」であるかどうかは生存や繁殖の観点からも非常に重要である。つまり、相手が同種であるか（ヒトであるか）、性別はどうか（男性か女性か）認知できる必要がある。また、相手との人間関係の維持のために、知っている人なのか知らない人なのかを識別することは重要である。相手が知り合いとわかれば、当然、社会行動として挨拶が交わされ、会話が始まることだろう。

　心理学の用語では「知っている」顔のことを、「既知顔」と呼ぶ。一方、「知らない」顔のことは「未知顔」と呼ぶ。この「既知顔」か「未知顔」の判断、つまり既知性判断について興味深い研究がある。

　特異な顔は典型的な顔よりも記憶に残りやすいといわれている。つまり、顔に際立つ特徴があれば、そうでない場合よりも記憶されやすいということ

である。顔の「目立ちやすさ」には違いがあり、それが記憶に影響を及ぼすことは**示差性効果**といわれる。示差性が高い顔、つまり目立ちやすい顔は、そうでない顔よりも再認の成績がよいことが報告されている。

2）他人種効果

　他人種効果（other-race effect または own-race effect）は、他人種の顔よりも、自分と同じ見慣れた人種の顔の方が認識しやすく、記憶しやすいという現象である（吉川，1993）。われわれは、日常において他人種効果を経験している。例えば、日本で生まれ育った日本人であれば、日本人の顔を覚え、日本人同士では、容易に他人の識別ができるようになる。ところが、旅行先などの海外では、普段あまり見慣れない外国人に遭遇する。みな外国人ということはわかるのだが、細部の違いがなかなか識別しづらい。髪の色、年齢、性別などの要因が共通していると、さらに困難になるであろう。つまり、見慣れた日本人同士の識別は容易にできても、見慣れない外国人同士の識別が難しいのである。

　このことを示唆する研究がある。チャンスとゴールドスタイン（Chance & Goldstein, 1981）によると、見慣れた自人種に対しては深い処理がなされ、見慣れない他人種に対しては浅い処理がなされる。彼らの研究では、顔に対する処理水準の考え方を他人種効果に適用し、刺激の顔写真を最初に見たときの想像や反応（第一相貌印象）を記述させ、他人種よりも自人種の顔写真の方に対して、より深い処理反応がなされていることを示した。

　先にも述べたが、深い処理がなされると記憶として残りやすいことからも、他人種の顔に対する識別が難しいという他人種効果の現象は、処理水準とも関わっていると考えられる。

4．記憶の変容

1）スキーマによる変容

　記憶も内容が変化することがある。特に、矛盾した内容や、理解しがたい内容であれば、つじつまが合い、理解しやすい内容へと歪められる。記憶の変容には、**スキーマ**（schema）が関係しているといわれる。スキーマとは、知識のまとまりのことをさす。

　バートレット（Bartlett, F. C.）の実験を例にとって説明しよう。バートレットは「幽霊たちの戦争」という物語を材料にして、内容を記銘させた（Bartlett, 1932）。

　この物語の内容の一部を紹介しよう。

　『ある晩、エグラクの若者が二人、アザラシをとろうと川を下った。するとあたりに霧が出て、静かになった。そして戦いの合図の声が聞こえたので、彼らは考えた。「たぶんこれは戦闘部隊だ」そして岸辺に逃れて丸太の陰に隠れた。すると何艘かのカヌーが現れた。櫂の音が聞こえた。一艘のカヌーが近づいて来るのが見えた。…（中略）…それでカヌーはみなエグラクに戻った。若者は岸に上がって家に戻り、火をたいた。それから皆に話をした。「あのね、僕は幽霊と一緒だったんだ。僕たちは戦いに行った。仲間が大勢死んだ。仲間を襲った奴らも大勢死んだ。幽霊たちは僕が撃たれたと言ったけれど、僕は苦しくもなんともなかった。」若者はすべてを話すと、静かになった。太陽が昇ったとき、彼は倒れた。なにか黒いものが彼の口から出てきた。彼の顔は苦痛に歪んだ。人びとは驚いて叫んだ。彼は死んでいた。』

　このようなあいまいなストーリーを記銘させたのだが、再生時には、内容が一部省略され、つじつまが合うように変容していたことがわかった。要するに、個人のスキーマにより、記憶が変容していたと考えられる。

2）目撃証言

　事件が起こった後、犯人を捕らえる手がかりのひとつとして目撃証言がある。目撃証言の信憑性については、疑問の余地がある。先に述べた他人種効果も、目撃証言において誤った供述がおこる原因のひとつだとされている（ロフタス，1987）。例えば、犯人は金髪の若い女性ということは覚えていても、顔の特徴までよく覚えていないため、似たような金髪の若い女性の写真を見せられれば犯人だと誤って判断するかもしれない。とりわけ、金髪の女性が1名で、他のディストラクタが金髪ではなかった場合にはこのような危険性が高い。

　犯人と思われる写真を見せられた時、その顔を知っているかどうかも、その後の再認記憶に影響を及ぼすといわれている。目撃者の犯人同定に関しては、さまざまな状況を踏まえて判断する必要がある。

　また、質問の表現の仕方で、その後の記憶が変化してしまうという研究がある。ロフタスとパーマー（Loftus & Palmer, 1974）の研究においては、車のスピードはどのくらいか回答させる際に「smashed（激突した）」、「collided（衝突した）」、「bumped（追突した）」、「contacted（接触した）」、「hit（ぶつかった）」というさまざまな表現を用いた場面を提示した。その結果、「smashed（激突した）」という表現を用いた場合に、最も速いスピードであると回答された。また、実際の場面では、ガラスが割れていないのだが、1週間後「ガラスが割れるのを見ましたか」という質問をすると、「smashed（激突した）」の方が「hit（ぶつかった）」よりも「はい」と回答する割合が高いという結果であった。

　この実験から、「smashed（激突した）」という表現を用いて質問された実験参加者は、実際よりも事故を過大評価する傾向にあることがわかった。したがって、誘導尋問にならないように、表現には十分に気をつける必要がある。

　また、例えば銀行強盗事件の現場に居合わせたとする。犯人の持つ凶器に

注意を奪われ、肝心の犯人像についてはあいまいな記憶しか残っていないことがある。これは凶器注目効果といわれており、近年、この効果に関連した研究がなされている。大上ら（2006）では、凶器注目効果における包丁の形状が目撃者の記憶に及ぼす影響について検討した。その結果、先のとがった包丁は目撃者の注意を集めやすいことがわかった。また、ピンセットなどのような鋭利な物体であれば、その情報についての記憶が促進される可能性が示唆された。

　このように、一般的には目撃証言は非常に重要な手がかりのひとつだと考えられるが、証言を採用するかどうかの判断には慎重を要するものと思われる。目撃証言だけを頼りに鵜呑みすることがないよう十分に気をつける必要がある。

5．記憶に関する知見

1）展望的記憶

　展望的記憶とは、未来の出来事のために展望し準備する記憶のことをさす。例えば、来週の研修会のために、パソコン、ポスターを準備して会場設営をする必要があるといった計画の記憶である。

2）フラッシュバルブ記憶

　フラッシュバルブとは、閃光を意味する。閃光がさすように、強烈な印象が残る記憶のことをさす。例えば、大震災のような惨事は、決して忘れられない記憶として残る。また、事故現場なども同様である。

　そして、非常に強烈な出来事が起こると、ちょうどその時にしていたことをよく覚えている。例えば、大震災が起こった時、私はちょうど〇〇の本の〇〇の場面を読んでいた。などといった記憶である。

3）幼児期健忘

　一般に3歳以前の記憶であれば、記憶として残りにくい。これを、幼児期健忘という。これは、**海馬**の発達が不十分なためだという説がある（ルドゥー，2003）。新生児はもちろんたくさんのことを学習するが、意識的記憶がないのは海馬の発達が不十分なせいだということになる。もちろん、幼児に初期の記憶がないということではない。あくまでも言語によって媒介される記憶に関しては、海馬の関与が必要だということである。

4）気分一致効果

　気分一致効果とは、記憶再生実験において、記憶した時と同じ場所、同じ状態、同じ感情（気分）の時に成績がよいという効果である。楽しい気分で覚えたことがらは、悲しい気分よりも楽しい気分の時に思い出しやすい。悲しい気分で覚えた場合は、楽しい気分よりも悲しい気分の時に思い出しやすいことがわかっている。文脈が同じ場合は、文脈依存効果という。これは、文脈が同じ場合に、再認成績がよいというものである。例えば、朝、いつもの公園でよく見かける近所の人は、文脈が違うと（例えば駅のホーム）、その人だとわかるのに時間がかかる。あるいは、その人だと認識できない場合もある。

5）記憶と脳

　記憶と脳に関する重要な知見があるので紹介する。

　1953年、重度のてんかんに悩まされていた患者、当時27歳が、発作の起こる部位を切除するという手術を受けた。その手術の部位は、海馬などを含む側頭葉内側部であった。手術後、てんかん発作はほぼとまったが、記憶障害が残ることになった。新たに起こるエピソードを全く覚えられなくなってしまったのである。エピソード記憶に関しては障害を受けたのだが、知能レベルにおいては変化が見られなかったと報告されている（ルドゥー，2003）。

最近の研究によれば、長期記憶には2種類あって、短期の記憶は十数分間経過すると海馬を含む側頭葉に移る。やがて数年後には、場所は不明であるが、ほぼ永久的な記憶として定着すると考えられている。アルツハイマー病では、短期記憶から長期記憶への移動が阻害されるため、新しい記憶を持つことが難しいが、初期には発病前の記憶はかなり保持されている。

発 展

ヒューマンエラー　顕在記憶　潜在記憶

引用参考文献

Baddeley, A.D. & Hitch, G. (1974) "Working memory", *Psychology of learning and motivation.* 8, 47–89.

Baddeley A (2000) "The episodic buffer: a new component of working memory?", *Trends in Cognitive Science.* 4(11), 417–423.

Bower GH & Clark MC (1969) "Narrative stories as mediators for serial learning," *Psychonomic Science.* 14 (4) : 181–182.

Chance JE & Goldstein AG (1981) "Depth of processing in response to own-and other-race faces," *Personality and Social Psychology Bulletin.* 7 : 475–480.

Craik FIM & Lockhart RS (1972) "Levels of processing: A framework for memory research," *Journal of Verbal Learning and Verbal Behavior.* 11 : 674–684.

Engle, RW (2002) "Working memory capacity as executive attention." *Current Directions in Psychological Science.* 11(1), 19–23.

Jenkins JG & Dallenbach KM (1924) "Obliviscence during sleep and waking," *The American Journal of Psychology.* 35 : 605–612.

Loftus EF & Palmer JC (1974) "Reconstruction of automobile destruction: An example of the interaction between language and memory," *Journal of Verbal Learning and Verbal Behavior.* 13 (5) : 585–589.

Miller GA (1956) "The magical number seven, plus or minus two: Some limits on our capacity for processing information," *Psychological Review.* 63 : 81–97.

Nelson C (2008) "What are the differences between long-term, short-term, and working memory?," *Progress in Brain Research.* 169, 323–338.

Sperling G (1960) "The information available in brief visual presentations," *Psychological Monographs*. 74 (11, Whole No.498) : 1-29.

エビングハウス H（1978）『記憶について－実験心理学への貢献』宇津木保訳　望月衛閲　誠信書房　（Ebbinghaus H (1913)）

大上　渉・箱田裕司・大沼夏子（2006）「凶器の視覚的特徴が目撃者の認知に及ぼす影響」『心理学研究』77（5）：443-451

外林大作・辻　正三・島津一夫・能見義博（編）（1981）『誠信　心理学辞典』誠信書房

バートレット FC（1983）『想起の心理学』宇津木　保・辻　正三訳　誠信書房　（Bartlett FC (1932)）

ブルース　V（1990）『顔の認知と情報処理』吉川左紀子訳　サイエンス社（Bruce V (1988) *Recognising faces. Essays in cognitive psychology*. Hillsdale, NJ, England: Lawrence Erlbaum Associates, Inc.）

森　敏昭・井上　毅・松井孝雄（1995）『グラフィック認知心理学』サイエンス社

吉川左紀子（1993）「顔の記憶」吉川左紀子・益谷　真・中村　真編『顔と心－顔の心理学入門－』222-245　サイエンス社

ルドゥー J（2003）『エモーショナル・ブレイン―情動の脳科学』松本 元他訳　東京大学出版会（LeDoux J (1996) *The emotional brain: the mysterious underpinning of emotional life*. New York: Simon & Schuster）

ロフタス EF（1987）『目撃者の証言』西本武彦訳　誠信書房（Loftus EF (1979) *Eyewitness Testimony*. Cambridge, MA: Harvard University Press）

Column 2

ポリグラフ検査

嘉幡　貴至

　ポリグラフ（polygraph）の"poly"は「複数」、"graph"は「図式・グラフ」の意味であり、複数の生理指標の反応を同時測定できる装置のことをポリグラフ装置と呼ぶ。ポリグラフ検査とは、その装置を用いて、被検査者に対して事件に関する質問を行い、そのときに生じる生理反応を測定し、事件事実を知っているか否かを推定する検査であり、警察で犯罪捜査に活用されている科学鑑定の1つである。

　ポリグラフ検査で行う質問とはどんなものなのか。例えば、ある家に泥棒が入り、指輪を盗んでいったという事件があったとしよう。その事件の被害品に関する質問であれば、「犯人は○○を盗んだか知っていますか」といった質問文を、○○の部分を実際の被害品である「指輪」の他、「時計」「ネックレス」「イヤリング」「ブレスレット」等、被害品ではないが内容的に等価な項目に置き換えて被検査者に提示する。事件について知らない人であれば、実際に盗まれた物が何なのかわからないが、盗んだ物を覚えている犯人であれば、指輪は自分が盗んだ物として他の物と弁別できるので、「指輪」の質問を提示したときの生理反応は、その他の質問を提示したときの生理反応と異なる。このように、事件事実に該当する刺激と、等質ではあるが事件事実に該当しない刺激に対して生じる生理反応を比較して、被検査者が事件について知っているか否かを推定する。実際の検査では、順序効果や偶発的要因の影響を排除するため、刺激の提示順序を変えて同じ質問を繰り返し行う。また、ここでは1つの質問例しか示さなかったが、通常は1事件につき、様々な観点から複数の質問を実施する。

　ポリグラフ検査は「嘘発見器」と誤解されてしまうこともあるが、正確には、再認記憶を扱った記憶検査の一種である。そのため、検査の実施には、

刺激の統制など心理学の実験計画法的な知識や考え方が必要である。

参考文献

平伸二・中山誠・桐生正幸・足立浩平（編著）（2000）『ウソ発見—犯人と記憶のかけらを探して—』北大路書房

第5章　言語と思考

1．はじめに

　歴史的に見ると、言語と思考とは人間だけにある心の働きであって、他の動物にはないという考え方が長い間続いていた。言語と思考とが心理学の多くの教科書の中で同時に取り上げられる理由の一つは、このような歴史的なことがらに由来するのかもしれない。立派な、ぶ厚い心理学の教科書を見ると、「言語と思考」とか「思考と言語」という章が用意されていることが少なくない。そしてその章を読んでみると、「言語」と「思考」（とくに「概念」）について別々に書いてあることがわかる。思考と言語をつなぐものは何だろうか。思考するだけなら言語は不要かもしれないが、たしかに、思考の結果としてあらわれる概念についてだれかに説明しようとすれば、言語の助けなしには、おそらく不可能だろう。

　この章では、まず言語について、いくつかの重要なことがらについて説明をすることにしよう。そして、後半では、「概念」といわれる、知識の構造について説明することにしよう。

2．言語

1）言語の獲得

　古代エジプトのプサメティコス1世という王は、子どもが最初に話す言語はなにかということに興味を持ち、2人の子どもを羊飼いに預けた。そして子どもたちにだれも話しかけないようにして、子どもたちが最初に話すことばを報告せよと命じた。羊飼いの報告によれば、最初に子どもが発した音声は「ベーコス」という音であった。これは古代のフリギア語で「パン」を意

味することばであったから、王は、「最初の言語はフリギア語であるに違いない」と結論したという。

　「幼児」をあらわす英語のインファント（infant）という単語は、ラテン語の「話すことができない（in+fari）」が語源である。話すことができない子どもは、一人前の人間ではないということである。しかしたいていの幼児は、発達にともなって自然に話し始める。幼児の発話を観察すると、どの子どもも、おおむね同様の過程を経て言語を発達させていることがわかる（第7章参照）。生後1歳頃の幼児は、世界中の言語がもつすべての音を発音することができると言われる。やがて幼児を取り巻く環境内で話されている音声の影響をうけ、環境内で使用されない音は出さなくなっていく。また、使用されない音の弁別力も失われていく。周囲の人びとが日本語を話している日本の環境内では、英語のLとRの区別は失われがちである。

2）言語の中枢

　脳の**機能局在**という考え方（第15章参照）は、**言語機能**に関する発見から始まった。フランス人の医師ブロカ（Broca, P.）は1861年に、聴力が正常で相手の話も理解できるのに、うまく言葉が話せない（運動性失語）患者の大脳左半球の前頭葉に、大きな欠損があることを発見した。さらに1874年に、ドイツ人の医師ウェルニッケ（Wernicke, K.）は、流ちょうに話をすることはできるのに、相手の話は理解できない（感覚性失語）患者の大脳左半球の側頭葉に、大きな欠損があることを発見した。

　これらの発見は、人間の言語能力が脳の特定の場所に、しかも話す能力と聞く能力とがそれぞれ脳の別の場所に存在していることを示していた。それまでは、脳の各部分が別々の仕事をしているとは考えられていなかったのである。現在では、日本語や英語などの言語にかかわらず、多くの人々において言語機能が左半球に局在していることが知られている。脳の機能が左右どちらか一方の半球に偏って存在することは**一側優位**あるいは側性（Laterality）とよばれる。右手利きの人の場合であれば、言語機能はほぼ左半球に局在すると考えてよい。幼少時に左半球に障害を生じた場合、言語の習得が不可能になることはなく、言語の機能が右半球において、左半球の相当する部位に発達する。脳梗塞や脳出血などによる成人以降の脳損傷で言語機能が損なわれた場合であっても、リハビリテーションによって言語機能はある程度回復するが、回復の程度には個人差がある。一般には女性の回復成績がよい。平均的には女性の方が男性より言語の発達が早く、また言語能力が高いと言われるが、脳の機能を調べた研究でも女性の脳のほうが言語刺激に対して活発に活動している（Burman, Bitan, & Booth, 2008）。

　幼児における言語発達の筋道は世界共通と言ってもよく、言語の発達が脳の発達に依存していることが推定される。動物の行動の研究によって、かつては生まれつき持っていると思われていた行動が、実は誕生後の経験の有無によって修正をうけるものであり、しかも誕生後の特定の時期である**臨界期**（critical period）を過ぎると、このような修正ができなくなるという発見がなされた。言語の習得においても、よく似たことが生じる。実際に子どもに対してそのような実験を行うことは倫理的にできないが、養育を放棄された児童では言語能力が著しく劣っており、またその後の教育によっても能力の大きな改善が見込めないことがしばしば報告されている（カーチス，1977）。また、多くの人が英語学習や、大学入学後に習う外国語の習得に苦労することからわかるように、母語を獲得した後で成長後に学びはじめる言語の習得（**第二言語習得**）が一般に容易でないことから、人間の言語学習の機能にも、このような臨界期があるのではないかと考えられている。ただし、「言語」と一口にいっても、そこには音の聴覚的弁別、**調音**（発音にかかわる唇や舌などの運動制御）、単語の習得、文法理解など複数の要因がある。単語の習得については、臨界期があるとは考えられない。この教科書の使用者の多くは、筆者を含め、日本語を第一言語としていると思われるが、カタカナ表記による外来語を新しく習得すること、また毎年のように現れる新語を理解し

使用することに大きな困難はないであろう。

3）心理言語学

　言語が学習によって習得されるものであるのか、生まれつき持っている能力であるのかという論争は、形を変えながら現代でも続いている。フランス語と日本語はどちらも言語であるには違いないが、文法も単語もまったく異なっている。両親が日本人であっても、誕生直後からフランス人の養父母によってフランスで育てられたとすれば、この子どもは100パーセント、フランス語話者になる。この子どもが、一度も聞いたことのない日本語をある日突然に話し始めるということは、考えられない。その意味では、特定の言語は完全に学習のみによって習得されるものである。言語学者のソシュール（de Saussure, F.）は、言語とは指し示すもの（たとえば音や文字としての「カエル」）と指し示されるもの（たとえば現実の動物としてのカエル）の間の記号系であると述べたが、この記号系には**恣意性**があり、言語体系ごとに異なった記号を使うことができる。

　学習心理学者のスキナー（Skinner, B. F.）は発話を**言語行動**、つまり言語的なオペラント行動としてとらえた。適切な言語行動に対しては強化が与えられ、不適切な言語行動に対しては強化が与えられないために、子どもは適切な発話を習得していくというのである。たとえば子どもが「みるく」と言えばミルクが与えられる。「おちゃ」と言えばお茶が与えられる。ミルクが飲みたい子どもは、「おちゃ」とは言わず「みるく」と言うようになるだろう。さらに、何か欲しいものがあるとき、「ちょうだい」という発話を付け加えることで、欲しいものが手に入る確率が高くなること、あるいは「ちょうだい」を付け加えないと欲しいものが手に入らず、それどころか罰が与えられることを学習すると、子どもは、「みるく、ちょうだい」のような、やや複雑な発話を始めるようになる。

　言語の獲得に関するこのような説明は、ごく単純な文の場合には当てはま

りそうだが、「晴れていたらコーヒー、雨だったら紅茶、雪が降ったら縁側に毛氈を敷いてお茶を点てよう」のような複雑な言語行動が、どのようにして学習されるのか、説明することが難しい。学習理論によって言語獲得を説明する上での最大の難点は、われわれは既知の単語を組み合わせることによって、これまで一度も話したことも聞いたこともない文、つまり学習したことがない文を新しく作って発話することができるという点である。このことは、子どもの言語的誤用によってわかる。例えば日本語環境で育つ幼児は「ぶうぶ、いた」「わんわん、あった」のように、「いる」と「ある」の使い分けができないことが少なくない。英語圏の多くの幼児が、不規則動詞の過去形について ate や ran のかわりに eated や runned を使う。しかし周囲の大人はこのような誤用をしていないはずである。だから幼児は大人の発話を単に模倣しているのではなく、大人の発話から規則を学び、その規則を使って文を新しく作っているのだと考えられる。

　言語学者のチョムスキー（Chomsky, N.）は、ヒトは生得的・遺伝的に、普遍的な脳神経系の構造と言語の能力（**普遍文法**）を所有しており、環境において話されている特定言語から、その特定言語に特有な音や文法構造をつかみとり、自由に新しい文を作り出すことができると考えた。つまり言語の能力はもともとヒトという動物に準備されているのだが、実際に使えるようになる言語は、子どもの周囲で使用されている言語であるという。先に言語機能が脳の特定の場所に依存していることについて述べた。もしも言語がゼロから学習されるものであるなら、言語機能にかぎって、かならず脳の同一部位が用いられること、またその部位が他の機能には用いられないことを説明することが難しい。手話は視覚的に理解されているように思われるが、手話の使用にあたっては、音声言語の場合と同様に、ブロカやウェルニッケが発見した脳の領域が使われていることがわかってきた（Sakai et al., 2005）。これらの脳の特定の部位は、言語機能のためにあらかじめ予約されているのだと言ってもよいであろう。なお、聴力に障害がある子どもは音声言語を獲

得することが困難である。しかし周囲の大人が手話を使用している場合には「自然に」手話を使うようになる。また、養育者が手話を使用しない場合でも、子どもは自発的に身振りによる言語を発明するという観察がなされている（Goldin-Meadow & Mylander, 1998）。

4）動物の言語

　ヒト以外の動物は言語を持たないのだろうか。言語を、特定の表現（信号あるいは記号）と、それが指し示す事象との対応であると考えれば、ほとんどすべての動物がなんらかの言語を使用していると言えるだろう。よく知られている例であるが、ミツバチはダンスによって花蜜までの距離と方向を他のメンバーに伝えることができる。多くの鳥類や魚類は繁殖期に体色を変え、また特有のしぐさをすることで繁殖の確率を高くしている。集団で生活する動物の多くは、敵の接近を知らせる警戒信号を持っている。もっとも、信号とそれが指し示す事象の対応は、ほとんどが遺伝的に決定されているようであり、人間の言語にみられる恣意性、つまり特定の事象を指し示すための信号を新しく任意に作り出す力は見られない。また、ヒト以外の動物が複数の信号を組み合わせて文を作ることができるとは考えられていない。それでも、かつて人間だけが言語を持っていると信じられていた時代に比べると、現在では、鳥類や霊長類の一部がコミュニケーションの目的で使用する音声やしぐさは、かならずしもすべてが遺伝的に決定されたものではなく、経験によって獲得される場合があることがわかってきた。ヒトとヒト以外の動物との間に連続性があるように、言語と言語でないものの間にも連続性があると考えるべきであろう。

　ヒトもヒト以外の動物も、どちらもコミュニケーションの手段を持っているが、最大の違いは、文字の使用にあると言えるかもしれない。なぜなら、音声による信号は一時的であるが、文字になった情報は長く残るからである。もっとも、動物の世界でも、においの情報は比較的長期にわたって保存され

る。アリがコミュニケーションに用いる臭いでは、敵が来たという情報は短時間で消え、食べ物のありかを示す情報は長く残るようである。なお、言語と言語以外の方法によるコミュニケーションについては、第10章に詳しく述べられている。

3．知識と思考

1）言語と知識

　もしわれわれの思考が言語によって行われ、また発話通りの順序に行われているのだとすれば、言い間違いや聞き間違いを別として、言語表現は思考内容そのものということになり、一つの文章が2通りの意味に解釈されることはないだろう。音声言語でも手話でも、単語は順番に一つずつ発話される。しかし、意味上の切れ目がどこにあるかは、文法の知識がなければわからない。さらに、文法知識があってもわからないことがある。「わたしはすももももももすき」の意味がわかるのは、「AもBも」という表現が「AとBに共通性があること」を示していることを知っているからである。それでもこの文は、「スモモ」と「モモ」について述べているのか、それとも「酢」「藻」「モモ」について述べているのかはわからない。英語の場合、「Time flies like an arrow」（光陰矢のごとし）という文は「時間蝿は矢を好む」のように理解しても文法的には正しい。この2つの理解の仕方のうち、一方の可能性はありそうもないので捨てられるというだけである。ピンカー（Pinker, S.）は「The two cars were reported stolen by the Groveton police yesterday」という文例を挙げている（Pinker, 1994）。この文章は、「グローブトン警察によって2台の車が盗まれたと昨日発表された」と訳すことができるが、英語の場合も、また日本語に翻訳した場合も、警察が盗難事件について発表したのか、あるいは警察自身が車を盗んだのかを区別することができない。発話者の頭の中では警察と盗難車との間の関係が一つだけ認識されているのだ

が、言語はその認識を正しく表現することができないのである。しかしおそらく、警察が自動車を盗むことはないだろう。このように、文法的な構文解析だけでは文の意味が理解できない場合、われわれは経験的な知識に基づいて、文の意味を決定している。

２）知識の構造

　われわれはさまざまな知識をもっている。知識はすべて記憶として脳のどこかに貯蔵されているはずである。記憶の章で学んだように、記憶にはいくつかの種類がある。一つは自分自身の直接の体験の記憶（エピソード記憶）である。これは知識のもとになるが、知識であるとは言えない。知識は個々の体験を元にしているとしても抽象的で、包括的である。たとえばわれわれは自分で飼っているネコ、あるいは近所の家で飼われているネコについて知っており、また本や映画やテレビで見たことのあるネコについて知っている。これらの体験から、われわれは一般的な、しかし実在はしない、抽象的なネコの概念を作り出す。だから知人から「ネコを飼っている」という話を聞くと、われわれは典型的なネコの視覚的イメージを思い浮かべる。そして、自分が飼っているネコが一度もネズミを捕まえたことがなくても、ネズミを捕ろうとするネコを思い浮かべることができる。ネコはネズミを捕る、ネコはニャーと鳴く、ネコはよく寝る、などはネコに関する一般的な知識である。

　語られたことが正しい（真）か誤っている（偽）かを判断することは、思考の典型的な例である。「ＡはＢである」という言語的表現は**命題**（proposition）とよばれる。われわれは「ネコは飛行機だ」という命題は偽と判断し、「ネコは生き物だ」という文は真と判断する。なぜそのような判断が可能なのだろうか。「ネコは生き物だ」という命題は見聞きしたことがあるかもしれず、したがってそのような命題は記憶に貯蔵されているかもしれない。しかし、「アサギマダラは生き物だ」という文は多くの人にとって初めて見る文であろう。それでも、アサギマダラが蝶の一種であることを知れば、われわれは

この命題が正しいと判断できる。なぜなら、蝶は生き物であり、アサギマダラは蝶の一種であるからである。つまり、われわれは既存の知識をつかって推論し、新しく与えられた様々な命題が真であるか偽であるかを判断している。

　われわれが持っている知識（意味記憶）は階層構造を持っているという考え方がある。例えば、個々のネコの知識から抽象的で一般的なネコの概念が形成されるように、タイ、イワシ、サバなどの概念からは魚の概念が形成され、ハト、スズメ、カラスの概念から鳥の概念が形成される。それぞれの概念には、「ヒレがある」「水の中に住む」「羽がある」「飛べる」などの性質がいくつかつながっている。そして魚、鳥、虫といった概念から、より高次の「生き物」の概念が形成される。このような階層構造のモデルでは、「キンギョは生き物である」という文章（命題）が正しいかどうかを判断するには、「金魚」につながる**上位概念**がもつ性質と同時に、「生き物」につながる**下位概念**の性質がすべて検索される。この例では、「生き物」から下降した検索と「キンギョ」から上昇した検索が「魚」の概念で出会うから、命題は正しいとい

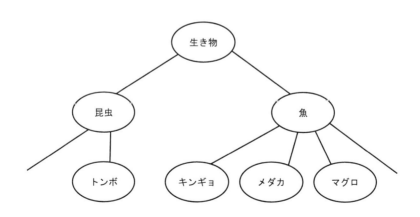

図5－1　概念の構造

うことになる。また、概念と概念の距離を考えると、キンギョから魚までの距離よりも、キンギョから生き物までの距離のほうが長いことが想定される。「キンギョは昆虫である」という命題の場合には、キンギョから上方に向かう検索と昆虫から下方に向かう検索とが出会うところがないので、正しくないことがわかる（図5-1）。

　知識が**階層構造**を持つことを確かめるため、コリンズとキリアン（Collins & Quillian, 1969）はさまざまな「AはBである」という命題を実験参加者に与え、その真偽を判断させて、所要時間を測定した。その結果、「ハトは鳥である」とか「セミは昆虫である」のような命題に比べて、「スズメは生き物である」のような命題が真であると判定されるためには、より長い時間がかかることが示された。つまり、特定の概念のすぐ上または下のレベルにある概念に到達するよりも、さらに上位または下位のレベルにある概念に到達するほうが、時間が長くかかるから、われわれの知識が階層構造を持つことが実験的に示されるというのである。

　もっとも、このような真偽判断に要する時間は、かならずしも階層構造に依存しない場合がある。例えば「ネズミは動物である」は「ネズミは齧歯（げっし）類である」よりも、階層上、真偽判断に要する時間は長いはずであるが、実際には後者のほうが長い時間が必要である。つまり判断に要する時間は、その概念に相当する語をよく知っているかどうかにも依存する。椅子や机が家具であることはすぐにわかるが、傘立てが家具であると決めるには時間がかかる。椅子や机は、家具の典型だからである。このように、典型的な事物の真偽判断が速いという現象は、**典型性効果**（typicality effect）とよばれる。さらに、検索には並列処理と直列処理という2つの異なった方法があると考えられている。

4．言語によらない思考

1）思考の表現

　われわれは、言語をつかって思考しているだろうか。「君は今、何を考えているの？」と尋ねられて、私は「新しい携帯電話が欲しいと思っている」と答えるかもしれない。確かに私は、いま新しい携帯電話が欲しいのであるが、しかし私は「アタラシイケイタイデンワガホシイ」と文字通りに考えたのではなく、「アップルの携帯電話と、アンドロイド携帯とどちらがよく売れていて、どちらを買うのが正解だろうか」と考えていた。さらに私は、「アップルの携帯電話」とか「アンドロイド携帯」と言葉を使って考えていたのではなく、頭のなかにアイフォンの視覚的イメージと、アンドロイド携帯の視覚的イメージをおいていた。さらに私は、「ドチラヲカウノガヨイダロウカ」と言葉を使って考えていたわけでもない。私が考えていたことをもしも言葉に表すとすれば、一番近い表現が、「どちらを買うのがよいだろうか」であったということである。しかし、自分の考えを他者に伝えようとすれば、言語によって思考を表現するしかない。同様のことは、視覚的イメージだけではなく、聴覚的イメージや嗅覚的イメージについても言える。

　言語がないとすれば、どのような不便が生じるだろうか。そのように考えると、言語が人間の生活において果たしている機能が見えてくるだろう。まず最初に不便を感じるのは、他の人々とコミュニケーションができないということである。ヴィゴツキー（Vygotsky, L. S.）は、言語はまず他者とのコミュニケーションの手段として現れ、次いで思考の道具として使用されるようになり、最終的には発話を伴わない言語活動（内言）になると考えた（ヴィゴツキー，1971）。

　思考については、思考をどのように定義するかにもよるが、かならずしも音声言語がなくても考えることはできる。しかし、年少児ではしばしば思考過程において音声が伴うし、成人であっても、難しい問題について考える場

合には「独り言」のかたちで、言語的な活動が見られる。文章を黙読すると
きに、本来は活動する必要のない声帯の筋肉が活動しているという知見は、
古くから知られている。

2）視覚的思考

　多くの人々は、「イヌ」や「ネコ」について考えるとき、それぞれイヌら
しい、またネコらしい視覚的イメージをつくり出す。イヌのイメージはたし
かにネコのイメージとは異なっている。これらの視覚的イメージはそのまま
視覚的画像（**アイコン**）として脳内に貯蔵されているのだろうか。それとも
脳内では言語的な知識として貯蔵されていて、思考する際に画像が作り出さ
れるのだろうか。思考が視覚的に行われていることを示すいくつかの研究が
ある。「自分の家の中に、いくつ窓があるか思い出して数えてください」と
言われると、たいていの人は自分の家の各部屋を順番に思い浮かべ、あたか
もその部屋にいるように、頭の中で部屋を見回して、南側に２つ、西側に１
つ、のように数えるだろう。部屋数や窓の数が多いと、数え終わるのに時間
がかかる。このことからコズリンら (Kosslyn, S. M., Ball, T. M., & Reiser, B.
J., 1978) は、人がもつ視覚的イメージは画像としての広がりをもっていると
考えた。コズリンらは実験参加者に地図を渡し、そこにある小屋、樹木、岩、
井戸、湖、砂浜、草原などの場所を記憶させた。次に、実験参加者に対して
特定の場所に自分がいると考えさせ、そこから別の場所を指示し、それが見
つかったら反応ボタンを押すように指示した。例えば自分が湖にいると考え
て、記憶した地図上で岩の場所を見つけるように指示し、岩が見つかるまで
に要する時間（反応時間）を測定した。その結果、反応時間は地図上の２つ
の地点の距離に比例して長くなった。つまり、実験参加者は実際に地図の上
で視線を動かすように、遠い場所を見つける場合には長い時間を必要とした
のである。

5．問題解決

1）先行する体験の影響

　多くの経験を積むことによって、問題解決は次第に容易になっていくであろう。しかし、先行する経験は、新しい問題の解決を促進するだけではなく、妨害することもある。困難な問題の解決においては、「ものの見方を変える」「新しい視点で考える」ことが必要とされるが、それはわれわれが以前成功した方法を新しい問題に「つい」適用してしまう傾向が強いからである。

　次のような問題を見たことがあるだろうか。5リットルのマスと3リットルのマスを使って4リットルの水を作るという問題である。たいていの人は少し考えて、以下のような正解を得る。まず5リットルのマスで水をくみ、これを3リットルのマスにあける。そうすると5リットルマスには2リットルが残る。これを3リットルのマスにあける。そうすると3リットルマスに1リットルの余裕ができる。5リットルマスで水をくみ、3リットルマスの余裕部分に水を入れると、5リットルマスにはちょうど4リットルが残る。このような、2つのマスを使って特定の容積の水をつくる課題をいくつか解いた後で、「5リットルのマスと4リットルのマスを使って4リットルの水を作ってください」という問題を出すと、どのような答えが得られるだろうか。

　少なくない数の人々が、次のような解を考える。まず4リットルのマスで水をくみ、これを5リットルのマスにあける。そうすると5リットルのマスには1リットルの余裕ができる。4リットルのマスに水をくみ、5リットルのマスにあけると4リットルのマスには3リットルが残る。つまり1リットルの余裕ができる。そこで5リットルのマスで水をくんで4リットルのマスにあけると、5リットルマスには4リットルが残る。これは確かに正しい解決法の一つではあるが、4リットルのマスが与えられているのだから、最初から4リットルのマスで水を汲めば、それだけで済むのである。

　一番はじめの問題で、5リットルのマスと3リットルのマスを使って3

リットルを作ってくださいと言えば、おそらくほとんどの人が最初から3リットルのマスで水を汲むだろう。そして次に5リットルのマスと4リットルのマスで4リットルを作ってくださいと言われれば、すぐに4リットルのマスを使って水を汲むだろう。つまり、いくつかの問題を「2つのマスを組み合わせて使う」方法で解決した体験があると、われわれはその後に遭遇する問題に対しても同一の方法を適用し、別の方法を検討しない傾向がある。このように何度も繰り返して使用される思考の方法は**スキーマ**、あるいはシェマとよばれる。この実験の参加者に「どうしてはじめから4リットルのマスを使わなかったのですか？」と尋ねれば、「2つのマスを必ず使わなければならないのだと思った」のような答えが返ってくる。しかしそのような制約は与えられていない。実験参加者は自分自身の経験から適切なスキーマを作り出したのだが、そのあとはそのスキーマによって、思考を自ら制約したのである。

6. 帰納と演繹

1）帰納推理

　推理とは、自分が持っている知識から出発して、自分が持っていなかった新しい知識を導き出す思考である。推理の仕方には**帰納推理**（induction）と**演繹推理**（deduction）の2通りがあるということを知っているだろうか。帰納推理は個々の体験に基づいて、それらを説明することができそうな規則を新しく考え出す過程である。これに対して、演繹推理は、すでに正しいことが分かっている規則を使って、正しい結論を導き出す過程である。

　まず帰納推理について考えてみよう。帰納推理のもっとも単純なものは、1，2，3，4のような数字を並べて、「次に来る数字は何でしょう」と問われる場合に使われる。たぶん、答えは5である。同様に、1，2，4，8のような数列が与えられた場合、次の数字の答えはおそらく16であろう。しかし、

1，2，4が与えられた場合、次に来る数字は8かもしれない（次の数が前の数の2倍になる数列）し、7かもしれない（前の数と次の数の差が1，2，3と増えていく数列）。○△□○△という記号が与えられたとき、次にはどのような記号が来ると考えられるだろうか。多くのひとは○△□が繰り返されるという規則があると考えて（この規則は与えられた図形列と矛盾していない）、□が来ると推測する。しかし、○△□○△という長い系列が繰り返されるという規則があるかもしれないし（その場合には○が来る）、また、何の規則もない（偶然）かもしれない。

　帰納推理によって考え出された規則は、あくまでも既存の知識から推測されたもの（経験則）であり、既存の知識と矛盾することはないが、未知のことがらを正しく予測できるとは限らない。太陽が東から昇り西に沈むのを見て、大昔の人々は「太陽が地球の周りを回っている」という規則を考え出した。しかしこの規則は、他の星々の運動を精密に観測した結果とは矛盾することが多かった。地球やその他の惑星が太陽の周りを回っているという新しい規則は、これらの矛盾を解決することができた。さらに精密な観測が行われるようになって、新しい規則が考え出された。今日の天文学は、太陽が銀河系の中で動いており、銀河系そのものも宇宙の中で動いているという規則をたてることによって、天体観測の結果を説明している。

2）演繹推理

　いったん規則が立てられたあとで、この規則が正しいかどうかを検証する手続きが演繹推理である。「雨が降ったら人は傘をさす」という規則があるとき、傘をさしている人を見かけたら、雨が降っていると推論してよいだろうか。もちろんこの推論は正しくない。この規則は「雨が降ったとき」という前提を元にして成立すると言われているのであって、「雨が降っていないとき」については実は何も定めていない。だから、すべての人が晴雨にかかわりなく傘をさしていても、この規則は成立する（間違っていない）のであ

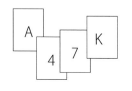

図5－2
演繹推理における確認バイアスの例
［Wason & Johnson-Laird, 1972 に準拠］

る。

　しかしわれわれはしばしば、このような論理から外れた推論をする。ウェイソンとジョンソン＝レアード（Wason & Johnson-Laird, 1972）は、人間が陥りやすい推理の間違いについて実験をしている。図のような（A, K, 4, 7）カードを実験参加者に示して、「それぞれのカードの表側には英文字が、裏側には数字が印刷されています。母音字（AEIOU）が印刷してあるカードの裏には偶数の数字が書いてあるという規則で印刷されていますが、本当にこの規則どおりに印刷されているかどうかを決定するために必要なカードを裏返してください」と言うのである（図5-2）。そうすると、たいていの人はまずAのカードを裏返し、裏に印刷されている数字が偶数であることを確かめる。そして、かなり多くの人が、次には4のカードを裏返して、そこに母音字があるかどうかを確かめようとする。しかし、論理学が示すところによれば、「XならばYである」という規則の真偽を確かめるためには、「XであるときにYであるかどうか」を調べるとともに、「YでないときにXでない」ことを調べる必要がある。従って、規則の真偽を確かめるために裏返すべきカードはAと7の2枚である。もしもAの裏側に奇数が印刷されていれば、これはもちろん規則に反するのであるが、7の裏側に母音字が印刷されている場合も、規則に反している。この場合、Kや4のカードを裏返す必要はない。なぜKや4のカードを裏返す必要がないかと言えば、「子音字の裏側にはどんな数字が印刷されていてもよい」し、「偶数カードの表側には母音字があっても子音字があってもかまわない」からである。しかし、しばしば人は「母音字の裏には偶数が印刷されている」という規則を与えられると、「規則の真偽を確かめるために」、与えられた規則とは無関係の4を裏返して、そこに母音字があるかどうかを調べようとするのである[注1]。

3）ヒューリスティックスと限定合理性

　このように、ルールを言葉の表面的な表現に沿って確かめようとする傾向は、**確認バイアス**とか確証バイアスと呼ばれる。つまり、ルールが成立する場合だけを確認して、ルールが成立しない場合の確認を怠る傾向である。「○○栄養食品は2万人の購入者にご満足いただいています」というメッセージは、実はその栄養食品と健康改善との間の関係について何も述べていないということに、人は気がつきにくい。もしかすると10万人の購入者がこの栄養食品に不満を感じているかもしれないのである。それでもわれわれは、このようなコマーシャルに触れると、○○栄養食品は健康に良いのかもしれないと思ってしまう。

　人はものを考えるときに、かなり手抜きをしていると言ってよい。正確とは言えないが高速な推論は、一般に**ヒューリスティックス**（heuristics）とよばれる。確認バイアスもヒューリスティックスの1つであるが、有名なヒューリスティックスに**利用可能性ヒューリスティック**や代表性ヒューリスティックがある。前者は自分にとって重要な、あるいは身近な人物の例や意見を過大に評価する傾向である。「有名な俳優の○○さんが推薦しているから○○化粧品は肌によいだろう」という例のように、われわれは、手に入りやすくて目立つ情報を鵜呑みにしがちである。

　代表性ヒューリスティックは、主観的確率に関するものである。これには、次のような例がある。

　Ｙ君は高校時代、学年でトップクラスの成績でした。また、短距離走では100mを10秒4を切る好タイムで、県代表として国体にも出場しました。その後、Ｙ君は大学に進学しましたが、以下の1と2のどちらの可能性が高いでしょう？

1. 現在は難関のＸ大学で物理学を学んでいる。
2. 現在は難関のＸ大学で物理学を学ぶかたわら、陸上部のエースとして活躍している。

このような質問をすると、少なくない数の人が2を選択する。しかし、X大学で物理学を学んでいる学生のうち陸上部に所属している者はごく一部である（物理学を学んでいる学生の中には水泳部に所属している学生や吹奏楽部に所属している学生もいる）ことを考えれば、明らかに1の可能性のほうが高いのである。

　このような例を見ると、人は一般に非合理的な思考をするものだと思われるかもしれない。しかし、人の思考は決して非合理的ではなく、多くの場合、論理学的に厳密な推論をすることができる。それでも上述の例のように状況によって、合理的とは言えない推論をしてしまうことも少なくない。ヨーロッパの伝統的な「人は神から理性を与えられた」という考え方からすれば、人は完全に合理的であってもよいはずであるが、実際には人の持つ合理性には限界があるといえるだろう。このような限界をもつ合理性は、「限定合理性」（bounded rationality）と呼ばれている。

7．まとめ

　言語能力と思考能力とは、人だけに与えられた「高級な能力」であると長い間考えられてきた。また、人は言語があるからこそ、高度な思考が可能だと考えられてきた。この最初の部分はおそらく間違っているが、後半部はおそらく正しい。ヒト以外の動物が発する音声やにおいのメッセージは、エサの存在や敵の存在を指し示すために使用されることがある。人の言語ほど「高級」ではないにせよ、コミュニケーションの役に立つという意味では、言語であると言ってもよいであろう。また、学習に関する章で学んだように、ヒトも動物も同様に賢く、体験に基づいて状況を判断し、ルールを学び、適切な行動を選択している。しかし、人は体験を単に個人の記憶に留めるだけでなく、体験を言語に表現して他者に伝え、また文字にして残すことができる。これによって、人は、自分自身の体験を忘れず、身近にいない他者の体験、

さらにすでにこの世にはいない他者の体験による知識も利用して、問題を解決することができる。「隣村の村長さんは赤いキノコを食べて死んだ」という言い伝えを知っていれば、目の前のおいしそうな赤いキノコを食べる行動は抑制されるだろう。思考そのものは言語によらずに可能であるとしても、推理の際に使用されるデータの量は、言語によって媒介される知識によって大幅に増大する。このことは帰納推理において大きな利点となる。一方、人の思考や推理には制約があり、誤った結論が導き出されることも少なくない。しかし人が誤った推論を行うことがあるという知識は、われわれが次に思考し、推論する場合に有益に作用するに違いない。そのような知識は、言語によって伝えられるのである。

注1　人は抽象的な思考が苦手であるが、具体的な問題に関してはこのような間違いは犯さない。「20歳以上でないとお酒を飲んではいけない」というルールをコンビニエンス・ストアの店員になったつもりで確認してみよう。カードの表には年齢が、カードの裏には商品名（ビールまたはジュース）が書かれている。このような課題では、ほとんどの人が、「20歳未満の年齢が書かれたカード」「購入商品がビールであるカード」を裏返して、正しくルールを確認することができる。「20歳以上の年齢カード」「購入商品がジュースであるカード」を裏返す必要がないことは「すぐわかる」のである。

発　展

普遍文法　一語文　二語文　第二言語習得　ネットワーク・モデル　並列処理　直列処理　ヒューリスティックス　アルゴリズム　スキーマ

引用参考文献

Burman DD, Bitan T, & Booth JR (2008) "Sex Differences in Neural Processing of Language Among Children," *Neuropsychologia.* 46 : 1349-1362.

Collins AM & Quillian MR (1969) "Retrieval time from semantic memory," *Journal of Verbal Learning and Verbal Behavior.* 8 : 240-247.

Goldin-Meadow & Mylander C (1998) "Spontaneous sign systems created by deaf children in two cultures," *Nature*. 391 : 279-281.

Kosslyn SM, Ball TM, & Reiser BJ (1978) "Visual Images Preserve Metric Spatial Information: Evidence from Studies of Image Scanning," *Journal of Experimental Psychology: Human Perception and Performance*. 4 : 47-60.

Kosslyn SM & Rosenberg RS (2001) *Psychology: The brain, the person, the world*. Needham Heights, MA: Allyn and Bacom.

Sakai KL, Tatsuno Y, Suzuki K, Kimura H, & Ichida Y (2005) "Sign and speech: amodal commonality in left hemisphere dominance for comprehension of sentences," *Brain*. 128 : 1407-17.

Wason PC & Johnson-Laird PN (1972) *Psychology of Reasoning: Structure and content*. Cambridge, MA : Harvard University Press.

カーチス S（1992）『ことばを知らなかった少女ジーニー』久保田　競・藤永安生訳　築地書館（Curtiss S (1977) *A Psycholinguistic Study of a Modern-Day "Wild Child"*. Academic Press, Inc.）

ピンカー S（1995）『言語を生みだす本能（上・下）』椋田直子訳　日本放送出版協会（Pinker S (1994) *The language instinct: How the mind creates language*. New York : Morrow.）

ヴィゴツキー LS（1971）『思考と言語（上・下）』, 柴田義松訳　明治図書（Vygotsky LS (1956)）

第6章　動機づけと感情

1．はじめに

　われわれは、おいしいものを食べたいという欲求、魅力的な異性と知り合いたいという欲求、嫌いな人から遠ざかりたい欲求、他者よりもよい成績をとりたい欲求など、非常に多様な欲求を持っている。おいしい食べ物、魅力的な異性は快であり、嫌いな人物のそばにいること、他者よりも劣っていることは不快である。不快がなく、また現に快を得ているとき、われわれは休息する。われわれが行動するのは、快が外側にあって行動することによって快が得られる場合、また、不快が内部にあって行動することによって不快を除去することができる場合である。この章では、行動の原因となる心の働きについて、動機づけと感情という、相互に関連する2つの心理学上の概念について学ぶことにする。

2．動機づけ

1）動機づけとは

　われわれはたくさんの欲求を持っているが、これらの欲求のすべてを、今すぐ同時に満たそうとしているわけではないし、また、同時に満たすことは多くの場合不可能である。夕飯を食べるという行動を説明するのは、おなかが減ったので何か食べたいという気持ちであって、試験で優をとりたいという気持ちではない。人の心の中には多様な欲求が存在しているが、特定の行動が生じる場合には、「特定の行動をしたい気持ち」が関わっていると考えられる。

　この「特定の行動をしたい気持ち」は、心理学では**動機づけ**（モチベーショ

ン：motivation）とよばれる。**欲求**（need）との区別は、ややあいまいで、時には同義に使われることがある。欲求には「したい気持ち」という意識的な側面が表現されているが、ヒト以外の動物に、「気持ち」があるかどうかを知ることはできない。そこで、心理学、とりわけ実験的な心理学においては、欲求より動機づけの語が好まれる。また、欲求は獲得しようとする目標に焦点が当てられ、行動が実際に生じるかどうかは問題にされない。これに対して動機づけでは、特定の行動の生じやすさに焦点が当てられる。例えば、A君とB君が大学に進学したいという強い欲求を持っているとしても、たった今の二人の行動は異なる。A君は図書館で本を読んでおり、B君は食堂で昼食をとっているとすれば、この二人の動機づけの状態は異なっていると言えるだろう。

2）生理的な動機づけ

　ヒトを含めて動物はみな、摂食、摂水、排泄、休息と睡眠を行う。これらの行動は、動物の身体内部の生理的な条件によって生じる。特定の行動を生じさせる生理的条件は**動因**（drive）とよばれる。摂食行動の動因は絶食状態である。長期にわたって絶食させた後では強い摂食行動が生じる。摂食行動は、血糖値の低下や胃の内容物の減少によって始まり、血糖値の上昇や胃の内容物の増加によって停止する。絶食すると、ヒトの場合には空腹感、つまり食べたいという欲求（意識的体験）が生じる。

　動因は、**一次的欲求**、生理的欲求ともよばれる。動因は生命を維持する行動を生じさせる原因であり、強力な動機づけとして作用する。これらは、がまんすることが難しい欲求として体験される。眠いのをがまんしても、つい眠ってしまう。おなかが減ればつい食べ物に手が出る。反対に、動因が満たされている場合には、さらに動因を満たすような行動は生じにくい。熟睡したあとでさらに眠ることはできないし、満腹したあとでは食べたいという気持ちは生じない。これらの動因は主として生理的なメカニズムによって、脳

の視床下部で調節されている。

　多くの動因は動物自身の生理的状態によって生じるが、動物の外側からの刺激によって生じる動因もあると考えられる。生命維持にとって不利益な事象を生じる物理的、化学的刺激に対しては、それらから逃れようとする行動が生じる。これらは人であれば、苦痛の体験を生じさせるような刺激である。

　動因はおおむねすべての動物に共通に、生得的に存在すると思われる。空腹、不眠、痛みなどは不快な体験であり、満腹や熟睡は快適な体験である。動物はすべて不快を避け、快を求めて行動すると考えることができる。

3）獲得される動機づけ

　行動の原因となる動機づけには、生理学的なものだけではなく、学習されるものもある。食行動は動因によって生じるとしても、食べものを探す場合には、食べ物が得やすいところを探すだろう。このような行動は、実際に食べ物が得られるならば強められ（優先的に、高頻度で行動が生じる）、また、食べ物を得ることができなければ弱められるだろう（そのような行動は生じなくなっていく）。空腹の人は文房具屋さんには行かず、コンビニに行く。これは、学習の理論から容易に推察できる。

　学習によって獲得された動機づけは、二次的動機、あるいは二次的欲求とよばれることがある。その典型例はお金に対する動機づけである。お金それ自体は食べることができず、直接に生理的欲求を満たす働きはない。しかし、お金は食べ物のような、生命維持と直結する動因を満たすものと交換することができる。つまり、間接的に生理的欲求を満たすことができる。お金によって欲求が満たされることを学習すると、それを得ようとする行動が生じやすくなる。つまり、二次的な動機づけが生じる。われわれはこのことを、体験を通じて学習しており、非常に多くの人々がお金の獲得に対する強い動機づけを持っている。ネズミのような動物でも、自動販売機のような機械に金属片（トークン）を入れるとエサが出てくることを学習すると、バー押しによっ

てトークンを得ようとするようになる。つまり食べることのできない金属片が二次的に快を産み出すものになる。

4）誘因

　街を歩いていて有名なケーキ屋さんを見つけると、空腹感はないのに食べてみたいという気持ちが生じる。これはどうしてであろうか。動因の強さが一定であっても、行動が生じたり、生じなかったりすることを説明する概念が**誘因**（incentive）である。誘因は欲求の目標であり、それを見ると「欲しい気持ち」を生じさせる。「欲しい気持ちを起こさせる力の強さ」に相当する概念は**誘因価**とよばれる。空腹の程度が同一であっても、食べものの種類によって、誘因価は異なる。動因の強さを一定にしても、実際にエサを獲得しようとする動物の動機づけの強さはエサによって異なる。このことは、学習の章で学んだスキナー・ボックスを使って調べることができる。

　エサを獲得するために必要なバー押しの回数を変化させてみると、あるエサでは100回以上バーを押して獲得しようとするが、他のエサでは50回以上バーを押す必要がある実験条件ではバーを押さない。この場合、前者のエサは後者よりも誘因価が高いので、エサを得ようとする動機づけが強くなり、より強い行動が生じると考えられる。このことは、人や動物の行動は動因だけでなく、誘因によっても操作することができることを示している。

　人間の行動の多くは、誘因によって説明することができる。例えば、歴史に興味があって、大学では歴史を勉強することができる学部に進学したいと思う学生がいるとしよう。しかし将来の生活を考えると、就職に有利な学部や仕事上の資格が得られる学部に行こうと志望を変えるかもしれない。これは誘因価によるのである。誘因価は、日常のことばでは魅力と言い換えることができる。同じ資格が得られる学部学科であれば、偏差値の高い有名大学、大都市の華やかそうな大学は魅力的である。あるいは地元の、自宅から自転車で通学できる大学も魅力的だろう。誘因価は個人の好みだけでなく、社会

が共有する価値の体系によっても規定される。

5）社会的欲求

　動物としての生理的欲求を動因と呼ぶのに対して、人間らしい欲求を**社会的欲求**とよぶことがある。人間は社会的存在であるから、他者と人間関係を持ちたい、他者から高く評価されたいなどの社会的な欲求を持っている。これは、他者と人間関係を持つことで利益を得るという、社会生活の経験を通じて獲得された二次的な動機づけであると考えることもできるが、生命維持の必要から生まれつき備わっている動因であると考える立場もある。多くの親（養育者）は自分の直接の利益にならなくても、子育てをする。ヒトを含む多くの社会性の動物においては、自分の利益に反するような**利他的行動**（altruistic behavior）が見られることなどから、社会的欲求の一部は、ヒトという社会的な動物の遺伝子に組み込まれていると考えられる。

6）欲求階層説

　動物としてのヒトの心の作用から離れて、社会の中で生活する人間の心理学を考えてみよう。人間の欲求は最低限の生理的欲求から、自らの理想を実現しようとする最高級の欲求まで、段階があるように見える。マズロー（Maslow, 1954）によれば、理想を実現しようとする自己実現の欲求が満たされるためには自尊の欲求が満たされる必要があり、自尊の欲求が満たされるためには家族、友人、所属組織といった社会的欲求が満たされる必要があり、社会的欲求を満たすためには安全の欲求が満たされる必要が

図6－1
マズローの欲求階層モデル
（Maslow, 1954）

あり、そのためには生理的欲求が満たされなければならないという（図6-1）。これはマズローの考え（説）であって、事実として検証されたものではない。しかし、生存に最低限必要な欲求は多少の危険があっても満たされなければならないし、芸術的な理想を追求するためには生命の安全が確保されることや、家族・友人の理解や支援が必要であろうから、マズローの説にはある程度の妥当性があると言えるだろう。産業心理学、組織心理学、経営学ではマズローの欲求階層説に言及することが少なくない。社員に自発的かつ積極的に働いてもらうためには、生活を保証する給料を支払い、職場の安全を確保し、同僚や部下のサポートを得た上で課長や部長などの役職を与えて自尊感情を満たさなければならないということである。

7）内発的動機づけ

　動因や、動因に基づいて獲得された動機づけでは、快を求め、苦痛を避ける行動を起こす働きがある。しかしマズローの欲求階層説に示されている高次の欲求には、生物学的な快・不快に基づいた学習によっては説明のできないものがある。例えば芸術活動や研究活動を例に取ろう。絵画や音楽の制作、あるいは数学上の発見によって、必ずしも動因は満足されない。満足に食事をとらず、睡眠時間を削って、作品を完成させ、あるいは研究を遂行することがある。これらの活動は、コンテストで入賞しようとか、ノーベル賞をもらおうというような、社会的な評価を求めて行われる行動ではない。芸術活動や研究活動にいそしむ人々からそれらの活動を奪ったとすれば、これらの人々は大きな苦痛を感じるだろう。スポーツにおいても、同様のことが生じる。活動そのものが活動の目的であるような活動である。このような活動は生理的な動因や社会的欲求では説明ができないため、**内発的動機づけ**（intrinsic motivation）という、やや仮想的な動機づけ概念によって説明される。

8）応用

　社会的に望ましい行動に対しては強い動機づけを持たせ、望ましくない行動の動機づけを取り去ることができれば、これは社会にとって有意義なことであろう。学習の章では、報酬や罰によって行動の出現を制御することができることを学んだ。とりわけ教育の場においては、授業内容を理解したいという気持ちを生徒に持たせることが重要である。そのために、動因を満足させたり（問題集を2ページやったらお菓子を食べてよい、など）、社会的欲求を操作したり（よくできたと、ほめてあげる）、あるいは罰を加えるなどの方法がとられる。動機づけは、次に述べる感情と深く結びついている。

3．感情

1）動機づけと感情

　感情（emotion）という言葉は[注1]、心理学の用語としてだけでなく、日常の言葉としても使われる。典型的な感情として、好き嫌いや、喜びや悲しみをあげることができる。なぜ動機づけと感情が同じ章で取り扱われるのだろうか。それは、感情の基本である好き嫌いが、動機づけと強くかかわっているからである。われわれは好きなものは手に入れたいと思い、嫌いなものからは遠ざかりたいと思う。好きな人はそばにいて欲しいと思うし、嫌いな人とは距離を置こうとする。人であれば、動機づけには必ず好き嫌いの感情が伴う。また、好き嫌いの感情には、**快と不快**（苦痛）の感覚が伴っている。

　食べ物の場合、食べておいしいと感じる（快）食べ物であれば、もっと食べたいという気持ち（動機づけ）が生じる。また、その食べ物に対する好み（好きという気持ち）が生まれる。次にその食べ物に出会ったときには積極的な摂食行動が生じるであろう。まずいと感じる（不快）食べ物であれば、もう食べたくないという気持ちが生じ、その食べ物に対する嫌悪が生まれ、次にその食べ物に出会ったときには摂食は回避されるだろう。快や不快の感

覚、あるいは好き嫌いという感情は主観的な体験であるから、外部からの観察によってその存在を検証することは困難である。しかし先に述べたようにスキナー・ボックスをつかった実験によって、どのような食べ物が積極的に摂取され、どのような食べ物が回避されるかを観察することができる。従って、好き嫌いは主観的体験としてではなく、行動として定義することができる。積極的な摂取がみられるときは、動物はその対象を「好き」と評価しているのであり、回避される場合、その対象を「嫌い」と評価しているのである。対象によって異なった行動をすることは、何らかの基準によって判断が行われている証拠である。動物はそのような評価の基準をかならずもっているはずである。その基準を人の例にならって快と苦痛とよぶことは、さしつかえないだろう。実際、人に苦痛をあたえる殴打や電撃は、動物がひとしく回避する事態である。

２）感情の機能

　そのような行動選択の基準が動物に共通しているとすれば、ヒトは現存する動物と共通の祖先を持っていたことの証拠になるだろうと考えたのがダーウィン（Darwin, C., 1809-1882）である。ヒトよりはるかに簡単な神経系しか持っていない動物であっても、生存に有用な対象物（エサ）に遭遇すればそれを摂取しようとする行動が生じ、自らを捕食しようとする敵に遭遇すれば、それから逃避しようとする行動が生まれる。このような生存にとって極めて重要な事態における基本的な行動は、生得的に、あらかじめ準備されているだろう。そのような反応の数は幾つくらいあるのだろうか。

　突然になにかが現れたとき、有益な対象に遭遇したとき、有害な対象に遭遇したとき、捕食者に遭遇したとき、エサを横取りされそうになったとき、エサを横取りされてしまったとき、それぞれの場合に対処するためにあらかじめ準備された反応行動があるとすると、それぞれの行動に随伴する主観的体験は、驚き、喜び、嫌悪、恐怖、怒り、悲しみであろう。これらの主観的

体験を伴う反応行動は、コントロールすることが難しい。われわれは、欲しかったものを手にいれると喜びの感情体験を生じるし、また大切なものを失ったときには悲しみの感情体験を生じる。今日は喜んでみようとか、さあ今から悲しむぞ、というように、体験される感情を自由に選択することは不可能である。

　このような感情体験の特殊性は、感情が、動物が生まれつきもっている反応行動に付随する体験であるからだと考えるとよく説明がつく。環境内に特定の出来事が生じることによって、特定の行動が自動的に始まるとすれば、その特定の行動に結びついた特定の感情が自動的に体験されても不思議ではない。つまり感情の体験が感情の本体なのではなく、進化の過程で獲得した、動物が遭遇する事態に適切に対処する自動的に生じる反応が、感情の本体であるということである。このような反応行動は、かつては本能とか本能的行動と呼ばれた。しかし本能といわれる行動を調べてみるとほとんどの場合に学習がかかわっており、厳密に定義することが困難である。そのため、現在の心理学では本能という言葉は使われず、かわりに**生得的**（innate）という言葉が使われる。

3）心理学における感情

　心理学は心の働きを研究の対象とする科学であるから、感情の研究は行動に重点が置かれるのではなく、主観的体験に重点がおかれてきた。17世紀のフランスの哲学者デカルト（Descartes, R., 1596 - 1650）は近代の哲学や科学の端緒をつくった人物であり、心理学の形成にも強い影響を与えた。デカルトは、「情念論」という書物の中で感情についてかなり詳しく論じている。デカルトによれば、まず人は新しいものに遭遇すると驚く。そしてその対象が何であるかわかると、好き（愛）または嫌い（憎）という感情が生じるという。好きなものは手にいれたいし、嫌いなものからは遠ざかりたい。愛と憎しみはいずれも欲求である。欲求によって行動が起こる。その結果、首尾よ

く好きなものを手に入れことができると、あるいは嫌いなものからうまく逃げることができると、喜びが生じる。反対に、好きなものを手にいれることができなかったり、嫌いなものから逃げることができなかった場合には、悲しみが生じる。デカルトが考えた**基本的感情**は驚き・愛・憎しみ・欲望・喜び・悲しみの6つである。多くの人が重要な感情の一つと考える怒りはここには挙げられていないが、デカルトによれば、怒りは、ものごとが順調に進まないときに生じる感情であるから、悲しみの一種であると考えられている（Descartes, 1649）。

　では感情はどのような機能を持っているのだろうか。デカルトは、ある動物がやってくるのを見たとき、過去の体験からそれが危険な動物であるとわかると脳において恐怖の感情が生じ、逃げるために足を動かす神経を活動させ、また心臓の活動を普段とはちがったものにすると述べている。つまり、恐ろしいという感情が生じると、身体が適切な運動を始めるのである。

　近代の心理学をつくった心理学者の一人であるジェームズ（James, W., 1842-1910）は、主観的体験を身体の反応によって説明しようとした点で、デカルトとは正反対の立場をとった。ジェームズの有名な言葉は、「悲しいから泣くのではなく、泣くから悲しい気持ちになるのだ。恐ろしいから逃げるのではなく、逃げるから恐ろしいという気持ちになるのだ」というものである（James, 1884）。ジェームズの考えによれば、感情の身体反応は、特定の刺激を見たときに自動的に、あるいは反射的に生じる。恐ろしいという体験は印象であり、印象は知覚の一種である。知覚は末梢の刺激が脳に伝えられて生じる。特定の刺激をみたときの印象はまず視覚的な知覚であって、恐ろしいという知覚であるはずがない。だから恐ろしいという知覚は、身体の運動によってあとから生じた印象でなければならないという。

　ジェームズの理論には反論があった。クマから逃げるために走っても、雨が降り出したので走っても、どちらも同じ身体の運動であるのに、後者の場合には恐ろしいという体験は生じないというのである。そこでジェームズは、

自律神経系の変化に注目した。身体の神経は**体性神経系**と**自律神経系**に大別することができるが、このうち、体性神経系は、動物を取り巻く環境に出現するさまざまな出来事を処理するために、視覚や聴覚を働かせ、骨格筋を動かす神経系である。一方、自律神経系は、動物の身体がいつも一定の状態を保つように内臓諸器官を調整している（**ホメオスタシス**）。捕食者（敵）が現れた場合、動物は全力で逃げるか、あるいは戦う必要がある。このような場合には自律神経系の交感神経系の活動が活発になり、**アドレナリン**や**ノルアドレナリン**とよばれるホルモンが血中に分泌され、心臓の拍動を強く速くして、血圧を上昇させ、骨格筋に多量の酸素や栄養を供給する。感情の身体反応に心臓血管系の活動が関わっていることはデカルトも述べているが、古代ギリシャの時代から知られていた。ジェームズは、この際の身体変化の知覚が恐怖の感情体験を起こさせると、理論を修正した。

　ジェームズの主張は、自律神経系の研究が進むと再び反論にさらされた。ホメオスタシスの研究で有名なキャノン（Cannon, B., 1871-1945）は、「自律神経系の変化の速度は非常に遅いから、クマをみてすぐに恐ろしいという体験は生じないだろう、また、（怒りを体験するであろう）闘争時も、（恐怖を体験するであろう）逃走時も、自律神経系の活動はよく似ているから、感情を区別することは困難だろう」とジェームズを批判した（Cannon, 1927）。

　実際に自律神経系の変化を起こすと、感情体験は生じるのだろうか。シャクターとシンガーという心理学者は、実験参加者にビタミン注射と偽ってアドレナリンを注射した（Schachter & Singer, 1962）。実験参加者の半数には、この注射には副作用があって心臓がドキドキすると伝えられた。残りの半数の参加者には、副作用はないと伝えられた。実際には、アドレナリンの作用で、全員の心臓がドキドキすることになる。これらの参加者は、他の実験参加者がいる待合室に案内されるが、実は室内にいる実験参加者は実験の協力者であり、実験への参加に関して、わざと怒ったり、わざと喜んだりする演技をしている。この実験結果によれば、「副作用で心臓がドキドキします」と言

われた参加者には、なんの感情体験も生じなかった。しかし副作用がないと言われた参加者は、同室者が怒っているときには怒りの体験を、喜んでいるときには喜びの体験を報告した。

　この研究結果から、感情体験が生じるためには身体の変化が必要であるものの、身体の変化だけでは感情体験を生じることはないと結論された。実験参加者は、「なぜ心臓がドキドキしているのだろう」と推論をして、注射の副作用であるという結論がでれば感情体験を起こさない。しかしドキドキしている理由がわからない場合には、自分は怒っている、あるいは喜んでいるのだと推論を行い、その結果として感情体験を生じたのだと考えられたのである。つまり、身体の変化と状況の認知との両方の条件が満たされないと、感情体験は生じないということになる。そこでシャクターとシンガーの研究結果は、感情の**二要因説**とよばれている。

　同様の目的で行われた実験に「吊り橋実験」がある（Dutton & Aron, 1974）。この実験では、吊り橋あるいは普通の橋の上で、男性の通行者に対して、男性または女性面接者がインタビューを行い、アンケートに答えさせる。インタビュー後、さらに実験に参加する希望があれば電話をするようにと、電話番号を教える。連絡をとってきた者には、実験室実験への参加をうながす。この実験では、面接者が男性の場合に比べて女性が面接者の場合に、電話番号を受けとった者の数が、あきらかに多い。また、女性が面接者であった場合、普通の橋の上でインタビューを行った場合にくらべ、吊り橋の上でインタビューを行った場合のほうが、電話連絡をしてきた者が多いという結果になった（表6−1）。吊り橋の上ではおそらく、交感神経系の活動が活発になり、身体の変化が生じた。そのために吊り橋の上で女性からインタビューを受けた男性は、自分の身体的変化を吊り橋のせいではなく、女性の魅力のせいだと解釈したと考えられる。一方、普通の橋の上ではこのような自律神経系の変化は生じないから、インタビューを受けた男性は感情反応を起こさなかったのだと考えられる。なお、女性を対象にした実験は、これまでのと

表 6 − 1　吊り橋実験におけるインタビュー結果

	質問紙に答えた 者の数	電話番号を 受けとった者の数	電話をした 者の数
女子面接者			
普通の橋	22／33	16／22	2／16
吊り橋	23／33	18／23	9／18
男子面接者			
普通の橋	22／42	6／22	1／6
吊り橋	23／51	7／23	2／7

Dutton & Aron, 1974 から

ころ発表されていないようである。

4）環境の評価

　自律神経系の活動は感情の種類ごとにはっきりと異なるわけではないか
ら、生じる感情の種類を決めるのは認知、すなわち環境をどのように評価す
るかというプロセスによるという説がある。これは**評価理論**とよばれる。評
価理論の立場にたつ代表的な心理学者がラザルス（Lazarus, R.）である。ラ
ザルスの実験では、実験参加者は主人公が身体を傷つけられるという内容の
映画を見せられた。半数の参加者には主人公がひどい目にあう映画であると
説明し、残りの半数にはこれは成人儀式であり、主人公は自ら望んで試練に
立ち向かっているのであると説明する。どちらの群も同一の映画を見たので
あるが、映画に対する感情の言語反応は全く異なっていた。つまり、主人公
がひどい目にあうという説明をうけた参加者の多くは「不快な映画だった」
と答えたのに対し、成人儀式であるという説明をうけた参加者では不快感情
の表明はわずかであった。さらに、映画をみている間に測定された自律神経
系の活動は、前者では大きかったが後者では少なかった（Lazarus, 1966）。
　ここで、自律神経系の活動に違いが見られたという点が、非常に重要であ
る。われわれは自律神経系の活動を意図的に変えることができない。また、

感情の反応に自律神経系の活動が伴うことは確実である。もしも感情の反応が刺激の解釈とは無関係に、自律神経系の生得的なプロセスとして自動的に生じるものであるとすれば、映画に対する好き嫌いの言語反応が変化したとしても、映画に対する自律神経系の反応に変化があるはずはない。つまりこの実験は、感情反応が特定の刺激に対して自動的に生じるという見方を否定したことになる。

5）感情反応を生じる 2 つの過程

　これまでの研究で、いくつか明らかになったことは、感情体験には自律神経系の活動が関わっていること、自律神経系の活動は体性神経系の活動によって直接に変更することができないこと、それゆえわれわれは感情体験が生じたときにそれを止めることができないし、自由に特定の感情を生じさせることもできないということである。特定の刺激に対して自由にさまざまな感情を生じさせることができないということは、特定の刺激が特定の感情を生じるように、自律神経系の活動が制約されているということであろう。暗がりでなにか動くものを見たとき、そのあいまいな視覚イメージによっては特定の感情は生じない。しかし対象に近づいてそれが有害なものであると認識すると感情反応が生じ、いったん始まった感情反応は制御が困難になる。

　脳の中に感情反応のセンターのようなものがあるとしよう。われわれは、このセンターを直接に活動させることはできない。また、このセンターが活動を始めると、その活動を止めることは困難である。このセンターは特定の刺激に対して、自動的かつ自律的に一定の反応を起こすのである。このセンターの活動を開始させるのは外界の刺激の認識であるから、認識を操作すれば外界の刺激は異なって認識され、センターの活動を変えることができる。つまり、感情反応には、外の環境を認識し刺激の意味を分析する装置と、その装置からの信号を受けとって、あらかじめ決まっている身体運動を実行する装置との 2 つが関わっていると仮定することができる。そのような仮定

の根拠は以下のようなものである。感情反応のセンターは、その原始的な機能においては、外界の特定の刺激に対してあらかじめ決まった反応を起こすことで問題を処理してきた。しかし生活環境が複雑になるにつれて単純な刺激と反応の結びつきではかえって不適切なことが多くなった。そこで反応センターが勝手に動き出さないように、環境の刺激を慎重に分析して、その結果が出るまで感情反応のセンターの活動を抑制するメカニズムが必要になった。

　近年の脳神経研究の成果によって、脳内にはたくさんの自律的なセンターがあって、それらのセンターが相互に活動を調整し合い、その結果として一つの行動が選択されて実行されるという脳の活動の様相が明らかになってきた。また、さまざまな部位の脳神経の障害とそれによって生じる症状から、感情反応のうち恐怖に関する反応を行うセンターが**扁桃体**とよばれる大脳辺縁系の組織であることが分かってきた。大脳の新皮質は環境内の情報を分析し、必要と認めた場合には扁桃体に信号を送り、扁桃体は恐怖反応を起こすという図式である。**恐怖症**といわれる症状では、本来恐怖を起こすはずのない刺激に対して恐怖反応が生じる。ルドゥー（LeDoux, J. E.）は、扁桃体には独自の情報処理システムがあって、皮質の判断を待たずに勝手に活動を開始する場合があり、また、そのような活動は、皮質の判断が遅い場合には動物の生命維持にとってプラスに働くと考えている。生命の危険を生じるような刺激の存在を認めた場合、それが本当に生命の危険につながるかどうかを丁寧に分析・評価するよりも、とにかく逃げておいたほうが安全だというのがその理由である（LeDoux, 1996）。

　脳神経系の構造上、嗅覚を除くすべての感覚情報は視床を通って大脳の頭頂葉、側頭葉、後頭葉に運ばれ、そこで詳細な分析を受け、その結果が扁桃体に運ばれる。ルドゥーらは視床から直接に扁桃体に感覚情報が運ばれる道筋を発見した。つまり環境からの特殊な刺激に対しては、大脳の処理を待たず、扁桃体が直接に反応を開始するというのである。

6）感情の表出とコミュニケーション

　ダーウィンは「人および動物の表情について」という本の中で、感情の体験についてはほとんど言及せず、もっぱら顔の筋肉の運動や、身体の運動について述べている（Darwin, 1872）。心理学者は伝統的に、感情を心による意識的体験として考えてきたのであるが、ダーウィンは、感情は行動であると述べたことになる。ダーウィンもまた、感情反応は動物の生存に有利であると考えたが、その理由は感情反応そのものが直接に闘争や逃走の役に立つからではなく、外部から観察できる感情反応がコミュニケーション機能を持つことが生存に有利であるという理由による。

　ダーウィンによれば、人間の感情が顔に出るという事実がとりわけ重要である。つまり、敵と戦ったり逃げたりするのであれば、手足の筋肉の運動が必要であり、顔の表情が変化することに利益はない。しかし現実に顔の表情が変化するのであるから、これにはなにか利益があるに違いない。その利益とは何か。動物はみな、コミュニケーションをしている。集団で生活する動物であれば、集団成員同士、行動を調整しあうことが必要である。イヌであれば尾や耳を動かすことによって、コミュニケーションを行う。たとえば、空腹の個体が他の個体が食べているエサを奪おうとすれば闘争が生じる。毎回命がけの闘争をしていては集団が成立しない。だから群れの中で順位を決めて無駄な闘争を回避したり、実際に闘争になっても、一方が「負けました」サインをだすことで闘争が終了するとよい。ヒトには尾がなく、耳も動かないが、顔の筋肉はよく発達している。だからわれわれは、他者の顔をみただけで「怒っている」とか「悲しんでいる」ことがわかり、怒っている人のそばには近づかないようにし、悲しんでいる人のそばに近づいて慰めることができる。

　ダーウィンの考え方によれば、このような顔の表情は生得的である。つまり、進化の過程で祖先から受け継がれてきたものである。とすれば、顔の表情は人類に共通であるに違いない。ダーウィンの考え方を受け継いだ研究者

たちは、人間の表情がいかに世界中で共通であるかを示そうとした。有名な研究者として、アイブル＝アイベスフェルト（Eibl-Eibesfeldt, I.）、エクマン（Ekman, P.）、イザード（Izard, C. E.）といった人々がいる。

　エクマンの初期の研究では、ニューギニアに住む、他の文化との接触の少ない人々を対象にして、「遠くから友達が訪ねてきてくれたとき」「かわいがっていた子供が死んだとき」などの場合に、どのような顔の表情をするかを調べる一方、さまざまな顔の表情を見て、それがどのような場合の表情であるかを当てさせるという実験を行った。エクマンによれば、ダーウィンが考えた通り、顔による感情表出はほぼ世界共通であり、したがって生得的であるという。

　エクマンによれば、基本的感情は驚き・恐怖・怒り・嫌悪・悲しみ・喜び（幸せ）の6つである。感情を表出している顔写真を見せ、「この顔はどの感

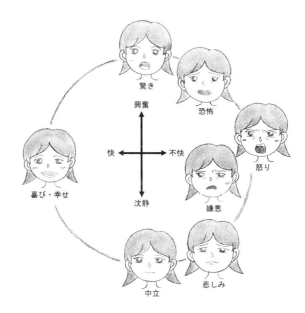

図6－2　エクマンの表情写真と感情表出の円環モデル
（エクマンの表情写真を用いた実験結果から作成）

情を表していますか」と尋ねると、おおむね世界中でよく似た結果が得られる。また、興味深いことに、それぞれの感情表出は、上述の順序における隣同士の感情の表出とよく混同される。たとえば、驚きの表出は喜びあるいは恐怖と混同され、嫌悪の表出は怒りまたは悲しみと混同される。このような混同が生じるのは、それらが相互に似ているからであろう。つまり、感情を表出している顔の認知結果を混同の程度によって並べると、似ているもの同士が近くなる**円環構造**になる（図6-2）。

　顔による感情表出はおおむね世界共通であるようだが、一方でそれぞれの社会においてはそれぞれに特有の規則があって、特定の状況で表出される表情は、完全に世界共通とは言えない。例えば、日本であれば、お葬式で泣くのはよいが、うれしそうな顔をしてはいけない。結婚式では両親は泣いてもよいが他の出席者はうれしそうな顔をせねばならない。比較的多くの社会で、女性は感情を表に出してもよいが、男性は感情を表してはいけないというルールが見いだされる。エクマンは、このような感情表出に関する規則を**表示規則**とよんでいる。感情の表出はコミュニケーションの観点からも重要である（第10章参照）。

7）感情のコントロール

　これまで述べてきたように、感情反応は体性神経系の活動とは異なった神経系の活動である。「さあ今から悲しんでみましょう」というわけにはいかないし、また、いったん始まった感情反応は止めることが難しい。感情をコントロール（**感情制御**）するための、おそらく最善の方法は、不適当な感情を生じさせる刺激に触れないようにすることである。例えば恐怖映画を見ると、夜中にトイレにいけなくなることがある。多くの人は2、3日すると平気になるが、中には恐怖感が何週間も続き、日中でも映画のことを思い出して不安になるという、感受性の強い人がいる。そのような人は友人から恐怖映画を見に行こうとさそわれても、「私はその手の映画が苦手なので」と断っ

たほうがよいであろう。不適切な反応を生じさせる刺激を避けることは、最も確実な感情のコントロール法である。

うつ病は、悲しい出来事があったために生じる一過性の「うつ状態」とは異なって、原因がないのに気持ちが落ち込み、何をする気力もなくなり、自信を喪失し、時には自殺を考えたりする病気である。脳内にある特定の神経伝達物質の量が低下するなどの症状がみられるため、薬をつかって改善をはかったり、**認知行動療法**とよばれる、**学習理論**を応用した方法で改善をはかったりする。認知行動療法は、ふつうの人が怖がらないものを怖がる恐怖症や、特定の行動をしないでいることができない**強迫性障害**の改善にも使われる。

怒りや悲しみは、それ自体が不快な感情であるというだけでなく、怒りや悲しみの発端となった出来事から注意をそらすことが難しくなり、柔軟なものの見方が阻害され、生活の質も低下することがある。まったくの無感情ではなく、気持ちを快に保つことは、主観的に快であるだけではなく、多様なものごとに注意を向けることができるというメリットがあるという考え方がある（鈴木, 2006）。

4. まとめ

動機づけは、人や動物が快を求め、不快を避ける行動を起こすように作用する。感情がなければ、人や動物は生きていくために必要な行動をとることもないであろう。一方で感情は、目先の出来事を解決するように働く傾向が強い。感情によって動機づけられる行動を感情のままに押し進めることは、人間のように長期的な行動の計画をもって生活する存在にとっては決して好ましいことではない。感情の機能を知り、感情をうまく利用することが望ましい。

注 1 ）emotion は情動と訳されることもある。

発　展

達成動機　エモーショナル・インテリジェンス　感情制御　葛藤　ポジティブ心理学
社会構成主義

引用参考文献

Cannon WB (1927)"The James-Lange theory of emotions: A critical examination and an alternative theory,"*American Journal of Psychology*. 39 : 106-124.

Dutton DG & Aron AP (1974)"Some evidence for heightened sexual attraction under conditions of high anxiety,"*Journal of Personality and Social Psychology*. 30 : 510-517.

Ekman P (1972) *Emotion in the human face, 2nd ed*. Cambridge: Cambridge University Press.

James W (1884)"What is an emotion?,"*Mind*. 9 : 188-205.

Lazarus RS (1966) *Psychological stress and the coping process*. New York: McGraw Hill.

Maslow AH (1954) *Motivation and Personality*. New York: Harper.

Schachter S & Singer J (1962)"Cognitive, Social, and Physiological Determinants of Emotional State,"*Psychological Review*. 69 : 379-399.

コーネリアス RR（1999）『感情の科学』斉藤　勇監訳　誠心書房（Cornelius RR (1996) *The science of emotion: Research and tradition in the psychology of emotions*. Englewood Cliffs, NJ: Prentice-Hall, Inc.）

ダーウィン C（1931）『人及び動物の表情について』浜中浜太郎訳　岩波書店（Darwin C (1872)）

鈴木直人（2006）「ポジティブな感情と認知とその心理的・生理的影響」島井哲志編『ポジティブ心理学』16-82　ナカニシヤ出版

デカルト R（1977）『情念論』野田又夫訳　中央公論社（Descartes R (1649)）

ルドゥー J（2003）『エモーショナル・ブレイン─情動の脳科学』松本　元他訳　東京大学出版会（LeDoux J (1996) *The emotional brain: the mysterious underpinning of emotional life*. New York: Simon & Schuster）

Column 3

ペアレントトレーニング

福田　恭介

　子育ての悩みを抱えている親（保護者）は少なくない。特に子どもに発達の遅れが疑われる場合、その悩みは深刻である。相談に行っても、「言葉かけを多く」、「もっとスキンシップを」などと言われるだけで、それによって子育ての問題が解決したとは思えず、悩みは募るばかりである。

　このような中で、子どもをトレーニングするプログラムは、親（保護者）には歓迎された。まかせておけば、子どもは望ましい行動を身につけて家庭に戻ってくると信じられたからである。しかし、効果は今ひとつであった。家庭において再び問題行動が起こったとき、親（保護者）は以前のような対応をしてしまい、さらに問題が深刻になっていったのである。

　そこで、子どもではなく、親（保護者）の方をトレーニングして、養育スキルを高めようとするペアレントトレーニングという考え方が出てきた。そこでは、子どもの気になる行動を挙げてもらい、それを具体的にしていきながら、行動の観察・記録を求めていく。家庭で記録されたデータをもとに、治療者といっしょに考えていくことで親（保護者）の対応が改善され、さらに子どもの行動が変化していく（福田，2011）。これがペアレントトレーニングの考え方である。

　たとえば、「もっと落ち着いて行動してほしい」というようなことを訴えてきた場合、「学校から帰って、連絡帳を出して、気が散ることなく手を洗ったり、着替えたりしてほしい」などのように具体的な行動目標にしていく。具体的になると、帰宅後、連絡帳はどこに出し、手洗いや着替えをなぜ忘れるのかを記録できるだけでなく、親（保護者）の声かけの内容も記録できる。親（保護者）の負担にならないように、書式を定めた用紙に記録するように求めていく。

提出された記録をいっしょに見ていくと、子どもがどこに連絡帳を出せば
よいのかわからず、手洗いを忘れてしまい、着替え中にテレビで注意がそれ、
さらに親（保護者）の急がせる言葉で注意がそれていることに気づいていく。
そこで、連絡帳を出す場所や手洗いをする場所を目印で呈示したり、注意が
それないような静かな場所で着替えさせたり、親（保護者）は口を出さずに
観察・記録をする、といったことを提案していく。子どもが自ら動きにくい
場合は手がかりを増やし、子どもができるようになると手がかりを減らすな
ど、さまざまに親（保護者）は試みていく。

　最後の感想には、「子どもが一人で頑張っているのを見ると、手がかりは
親の言うとおりにさせるためではなく、子どもが一人でできていくためのも
のだと考えるようになった。」と書かれている。

　ペアレントトレーニングは、行動の観察・記録により、親（保護者）の行
動や子どもの周りの環境を変えることで子どもの行動が変わり、さらには子
育てへのストレスを減らすことを目ざすプログラムなのである。

参考文献

福田恭介（編著）（2011）『ペアレントトレーニング実践ガイドブック　−きっとうま
　　くいく。子どもの発達支援−』あいり出版

第7章　発達

1．発達に関する諸理論

1）発達の考え方

　私たちは「発達する」という言葉を聞き、どのようなことを考えるのだろうか。子どもが成長して大人になる、身長が伸びる、体重が増える、言葉をしゃべるようになるなど、人によって発達のイメージは違っているかもしれないが、そうした身体的変化や心理的変化を想像するのではないだろうか。また、素朴に考えれば発達という言葉には成長・進歩といった意味が含まれているが、人が年老いていくことによってそれまでできていたことができなくなることも、人の発達と捉えることができる。発達にはいわゆる「上り坂の変化」と「下り坂の変化」があるが、人は生涯に渡って発達していくという考え方を**生涯発達**と呼んでいる。

　発達心理学の領域では、「無力で未熟な子ども」が「有能な完成体である大人」へと発達していくと考える傾向にあった。そのため成人期以降（とくに老年期）は、一般的に様々な能力は衰えていくため、発達心理学の対象とみなされてはこなかった（西條，2006）。しかし、発達とは受精から死に至るまでの一生涯における心理過程なのである。

2）発達における心理社会的危機

　エリクソン（Erikson, E. H.）は、誕生から死までの人生の発達段階について、**ライフサイクル**という言葉を用いている。このライフサイクルは、乳児期、幼児期、児童期、青年期、成人期、老年期の6段階に分かれている。

　エリクソンは、人はそれぞれの時期において**心理社会的危機**というものを経験するとした。この心理社会的危機は「○○対○○」という形で表現され

るもので、例えば乳児期（0歳〜1歳頃）の心理社会的危機は「基本的信頼」対「不信」とされる。これは人生最初の発達課題であり、自分が生きていく外界は信頼できるか、自分自身は信頼できるかという、人間の心の発達において最も重要で基本となる課題である。この発達課題は母親との関係を通して、外界への信頼や自己への信頼を築くことによって達成される。何らかの原因でこの課題がうまく達成できないと、周囲は自分に迫害的であり自分は存在に値しないという不信感を抱いてしまう。エリクソンは、人間はそれぞれの時期において肯定的感情と否定的感情とを経験し、その両者の葛藤から基礎的活力を獲得して次の段階へと発達していくと考えた。これらの心理社会的危機は次の発達を促進するため越えなければならないものであり、それを避けることは心理的な病理状態を形成することになるのである。

3）発達課題

　ハヴィガースト（Havighurst, R. J.）によれば、発達課題とは個人の生涯にめぐりくる様々な時期に生じるもので、その課題を立派に成就することができれば個人は幸福になり、失敗すれば不幸になり社会から承認されず、その後の課題の達成も困難になるものとされる。彼は乳幼児期から高齢期までの各発達段階で解決しておくべきいくつかの心理社会的な課題を提唱した。発達課題には個人の内部の生物的・心理的成熟から生じるものだけでなく、社会的な意味合いを持つものも存在しており、発達とは社会のなかにおける経験を通して展開していくものと捉えている。例えば、乳幼児期の発達課題は以下のようなものが挙げられている。

① 歩行の学習
② 固形の食物をとることの学習
③ 話すことの学習
④ 排泄の仕方を学ぶ
⑤ 性の相違を知り性に対する慎みを学ぶ

⑥　生理的安定を得る

⑦　社会や事物についての単純な概念を形成する

⑧　両親や兄弟姉妹や他人と情緒的に結びつく

⑨　善悪を区別することの学習と良心を発達させること

4）人間の発達を支える要因：遺伝か環境か

　発達心理学の歴史の中で、最も歴史の長い論争は「遺伝か環境か」という
ものかもしれない。これは人の特性や能力の発達を考える時に、その起源は
先天的（遺伝）なものと後天的（環境）なもののどちらが有効な要因として働
くかということである。人の発達を規定するのは遺伝か環境か、すなわち人
が発達するということは生得的なものなのか、それとも学習によるものなの
かということに関しては、多くの議論が展開されてきた。

　心理学の歴史の初期では、人の発達に影響を与えるのは遺伝かあるいは環
境なのかと、いずれかに答えを求めていた。「遺伝説」あるいは「成熟説」
と呼ばれるのは、遺伝的なものが主要因として影響を与えるとする立場であ
り、ゴールトン（Galton, A.）は天才の家系を調べることにより遺伝的要因
の重要性を強調したとされる。一方「環境説」は、子どもの行動形成は完全
に環境要因に依存しており、環境からの学習によってのみ発達していくと考
える立場である。行動主義の提唱者であるワトソン（Watson, J. B.）は、遺
伝的な資質にかかわらず、子どもをどんな大人にでも育てることができると
述べている。

　現在では、上記のように遺伝か環境かいずれか一方のみが発達に影響を与
えるという極端な立場ではなく、遺伝と環境とが相互に影響を与えていると
する考えが主流である。良く知られたものには、シュテルン（Stern, W.）の
輻輳説や、ジェンセン（Jensen, A. R.）の環境閾値説などがある。発達上の
問題が生じた場合、その原因は一つではなく、多くの要因が複雑に関連して
いることが多い。生まれつき持っている遺伝的なものに対してどのような環

境を整えることができるのかが、よりよい発達を支えるためには必要であろう。

2．各発達段階における発達の様相

エリクソンが、誕生から死までの人生の発達段階について、ライフサイクルという言葉を用いて乳児期から老年期まで設定したことは既に述べたが、このように人の一生はいくつかの時期に分けて考えることができる。この時期区分は研究者によって若干の違いがあるが、本章では①新生児期、②乳児期、③幼児期、④児童期、⑤青年期、⑥成人期・中年期・老年期という発達段階について、それぞれの時期における重要なトピックを紹介していく。

1）新生児期

出生後4週間くらいを新生児期と呼ぶ。

(1) 生理的早産

他の動物に比べて、人間は未熟な形で生まれてくると言われており、そのことをスイスの動物学者ポルトマン（Portmann, A.）は**生理的早産**と呼んだ。ポルトマンは、哺乳類を「就巣性」と「離巣性」2つのグループに分けた。就巣性とは感覚器官や四肢も未熟な状態で生まれてくるグループであり、巣の中で一定期間親の世話を必要とする動物である。猫や犬は就巣性の動物である。一方離巣性とは、ある程度成熟した形で生まれてくるグループであり、誕生後短時間で立ちあがって歩くことができる。テレビで動物の出産シーンを見たことがある人もいるだろうが、馬や牛などは離巣性の動物である。人が属する猿類は、分類上では離巣性の動物になっている。ニホンザルの子育ての映像などを見ると、自分で動けなくとも母親にしがみついて移動している様子が観察される。しかし、人間は生まれた後、独りで歩けるようになるまでにまる一年を要することから、就巣性のグループに属するとされる（杉

山，2007）。

人は進化の過程で大きな脳という強力な武器を得ることができた。しかし、頭が大きくなりすぎてしまうと、産道を通ることができなくなってしまう。出産時の危険を避けるため、胎児が大きくなりすぎて産道を通れなくなる前に子どもを産むという方略をとるようになったとされる（上村，2003）。生理的早産の結果、生後しばらくは親の庇護のもとで生活するようになるのである。

(2) 新生児反射

新生児期には、特徴的な**原始反射**と呼ばれる運動が出現する。原始反射は赤ちゃんの意思とは無関係に、外界の刺激によって反射的・自動的に起こる運動のことである。母親のおっぱいを吸ったり、母親にしがみついたり、将来の歩行につながるような動作をしたりするものである。原始反射は子どもが生きていくために必要な最低限の動作と言える。

(3) 新生児模倣

生後間もない新生児に向けて、大人が舌を出したり、口を大きくあけたりして見せると、新生児もそれらと同じ表情を示すことがある。メルツォフとムーア（Meltzoff & Moore, 1977）によって報告されたこの**新生児模倣**について、新生児が意図を持って大人の表情を真似しているように見えるかもしれないが、生得的に備わっている共鳴動作であり、半ば自動的に生じている現象と捉えた方が適切とされる（江尻，2006）。

(4) 生理的微笑と社会的微笑

生後間もない新生児が、眠っているときに時々微笑むことが観察される。**生理的微笑**と呼ばれるこの現象は、人に向けられたものではなく、社会的な意味を持つものではない。しかし、新生児の微笑みを見た大人は「赤ちゃんが笑った」と受け止め、声をかけるなど積極的に働きかける。こうしたやりとりを経て、生後3カ月頃になると、乳児の微笑みはより社会的なものとなり、人に向けて発せられるようになる。大人が微笑むと乳児も微笑み返すと

いったように、相互的なものになるが、これを**社会的微笑**と呼ぶ。

新生児模倣や生理的微笑などの行動について、新生児は周囲の大人に対して意図的に行っているわけではない。しかし、それらの行動を大人は敏感に察知し、赤ちゃんとの間に情緒的な交流がなされたと感じるようになり、そのことが親の養育行動を引き起こし、親子間の情緒的な交流を促すことにつながると考えられている（江尻，2006）。

2）乳児期

生後1年間を乳児期と呼ぶが、この時期の子どもは身体・運動機能や知覚、社会性、言語など様々な面で急速な発達を示す。例えば運動発達に関して、誕生後は寝たきりの状態であるが、3～4ヶ月には首がすわり、7～8ヶ月には座位保持が可能になる。8～10ヶ月には這い這いでの移動が可能になり、12ヶ月頃にはひとりで立ち、歩行も始まる。

以下では、愛着や共同注意といった、この時期に見られるいくつかの発達現象について説明する。

⑴　情緒面の発達：愛着

乳児期の子どもと母親が遊んでいる時に、見知らぬ人が近づいてきた場合、子どもはどのような行動を見せるだろうか。生後8カ月頃に「人見知り」と呼ばれる現象が生じることは有名であるが、子どもは見知らぬ人に対しては微笑むことなく顔をこわばらせたり、時には泣きだしたりするようになる。そこで母親が子どもを抱いてあやすと、子どもは落ち着いて泣きやみ、笑顔を見せる。

これは、親しい養育者と見知らぬ人とを区別し、養育者を重要な他者として認識していることの表れとされる。人が特定の対象に対して抱く、親密で情緒的な絆のことを「**愛着**」または「**アタッチメント**（attachment）」と呼ぶが、この愛着はボウルビー（Bowlby, J.）によって提唱された、乳児期の情緒面の発達において最も重要な考えである（第10章参照）。

母親と子どもは互いに引き合う存在で、子どもは生得的に母親という特定の対象を求め、母親からの関わりを引き出す能動的存在であり、また母親はそれにこたえる存在である。愛着関係が成立すると、子どもにとっての愛着対象（母親）は安全基地となる。母親の笑顔や語りかけ、授乳時のリズムに対応しながら情緒的安定を図り、発達していく。乳児期前期の発達課題が「基本的信頼」対「不信」であることは既に述べたが、子どもと大人（母親）が相互交渉を行い、維持しようとする愛着関係を形成することができるかどうかという点は、人間の心の発達において最も重要で、基本となる課題である。

　かつては愛着対象となる人は1人であると仮定されていたようであるが、乳児の愛着対象は母親だけとは限らず、父親やきょうだい、祖父母など家族のメンバーが愛着の対象に加わっていく。養育者との二者関係で始まった乳児の対人世界は、そこで築き上げた安定した愛着関係を土台として、家族や仲間、集団などへと広がっていくと考えられている（江尻，2006）。

⑵　愛着のタイプ

　エインズワース（Ainsworth, M.）らが開発したストレンジ・シチュエーション法では、母親と乳児が一緒に遊んでいる部屋に見知らぬ他者が来た後、母親が退室し、その後再び母親が部屋に戻ってくるという場面を設定する。そこで乳児が示す行動パターンには大きく分けて以下の3タイプがあるとされる。

　A：回避型（不安定で否定的な愛着）

　　親を回避する行動が見られる。親との分離でも泣くことはない。親と会ってもうれしそうな態度を示さない。

　B：安定型（安定した愛着）

　　親との分離時に混乱を示すが、再会すると落ち着きを取り戻す。

　C：アンビバレント型（不安定な愛着）

　　親との分離場面では非常に強い不安を示し、親が戻ってきても強く身体的な接触を求めながら、同時に親を激しく叩くなどして怒りを示し、反抗的な態度をとる。

なお、木下（2005）によると、先述の3つのタイプに当てはまらないものとして、Dタイプ（無秩序・無方向型）があるとされる。このタイプの特徴は、全体に行動がぎこちなく、突然におびえたような様子を見せることである。そのような場合には、養育者のうつ状態や養育者からの虐待などで劣悪な処遇を受けている可能性が考えられており、臨床的な介入との関係で検討されている（木下，2005）。

(3)　言葉の発達

　生後間もなくは空腹や不快などを訴えて泣くだけであった子どもが、乳児期の後半から終わりにかけて、初めて意味のある言葉を発する。この生まれてから最初の1年間は前言語期と呼ばれており、子どもが言葉を発するための準備期間と考えられている。

　3～4カ月頃になると、機嫌の良い時に「アー」や「クー」といった声が喉の奥から発せられるようになる。これはクーイング（cooing）と呼ばれている（木下，2005）。また、6～8カ月頃には「ブーブーブー」「ダーダーダー」といった発声が見られるようになる。これは**喃語**（なんご）と呼ばれ、意味のない音の反復であるが、言葉のはじまりとも言えるものである。その後12カ月頃には「ママ」「パパ」など、意味のある言葉が見られるようになってくる。

(4)　二項関係から三項関係へ：共同注意

　乳児期から幼児期における発達において、近年注目されてきたものの一つに**共同注意**がある。**ジョイント・アテンション**（Joint Attention）という言葉があり、これを共同注意と呼んでいる（第2章参照）。

　生後9ヶ月頃までは、お母さんと赤ちゃんがお互いに見つめ合うなど、「子ども−他者」あるいは「子ども−対象」という二項（二者）関係でのやりとりがほとんどである。9ヶ月以降になると、大人が指さしたものを見るような行動が生後9～10ヶ月頃にみられるようになる。例えば、赤ちゃんを抱いている大人が近くにいる犬を指さして『ワンワンいるねえ』と語りかけ、

赤ちゃんがそちらを振り向くという場面を見かけることがあるであろう。このように、対象に対する注意を他者と共有する行動は共同注意行動と呼ばれ、「子ども－対象－他者」の三項（三者）の間でやりとりを行うことから三項関係と呼ばれている。

　乳児期の親子間の何気ないやりとりのように見えるが、この「子ども－対象－他者」の三項関係が成立することは言語・コミュニケーション発達において重要な基盤となる。まず、共同注意行動には話し言葉が持っているコミュニケーションの基本的役割の雛形があり、話し言葉を準備するものとしての発達的意味合いを持つ。言葉を育てるためには『ことばかけ』が大切だが、『ことばかけ』においても共同注意の成立が必須の条件となるのである（中川，2009）。また、共同注意行動は他者の注意や意図の理解を示す行動であり、他者の心の理解と密接に関係しているとされる。バロン＝コーエン（Baron-Cohen, S.）は他者の注意という心的状態を理解する行動であることに着目し、心の理論（theory of mind）の発達的起源として共同注意を取り上げている。この心の理論に関しては後述する。

(5)　乳児期の認知発達

　ピアジェ（Piaget, J.）は0歳頃から2歳頃までを感覚－運動期（sensorimotor period）と名づけた。乳児を観察していると、おもちゃを触ったり口に入れたりする場面を見ることがある。見る・聞く・触れるといった感覚を通して外界の物事を捉えており、その物に直接働きかけていく感覚－運動的活動によって外界を認識していると言える。

　目の前にある対象物が見えなくなったりしても同一の実体として存在し続けることを、対象の永続性と呼ぶ。例えば、おもちゃをハンカチで隠すと見えなくなってしまうが、そのおもちゃがそこに存在していることは私達にとっては疑いようもなく明らかなことである。しかし、この対象の永続性は生まれながらのものではなく、感覚－運動的活動を重ねていく中で身についていくものとされる。

3）幼児期

　幼児期は、1歳頃から6歳頃までの時期であり、前期（1歳頃〜3歳頃）と後期（4歳〜6歳頃）に分けて考えられることもある。幼児期の後期には、多くの子どもが幼稚園や保育所などに通うが、家庭から離れて集団生活を送るようになる時期である。

(1)　幼児期の言語発達

　1歳前後に初語が出現することは既に述べたが、一語文が使えるようになってくると、その後の言葉の発達は飛躍的に伸びていく。1歳6カ月を過ぎると、「ブーブー、きた」「ママ、すき」などのように2つの単語を組み合わせたことばを話すようになるが、これらを二語文と呼ぶ。これは主語と述語から構成されており、文法的な規則に従った文と言える。言葉の数は2歳頃に約200を超え、3歳までには1,000語を使えるようになり、「〜は」「〜が」という助詞を使うようになってくる。4〜5歳頃になると語彙数は2,000語を越え、日常生活に必要な会話が可能となり、「なぜ？」「どうして？」という疑問詞も見られるようになる。

(2)　自己主張の表れとしての反抗期

　1歳以降に歩行が可能になると、子どもの行動範囲は急速に広がっていく。それと同時に、子どもは親から行動を制限されたり、禁止されたりする機会が増え、自分の思い通りにならずにかんしゃくを起こしたり、泣いたりすることが増えてくる（佐久間，2006）。これを反抗期と呼び、1歳半頃から始まり、2歳代で顕著になるとされる。反抗期という名称の通り、親にとってはわがままで困った行動をしていると受け止められるが、反抗という形により自己を表現する能力の発達であり、その子どもが順調に発達している証拠である。適度な反抗をおこさないというのは単に「素直な良い子」というだけでなく、自己を表現する能力の乏しさと捉えられる。また、思春期にも反抗期が見られることから、幼児期の反抗期を第一反抗期とも呼ぶ。

⑶　認知の発達

　ピアジェは 2 歳頃から 7 歳頃までを前操作期（preoperational period）と呼んだ。これ以前の時期と異なり、目の前にない事柄を心の中で思い浮かべるような表象が出現し、それによってある事物を別の事物で表す象徴機能が成立する時期である。なお、象徴機能とは、事物や事象を記号などの別のものによって認識する働きのことである。

　この時期の遊びの中では、例えば積木を車のように走らせたり、砂場の砂を器に入れて食べるふりをするような場面が見られる。これを「見立て遊び」という。目の前に存在する事物（前述の例では積木・砂）で別の事物（車・ご飯）を表しているのである。また、話し言葉も、「イヌ」という音声によって、目の前に存在しない犬のイメージや概念を表すという意味では、象徴機能がその獲得には大きな要因となっている。象徴機能の発達に遅れが生じると言葉の発達も遅れ、遊びの幅も広がらないとされる。

⑷　心の理論

　心理学は人の心を扱う学問であるが、本来人の心は目に見えないものである。しかし、私達は目に見える行動や表情を判断材料として、人の心を推測し、理解しようとする。このような心に関する理解は、**「心の理論」** と呼ばれる分野でこれまで多くの研究が行われてきた。

　他者の心を理解するためには、欲求や信念といった心の状態を推測することが必要である。4 歳頃になると、人は現実とは異なった信念（これを誤信念と呼ぶ）を持つこと、そして人はその誤信念に基づいて行動することを理解するようになるとされる（佐久間，2006）。この誤信念の理解を調べる課題に、「サリーとアンの課題」がある。

　サリーとアンという二人の人物が登場するストーリーを子どもに聞かせるのであるが、「サリーが出かけている間に、アンがやってきて、サリーがかごにしまっておいたビー玉を箱に移してしまう」という話に続けて、「再び戻ってきたサリーが、ビー玉をとろうとして、どこを探すか」と質問をする。

この課題では、サリーはビー玉がかごから箱に移されていることを知らないため、正答は「かごを探す」となる。現実にはビー玉は箱の中にあるが、その現実とは異なる誤信念(ビー玉はかごの中にある)を持っていることを理解できれば、この課題に正答することができるのである。

4)児童期

　児童期は6歳〜12歳までの時期であり、義務教育である小学校の就学期に相当するとされる。幼児期までが遊びを中心とした生活であるのに対して、児童期は日常生活の中で学習が大きな位置を占めるようになる。

⑴　「勤勉さ」対「劣等感」

　児童期は学校教育の始まりの時期であり、国語、算数、音楽、美術、体育などの教科科目の授業を一定時間受ける。教科科目に対する学習能力は個人差が大きいため、子どもによって得意科目、不得意科目が出てくる。学習の成果も成績というかたちで評価の対象となる。子どもは学習の成果によって優越感や劣等感を感じる体験をする。子どもはこのような成功・失敗体験を通して、勤勉に勉強すれば望ましい成果が得られることを学ぶ。学習成果における劣等感が顕著で友達との人間関係に関しても不全感が強い場合、学校不適応を起こす可能性もある。親が子どもの能力以上の成果を求めると子どもは強いストレスにさらされる。子どもの個人差を理解し、子どもが達成感を味わえるような課題を設定する配慮が必要である。

　また、小学校教育において、学年の進行とともに授業についていけない子どもの数が増加することが指摘されており、特に小学校中学年(9〜10歳)頃に学力の個人差が拡大し、学年に相応の学力を身につけていない子どもの数が増加する現象については「9歳の壁」と呼ばれている。

⑵　児童期の仲間関係

　子どもが小学校に通うようになる児童期には、対人関係も親子関係から子ども同士の仲間関係へと変化していく。就学前の子どもの生活範囲は家庭や

保育所、幼稚園などであるが、より広い範囲で仲間と関わるようになっていく。児童期の仲間集団のことは「ギャンググループ」「ギャング集団」などと呼ばれ、メンバーで結束し一緒に遊ぶことを楽しむが、一方で排他的となりいじめを引き起こす一因ともなり得る。

⑶　学校での問題：不登校・いじめ

不登校とは、物理的問題（身体疾患・経済的事情）がないのに長期間登校していない状態のことをさす。文部科学省は、「何らかの心理的、情緒的、身体的あるいは社会的要因・背景により、登校しないあるいはしたくともできない状況にあるため年間30日以上欠席した者のうち、病気や経済的な理由による者を除いたもの」と不登校を定義している。

平成13年度における不登校の児童生徒数は約139,000人とされ、67,000人であった平成3年度から10年で倍増している。平成13年以降はゆるやかに減少し、平成24年度は112,000人となったが、その後再び増加傾向となり、平成30年度は164,000人となっている。以前は「学校恐怖症」「登校拒否」「学校嫌い」などと呼ばれることもあった。不登校は医学的な診断名ではなく、学校に行けないという状態をさすので、同じ不登校状態でも子どもによってその内容はかなり異なっている。例えば、不安などの情緒的な混乱を示す、無気力で学習意欲に乏しい、学校生活自体に不満をもつなどである。

そうした不登校の状態にある子ども達と関わっていく際、無理に頑張らせるなど、子どもを追い詰めるような関わりは逆効果である。多くの子ども達は「行きたくても行けない」のであり、背景にある複雑な思いや登校できないいらだちを表現できるように受容的に接していくことが大切とされる。必要以上に無理な登校刺激を与えずにじっくりと待つことや、彼らの訴えに十分に耳を傾けていく姿勢が重要とされる。また、子どもが学校に行かない場合に、その状況に応じた個別の対応も求められる。例えば、適応指導教室や、フリースクールなどの学校以外の居場所も選択肢として考えることが必要なケースもある。

いじめとは「当該児童生徒が、一定の人間関係のある者から、心理的、物理的な攻撃を受けたことにより、精神的な苦痛を感じているもの」とされる（文部科学省，2010「いじめの実態把握及びいじめの問題への取り組みの徹底について（通知）」より）。

いじめの問題に対して、まずいじめはどの学校でも、どの子にも起こり得る問題であることを十分に認識することが重要とされ、日頃から子ども達が発する危険信号を見逃さないようにして、いじめの早期発見に努めることが求められている。また、いじめが発生したときに適切な対処を行って二次的な被害や再発を防いだり、いじめが起こりにくい環境を作ったりする中で、いじめが起きたときにはいじめられた子どもの傷ついた気持ちをケアすることも重要である（瀬戸，2009）。

⑷　知的機能の発達

ピアジェは7歳〜12歳までの時期を具体的操作期（concrete operational period）と名付けた。具体的操作とは、直接的な対象にもとづいて行う論理的思考のこととされる。7歳以前は前操作期と呼ばれるが、その時期と比べると、思考に論理性がみられる点で進んでいる。またピアジェは知覚的に目立つ属性に左右されることなく、内在的な論理的関係に着目して、ある属性が変化しないことを見出す思考を保存と名付けた。「数の保存課題」など、この保存の概念が成立しているかどうか測定する課題がいくつか開発されている。

具体的操作期の後には、形式的操作期（formal operational period）があるとされる。この時期（12〜14歳頃）になると、子どもは現実の具体的な内容や事実のみにとらわれることなく、現実を可能性の中の一つと位置付けた論理的な思考が可能となる。

⑸　発達の最近接領域

AとBという二人の子どもがおり、彼らに発達検査を実施すると二人とも発達年齢は8歳であった。その二人に対して、自分一人では解決できない

その後の発達段階の課題を教示や解決のヒントを与えながら実施すると、A は 10 歳相当の成績を示したのに対して、B は 8 歳半までの課題しか解答できなかった。この A、B の発達検査の結果は同じであるが、二人の発達状態は同じであると言えるだろうか。

　ヴィゴツキー（Vygotsky, L. S.）は、教育は必ず発達を先導する、道しるべを示すものとして捉えている。すなわち、教育を行う際には、子どもの現在の発達状態を捉えるだけでは不十分であり、援助や教育によって能力を発揮することが可能になる潜在的な発達状態を捉える事が必要なのである。子どもが自力で問題を解決できる水準と、他者からの援助や協同によって達成が可能となる水準があり、ヴィゴツキーはそのずれの範囲を「**発達の最近接領域**（zone of proximal development）」と呼んだ。

　子どもが独力で解答できるレベルと、他者からの援助があることで解けるレベルを把握することで、その子どもに応じた適切な教育が可能となるのである。ヴィゴツキーは、教育的働きかけは子どもの発達の最近接領域に向けられてこそ有効であると主張した。

5）青年期

　青年期は、子どもから大人へと成長していく途中の時期である。具体的に青年期はどのくらいか明確な基準はないが、大体 12、3 歳〜25 歳頃までと考えられている。中学から高校、大学の年代に相当している。

　青年期の前半は思春期ともいい、様々な変化が起こる。身長・体重など身体面の発達が顕著であり、男子は精通や声変わりが現れ、からだつきも男性らしくなる。女子は乳房の発達や初潮を迎え女性らしくなるなど、大きな身体的変化が見られる。また、行動範囲が広がり、周囲からの見方が変わるなどの社会的変化や、**アイデンティティの確立**などの心理的変化が生じてくる。こうした大きな変化に適応するには多くのエネルギーを必要とする。この青年期を疾風怒濤（しっぷうどとう）の時代と呼ぶこともある。青年期は大海

の嵐に翻弄される小船にたとえられ、精神障害などの発症時期もこの時期であることが多く、危機的な時期ともされる。

(1) アイデンティティの確立と拡散

アイデンティティは**自我同一性**とも呼ばれるもので、自分は自分であり、自分は一人しかいないと感じることである。自分らしく生きていること、そしてそれが同時に社会の期待に答えているという経験とそれに伴う充実感を意味し（相良，2003）、生きる意味や存在の証明とも言える。人間は誰でも、自分は何者なのかと思い悩む時期がある。自分らしさを求めて様々な問題を解決することも人間性の発達の中で重要な課題である。

エリクソンは、青年期の心理社会的危機を「アイデンティティの確立」対「アイデンティティ拡散」としている。自分らしさを見つけることは簡単ではない。例えば将来の進路、職業、価値観などを、自ら選び決断していくとき、そこまで至るための模索は時に苦しいものとなる。模索に伴う不安や動揺に耐えられない場合は、自己決定を回避することになり、自分というものについてますます分からなくなることもある（相良，2003）。アイデンティティを獲得し確立することへの関与を放棄することも生じるが、そのことをエリクソンはアイデンティティの拡散と呼んだ。

(2) モラトリアム

モラトリアムは、アイデンティティを確立するために青年に与えられた猶予期間のことであり、社会的責任や義務が免除される期間・状態のことを言う。

既に述べたようにアイデンティティの確立は決して簡単なことではない。身体は大人でも社会的には半人前扱いとなる青年期の若者は、子どもと大人のはざまで悩みながらアイデンティティを確立していく。最近はモラトリアムの期間も変化してきた。小此木（1978）は、社会に対して当事者意識を欠く青年のことをモラトリアム人間と呼んだ。

6）成人期・中年期・老年期

　青年期以降、20 代後半から 30 代後半にかけては成人期、40 代から 60 代前半は中年期、60 代以降は老年期と呼ばれる。

　成人期や中年期は青年期を経て、身体的、心理的にも安定しており、長い人生の中で最も充実した時期と言われるが、中年期は、社会人として、家庭人として中核的な役割を複数担う多忙な時期であり、老化が始まる時期でもある。この時期には様々な葛藤が伴うことからも、中年期は人生のターニングポイントであることが指摘されている。

　高齢化社会の到来により、2009 年時点での平均寿命は男性で 79.59 歳と世界第 5 位、女性で 86.44 歳と世界第 1 位の長寿社会となっており、これ以降も何度となく平均寿命で世界第 1 位となっている。定年退職後の老年期は数十年ほどあることになり、他のどの時期よりも長く、人の一生に占める割合も高くなっている。

　老年期は、人生の中で最も多くの喪失体験に直面するといわれている。この時期、高齢者は退職、家族や友人との死別など、さまざまな喪失を体験する。運動機能や身体機能の低下だけでなく、認知能力も変化する。視覚的な認知の変化は、視力の低下という形で現れる。視力は大体 50 歳前後から急速に低下するようであるが、それに伴い小さい文字が見えにくくなり手元での細かい作業がしにくくなる、遠近感を把握しにくくなる、視野が狭くなる、まぶしさを強く感じるようになる、明暗への順応が遅くなるなどの変化が生じる。また聴覚的な認知も変化し、高い音の知覚ができにくくなる傾向になる。言葉の聞き取りの障害が生じた場合、正常な対人関係が損なわれ、社会的環境が単調で抑うつ的になってしまうおそれもある。

　松田（2001）によれば、老年期は、一人ひとりの長く深い歴史の上に成り立っており、老いのあり方には個人差が大きいとされる。また、人が主観的に老いを自覚することを「老性自覚」と呼ぶ。自分が年をとったと感じるきっかけとなるのは、孫の誕生、定年退職、還暦、身体機能の衰えなどさまざまである。

3．発達障害

1）発達障害とは何か

　発達の過程において、さまざまな障害が生じることがあるが、**発達障害**は
その一つである。発達障害者支援法改正法の第二条に、「発達障害者とは、
発達障害（自閉症、アスペルガー症候群その他の広汎性発達障害、学習障害、
注意欠陥多動性障害などの脳機能の障害で、通常低年齢で発現する障害）が
ある者であって、発達障害および社会的障壁により日常生活または社会生活
に制限を受けるもの」と記されているが、これが発達障害の一つの定義と言
える。

　また、医学的には「神経発達障害群／神経発達症群（Neurodevelopmental
Disorders）」と呼ばれるカテゴリーに属する疾患群とされている。DSM-5
（アメリカ精神医学会が発行している「精神疾患の診断・統計マニュアル：
Diagnostic and Statistical Manual of Mental Disorders」の第5版）によれ
ば、発達障害のカテゴリーに含まれる障害には以下のようなものがあるとさ
れる。

・自閉症スペクトラム障害（自閉スペクトラム症）

・LD（学習障害・限局性学習症）

・ADHD（注意欠如／多動性障害・注意欠如／多動症）

　自閉症スペクトラム障害は、ASD（Autism Spectrum Disorder）と略さ
れることもあるが、「社会的コミュニケーションの困難」と「著しく強いこ
だわり」が主な症状であり、その特徴としては、例えば他者の気持ちを理解
することが困難、場面や状況に合った適切な言動をすることが困難、特定の
ものごと・トピックに強い関心やこだわりを持つ、などがあげられる。以前
はDSM-Ⅳという診断マニュアルのもとで広汎性発達障害の一つとされてい
た（この広汎性発達障害には、自閉症やアスペルガー症候群、高機能自閉症
などが含まれていた）。その後、自閉症スペクトラムという広い概念で捉え

られるようになり（スペクトラム＝連続体）、最新版のDSM-5では自閉症スペクトラム障害とされた。

　学習障害（Learning Disabilities：以下LD）とは、基本的には全般的な知的発達に遅れはないが、聞く、話す、読む、書く、計算する又は推論する能力のうち特定のものの習得と使用に著しい困難を示す様々な状態像を指すものである。LDは、その原因として中枢神経系に何らかの機能障害があると推定されるが、視覚障害・聴覚障害・知的障害・情緒障害などの障害や、環境的な要因が直接の原因となるものではないと考えられている（文部科学省，1999）。

　注意欠如多動性障害（Attention Deficit／Hyperactivity Disorder：以下ADHD）とは、年齢あるいは発達に不釣合いな注意力、及びもしくは、衝動性、多動性を特徴とする行動の障害で、社会的な活動や学業の機能に支障をきたすものである。また、7歳以前に現れ、その状態が継続し、中枢神経系に何らかの要因による機能不全があると推定される（文部科学省，2003）。

2）発達障害支援の課題

　2002年に文部科学省が実施した「通常学級に在籍する特別な教育的支援を必要とする児童生徒に対する全国実態調査」において、知的発達に遅れはないものの、学習面や行動面の各領域で著しい困難を示すと担当教師が回答した児童生徒の割合が6.3％にのぼることが報告された。なお、この6.3％という数値は、当時特殊教育を受ける児童生徒が1.4％であったことと比べると教育史に残るほどの衝撃的なもので、特別支援教育への転換を加速させることとなった（大神，2008）。

　その後2012年に「通常の学級に在籍する発達障害の可能性のある特別な教育的支援を必要とする児童生徒に関する調査結果」が発表された。その中で、知的発達に遅れはないものの学習面又は行動面で著しい困難を示すとされた児童生徒の割合は6.5％であるとされていた。なお、これらの調査は、

対象地域、学校や児童生徒の抽出方法が異なることから、単純な比較をすることはできない点に留意する必要がある。

　これらの調査結果は医師等の診断を経たものではないため、障害と断定することはできないが、小・中学校の通常の学級に在籍している児童生徒のうち、アスペルガー症候群・LD・ADHDにより学習や生活の面で特別な教育的支援を必要としている児童生徒が約6パーセント程度の割合で存在する可能性が示されており、これらの児童生徒に対する適切な指導及び必要な支援は、学校教育における喫緊の課題となっている。

　教育現場で問題となるのは、発達障害の子ども達が示す「わかりにくい」特性であろう。例えば、自閉症やアスペルガー症候群の子ども達は、他者と視線を合わせることが少ないとされるが、あるアスペルガー症候群の方はその著書「眼を見なさい！」の中で以下のように述べている。「なぜ僕が眼を見て話を聞かないのか。みんなにとってその理由は簡単だった－あの子は悪い子だから。…略…今でも僕は話すときに、視覚的なことで気が散りやすい。幼い頃は、何かに目が奪われるとぴたりと話すのをやめた。大人になってからは、まったく黙ってしまうことは滅多にないが、それでも何かに目が行くと話に間を置いてしまうことがある。だから僕は誰かと話すときには、たいてい特定な物ではなく空間を見るようにしている。…略…アスペルガー症候群の僕たちは眼を見て話すのが、単に心地悪いのだ。相手の眼玉をじっと見ることがなぜ正常だと思われているのか、僕には全然理解できない。」(ロビソン，2009)一人遊びが多く人を避けてばかりいる対人回避傾向の強い子どもに対して、大人が目の高さを合わせて挨拶することは直接過剰な刺激を与えてしまう可能性もあり、その場合は侵入的にならないような関わりも必要になってくることを支援する側が十分把握しておくことが必要である。

　発達障害は見えづらい障害とされ、脳の機能障害による不適応状態が本人のわがままや育て方の失敗と捉えられてしまうことが多い。例えば、「わがまま」「自分勝手」「親のしつけがなっていない」「ちょっと変わった子ども」

「集団でトラブルを起こす子ども」といった誤解を生じやすいと言われている。こうした周囲の誤解・無理解により、二次障害が生じることがある。二次障害とは、子ども達が本来抱えている障害とは別に生じる症状のことであり、不登校・いじめ・自己評価の低下・様々な心理的問題など、元来の障害に加えて一層望ましくない行動が発現したり、本来なら可能な学習さえ困難になるなどの二次障害が生じることがある。例えば、他の児童・生徒からの誤解・無理解などが子どもの不登校につながったり、保護者からの誤解・無理解などが虐待の要因となるかもしれない。こうした二次障害をいかに防いでいくかということも、発達障害への支援においては大きな課題である。

発　展

エリクソンの心理社会的危機　成熟説・環境説・輻輳説・環境閾値説　ピアジェによる発達段階　心の理論・誤信念課題　9歳の壁　発達障害（自閉症スペクトラム障害・LD・ADHD）

引用参考文献

Meltzoff AN & Moore MK (1977) "Imitation of facial and manual gestures by human neonates," *Science.* 198 : 75-78.

上村佳世子（2003）「初期発達の意味」岸井勇雄・無藤　隆・柴崎正行監修，無藤　隆編著『発達の理解と保育の課題』37-45　同文書院

江尻桂子（2006）「子どもはどれほど有能か」内田伸子編『発達心理学キーワード』25-48　有斐閣

大神英裕（2008）『発達障害の早期支援－研究と実践を紡ぐ新しい地域連携』ナカニシヤ出版

小此木啓吾（1978）『モラトリアム人間の時代』中央公論社

木下孝司（2005）「愛着：人と人の絆」子安増生編『よくわかる認知発達とその支援』72-73　ミネルヴァ書房

西條剛央（2006）「発達心理学の基軸」内田伸子編『発達心理学キーワード』2-24　有斐閣

相良順子（2003）「青年期」岸井勇雄・無藤　隆・柴崎止行監修，無藤　隆編著『発

達の理解と保育の課題』95-111　同文書院

佐久間路子（2006）『自己意識はどのように育っていくのか』内田伸子編『発達心理学キーワード』145-168　有斐閣

瀬戸瑠夏（2009）「いじめ」下山晴彦編『よくわかる臨床心理学　改訂新版』132-133　ミネルヴァ書房

杉山登志郎（2007）『発達障害の子どもたち』講談社

中川信子（2009）『発達障害とことばの相談』小学館

松田　修（2001）「老年期の心理臨床」『こころの科学』96：44-50

文部科学省（1999）『学習障害児に対する指導について（報告）』

文部科学省（2003）『今後の特別支援教育の在り方について（最終報告）』

文部科学省（2010）『いじめの実態把握及びいじめの問題への取り組みの徹底について（通知）』

文部科学省（2019）『平成30年度 児童生徒の問題行動・不登校等生徒指導上の諸課題に関する調査結果の概要』

ロビソン JE（2009）『眼を見なさい！』テーラー幸恵訳　東京書籍（Robison JE (2007) *Look Me in The Eye*. New York: Crown）

第8章　パーソナリティと心理検査

1．パーソナリティ

　パーソナリティという用語をしばしば耳にする。心理学では何を指す用語だろうか。性格や心理学が思い出される場合が多いだろうか。ラジオ番組の司会者のことを「パーソナリティ」と呼ぶこともあるが、ラジオであれば番組の個性の代表とでもいうべきものを指すのだろうか。「その人らしさ」などの人の特徴を考える際に、「あの人はどんな人？」と言うことがある。私たちはそれに対して、その人を表す特徴をいろいろと表現する。「明るい人」、「きれいな人」、「やさしい人」など、「〇〇な人」と言うと、その人の性格や外見を表すことが多い。人を理解するときに重要となる概念がパーソナリティである。心理学でパーソナリティというと、人の振る舞い、言語表現、判断の仕方、考え方など、行動全般を指す。語源はラテン語の「ペルソナ（仮面）」である。仮面は役割に応じて付け替えられるものであることから、パーソナリティという語は、社会的に形成された役割の側面が強調されているようだ。

　いろいろな人に接していると、似ているタイプがあることに気づく。一定の基準で人をタイプに分けて記述する方法を「**類型論**」と呼ぶ。人格については多くの理論があるが、古典的にはいくつかの類型にあてはめるような性格類型論が主流であった。例えば、**クレッチマー**（Kretschmer, E., 1888-1964）の性格類型論は大変良く知られている。クレッチマーは、ある種の精神疾患には一定の体格が対応していることに気づき、このことから彼は精神疾患から性格異常を経て正常の性格特徴に至る連続した系列を仮定し、正常な性格特徴においてもある種の体験との関連のあることを実証した（飯田, 1993）。クレッチマーは、性格を分裂気質、循環気質、粘着気質の三つに分

けた。分裂気質は孤独な、社交性のない、冷たい人間であり、循環気質は打解け合う、社交性のある、暖かい人間であり、粘着気質は頑固で粘り強く、几帳面で、拘泥（こうでい）する人間である（西丸・西丸, 2006）。

　類型分類は、個性を知る手掛かりとなる便利な道具と言える。その反面、人格の特徴は一人ひとり違うので、人格を考える上で類型論だけで考えることには無理が生じる。皆さんはこれまでに、学校の活動の一環など何らかの機会に、性格類型分類のためのパーソナリティ検査を受けたことはないだろうか。その結果から、自己理解や他者理解においては類型分類だけでは説明しきれないと感じることもあったのではないだろうか。類型分類だけで心のひだの部分を示すのは困難である。

　「パーソナリティ」という語についてはさまざまな定義がなされているが、本章では仮面の部分だけではなく、心のひだともいえる部分や無意識も含めて説明する。

2．無意識

　日々の生活で生じるうっかりミスの中に自分の本音が隠されていることに気づくことがあるだろう。例えば、ある議会の議長が会議の開会に当たって、開口一番に「ただ今より、議会の閉会を宣言します」と言ったそうだが、これは議長が会議の進行に不安があり、会議の開会に対して気が重かったのだろう。大学生活で考えてみよう。サークルでのミーティングのことをすっかり忘れてしまっていた場合などは、そのミーティングでは自分にとっていやな内容が予定されていたのかもしれない。日常生活の、言い損ない、読み間違い、書き損ない、度忘れ、し損ないなどには、隠れた本音が見えるものである。私たちの生活にみられるうっかりミスのことを**錯誤行為**と呼び、**精神分析**の創始者**フロイト**（Freud, S.）は「日常生活の精神病理」という論文の中で多くの実際例を挙げ、その背後の心理を検討している。自分の心の奥の

ことを、心理学では**無意識**と呼んでいる。無意識は心の大半を占めていて、人の行動の源であるといえるだろう。

　錯誤行為は、無意識の力により押さえつけている本音を解放しているとも言える。日常生活では、ものごとが上手くいかないことがある。先生や先輩に叱られることもある。テストで良い点が取れなかったり、サークル活動の公式戦で負けたりと、目標が達成できず悔しい思いをすることもある。現実ではいろんなことが起こっている。本音を押さえつけていたり、物事が思うように進まないような時にはストレスがたまり、欲求不満になりがちである。欲求不満になった時、人の心はどのようにしてそれを解消し、乗り越えていくのだろうか。欲求不満から自分自身を守る無意識的な心の働きについて、フロイトは**防衛機制**とよび詳細に論じている。防衛機制は、高等学校の現代社会の教科書に書かれている場合が多いので、これまでに勉強してきた人も多いだろう。防衛機制の代表的なものを表8-1に示す。自分の様々な心の動きに当てはまるものはあるだろうか。

　防衛機制は一つだけがはたらくこともあれば、複数のものが同時にはたらくこともある。そして、そのほとんどは意識的なものではなく、無意識的に行われる。防衛機制は良くないものとして誤解されることもあるが、誰もが心を守るために用いている。この働きのおかげで、我々のこころは壊れないですんでいる。防衛機制が適切に働いている場合、こころは適応的であるといえる。防衛機制が上手くはたらかなかったり、特定のものが過度にはたらきすぎている場合は、そのことが不適応の原因となるかもしれない。

　学生時代は仲間との関係の中で成長していくものだが、仲間との関係の中では、お互いがわかりあえないことがあるだろう。「どうしてこういうことになるのかわからない」という事態になることもあるだろう。人の言動は「防衛機制」の考え方により理解できるだろう。

　人間関係は、人と人の感情や行動から成り立つものであり、その理解のためにも、無意識に関する検討が役立つ。無意識は、目に見えないものである

表8-1 自我の防衛機制

種 類	内 容	例
抑 圧	罪悪感を起こさせるような欲動や内的な観念を抑え込む。	いやなことや不快なことに気づかない。
同 一 化	まねをして取り入れる。	学校の先生や、先輩、友達の考え方や行動を取り入れていく。
隔 離	観念と感情が切り離され、観念だけが意識に上ってくる。	論理にこだわりすぎて感情を出さない。
知 性 化	感情や欲動を切り離し、知的な認識や考えでコントロールする。	雑談の時でも、知的な批判をしたり、知識を披露したりする。
合理づけ	欲求や感情を満たした後で、それを非難されたりした時に、自分は正当であったと説明しようとする。	へ理屈や自己弁護。
反動形成	本心とは反対のことを言ったり、したりする。	敵意を表現できないから、人に親切にする。
打ち消し	不安や罪悪感を別の行動や考えで打ち消す。	強迫行為で、汚い物を触ってしまったと思った時に、それを打ち消すために手を何十回も洗う。
置き換え	欲求の向かう相手や、表現する手段を、より罪悪感を感じさせない方向に置き換える。	八つ当たり。
投 影	自分の中にある認めたくない欲動や感情を、他の人のものと思う。	自分はあの人に敵意を持っていない。でも、あの人は私に敵意をもっているようだ、と思う。
退 行	発達的に前の段階に戻る。子ども返りをする。	小さい子どもに下の子ができたとき、おむつが取れていたのにおもらしをするようになるなど、赤ちゃん返りをする。
昇 華	欲求を社会的に認められた形で解消する。	攻撃性をスポーツで解消する。

が、我々は人格に関する理論を知ることで、無意識について考えることができる。心理学の知識は、自己理解、他者理解、人間関係の理解のために有用なのである。

3．心理検査

　学生時代は自分探しのための大事な期間である。自分を知りたいと思い自分について考える中で、「自分がわからない」と感じたことがある人は多いだろう。人格を理解する手段として心理検査がある。人格の特徴を客観的な指標で示すものである。心理検査は自分探しも助けてくれるだろう。小学校、中学校、高等学校の授業や諸活動の中で心理検査を実施している場合があるようだ。実際に心理検査を受けたことのある者は少なくないだろう。**心理検査**は、このような**自己理解**に使われるだけではなく、医療の現場では患者理解のために、教育の現場では児童生徒理解のためにと、多く利用されている。

　心理検査に関心を持つ大学生は多い。「心理検査は当たるのですか」などと言われることもある。大衆向けの雑誌には占いのページや性格診断なるコーナーがあったりする。これらの記事を読み、「当たるかどうか」を楽しみにしている読者が多いだろう。これらははずれることも多い。このような雑誌の記事と心理検査を混同している大学生もいるが、心理検査はこのような「当てる」ためのものではない。心理検査は、人の心理を「わかる」ための道具なのである。心理検査はあらかじめ多くの人のデータから客観的な尺度が作られているので、正しく実施すれば大きくはずれることはない。

　心理検査は、大きく**知能検査、性格検査、適性検査**に分けられる。このうち性格検査は、**質問紙法、投影法、作業検査法**に分けられる。質問紙法は、性格に関するいくつかの質問項目に対して「はい」「いいえ」「どちらでもない」などで自己評定し、その結果から性格特徴を把握する方法である。投影

表8－2　知能検査

代表的な検査	とらえることのできる側面
ビ ネ ー 式 検 査	一般的知能の水準
W I S C － Ⅳ	児童の知能の水準や、個人内の能力の特性
W A I S － Ⅲ	成人の知能の水準や、個人内の能力の特性

表 8 - 3　性格検査

種類	代表的な検査	とらえることのできる側面
質問紙法	YG 性格検査	抑うつ性、気分の変化、劣等感、神経質、客観性、協調性、攻撃性、活動性、のんきさ、思考的外向、支配性、社会的外向の 12 の性格特性の程度を測定する。また、情緒性、社会適応性、向性（外向か内向）の特徴から、（A）平均、（B）不安定積極、（C）安定消極、（D）安定積極、（E）不安定消極のいずれかの性格類型に分類する。
	東大式エゴグラム（TEG）	個人のこころのなかにある、批判的な親、養育的な親、大人、自由な子ども、順応した子どもの 5 尺度を測る。
	精神健康調査票（GHQ）	精神健康度のほかに、身体的症状、不安と不眠、社会的活動障害、うつ傾向の四つの要素の得点を測る。
	主要 5 因子性格検査（Big Five 尺度）	パーソナリティを外向性（E）、協調性（A）、良識性（C）、情緒安定性（N）、知的好奇心（O）の五つからとらえる。
投影法	文章完成法（SCT）	書きかけの文章を完成させるもの。パーソナリティ全体を概観する。投影法の中では投影水準は浅い。
	描画テスト　バウム（樹木画）・テスト　人物画　HTP　家族画	一定の教示のもとに絵を描くもの。バウムテストや人物画では、パーソナリティの特徴などをとらえることができる。HTP では、家屋と木と人物を描かせるが、HTP の家屋や家族画では家庭状況をとらえることができる。
	ロールシャッハ・テスト	インクのしみが何に見えるか答えるもの。無意識の欲求や葛藤、感情のコントロール、現実検討力などがわかる。
作業検査法	クレペリン検査	一桁の数字の加算作業を行うもの。仕事の処理能力、積極性、抑うつや、気分のむらなどから職業適性評価や、教育や治療の効果判定などに利用される。

160

表8-4 適性検査

代表的な検査	とらえることのできる側面
職業興味検査（VPI）	160の具体的職業を提示し、それぞれの職業に対する興味・関心の有無を回答させることで、職業に関する個人の特性を測定する。
職業レディネステスト	将来の職業選択に影響を与える心理的な構えを測定する。

法は、インクのしみのような図や絵画、未完成の文などのあいまいな刺激に対する反応や、白紙に描かれた絵などから、性格を把握する方法である。作業検査法は一定の作業を行う方法である。それぞれ代表的な検査を表8-2から表8-4に示す。

　性格検査の質問紙法と投影法では、とらえることのできるパーソナリティの水準は異なる。YG性格検査や東大式エゴグラム TEG などの質問紙法では意識レベルを、ロールシャッハ・テストなどの投影法は無意識の深いレベルを、文章完成法（SCT）などの投影法は比較的浅い無意識レベルを明らかにする。それぞれの検査が明らかにするものは、深さも側面も異なる。したがって、個人のパーソナリティを全体的にとらえる場合には、複数の心理検査を実施する場合が多い。これを、**テストバッテリー**を組むと言う。

1）YG性格検査

　YG性格検査は矢田部－ギルフォード性格検査の略称である。YG性格検査は**特性論**に基づきつつ、類型に分けるという手法をとっている。人格理解においては、先述の類型論の他に特性論がある。特性論は、人にはいくつかの共通の性格特性がありパーソナリティはそれらの性格特性の集合であるという考え方である。特性論は各性格特性の量的な相違が個人の違いであるという考え方である。YG性格検査では、抑うつ性、気分の変化、劣等感、神経質、客観性、協調性、攻撃性、活動性、のんきさ、思考的外向、支配性、社会的外向の12の性格特性を知ることができる。類型は、情緒安定性が安

表 8 − 5　YG 性格検査　典型性格の一般的特徴

	情緒性	社会適応性	向性	一般的特徴
A	平均	平均	平均	目立たない平均的なタイプで主導性は弱い。
B	不安定	不適応	外向	不安定積極型。
C	安定	適応	内向	安定消極型。平穏。受動的。リーダーとして他人を引っ張っていく力は弱い。
D	安定	適応または平均	外向	安定積極型。対人関係で問題を起こすことが少なく、行動が積極的でリーダーに向いた性格である。
E	不安定	不適応または平均	内向	不安定消極型。引っ込み思案で積極性に欠ける。自分自身の内面は、趣味や教養で充実していることが多い。

（八木俊夫 （2002） 「YG 性格検査—YG テストの実務応用的診断法—」 日本心理技術研究所　30 頁の表を改編）

定しているか不安定であるか平均であるかという点と、向性（衝動性・活動性・主導性）が外向か内向か平均かという点から 5 つの類型に分類できるようになっている（表 8-5）。

　心理検査実習などの授業における YG 性格検査実施で被験者が自分のことをより詳しく知るための工夫として、高石・谷口（2006）は、例えば①テスト前に自分の性格を前もって予想し、②実際に検査を施行し、③理想の自分だったらどう答えるか考えてもう一度検査を施行するという方法を提案している。この方法により、3 種類の結果が得られるが、それぞれを比較することにより、自分のパーソナリティを多面的に理解できるようになるとも、述べている。YG 性格検査実施の機会があれば、ぜひこの方法を実施してはどうだろうか。

2）東大式エゴグラム（TEG）

　東大式エゴグラム（以下、TEG と記す）も質問紙法による性格検査である。TEG は、施行、自己採点、プロフィール作成の過程が簡易で、比較的気軽に取り組むことができる。結果をグラフで示すので、性格特徴を把握、理解

しやすい。心理検査の勉強を始めたばかりの人にとって取り組みやすい検査の一つである。

　TEG では、人には心の中に三つの部分があると考える。それらは「親の自分（Parent P）」「大人の自分（Adult A）」「子どもの自分（Child C）」で、この三つを自我状態と呼ぶ。さらに P は CP（Critical Parent）と NP（Nurturing Parent）に、C は FC（Free Child）と AC（Adapted Child）に分けられる。CP は批判的な親で、父親的側面でもある。NP は養育的な親で、母親的側面でもある。A は大人で、理性的な側面である。FC は自由な子どもで、わがままな子どもの側面でもある。AC は順応した子どもで、いわゆる「イイ子ちゃん」である。良い子の側面でもある。この検査はそれぞれの部分が個人にどの程度見られるかを明らかにするものである。それぞれの得点は高いほど良いというものではなく、点が高い場合にもプラス面とマイナス面があり、点が低い場合にもプラス面とマイナス面があるとしている。

　心理検査実習などの授業における TEG 性格検査実施で被験者が自分のことをより詳しく知るための工夫として、高石・谷口（2006）は、これまでに自分が抱いていた自己像に沿う側面、予想外であった側面をそれぞれ挙げてみることや、「理想の自己像」について TEG を通して考えること、さまざまな対人場面での自分について TEG を通して考えてみること、友人やクラスメートとペアを組みお互いに「相手がどのような人物と思うか」を TEG で回答し自己記入の結果と比較するようにと述べている。これらの工夫は TEG をより有意義に利用するために、大いに役立つものである。

3）バウムテスト

　バウムテストは投影法の性格検査である。A4 サイズの白紙（画用紙）、黒鉛筆、消しゴムを用意し、「1 本の木の絵を描く」という簡単な手続きにより実施できる。心理検査の中でも比較的よく知られているものであり、利用されることは多い。木も人間も上に向かって成長するというところが似てい

表 8 － 6　TEG 得点の高低それぞれのプラス面とマイナス面

		CP	NP	A	FC	AC
得点高い	マイナス面	・建前にこだわる ・中途半端を許さない ・批判的 ・自分の価値観を絶対と思う	・過度に保護、干渉する ・相手の自主性を損なう ・相手を甘やかす	・機械的 ・打算的 ・冷徹	・自己中心的 ・動物的 ・感情的 ・言いたい放題である	・遠慮がち ・依存心が強い ・おどおどしている ・うらみがましい
得点高い	プラス面	・理想を追求 ・良心に従う ・ルールを守る ・スジを通す ・義務感責任感が強い努力家	・相手に共感、同情する ・世話好き ・相手を受け入れる ・奉仕精神 ・弱者をかばう	・理性的 ・合理性を尊ぶ ・沈着冷静 ・事実に従う ・客観的に判断する	・天真らんまん ・好奇心が強い ・直観力がある ・活発 ・創造性に富む	・協調性に富む ・妥協性が強い ・イイ子である ・従順 ・慎重
		CP	NP	A	FC	AC
得点低い	プラス面	・おっとりしている ・融通性がある ・ワクにとらわれない ・柔軟 ・のんびり	・さっぱりしている ・淡白 ・周囲に干渉しない	・人間味がある ・お人よし ・純朴	・おとなしい ・感情に溺れない	・自分のペースを守る ・自主性に富む ・積極的
得点低い	マイナス面	・いいかげん ・けじめに欠ける ・批判力に欠ける ・規律を守らない	・相手に共感、同情しない ・人のことに気を配らない ・温かみがない	・現実無視 ・計画性がない ・考えがまとまらない ・論理性に欠ける ・判断力に欠ける	・面白みがない ・暗い印象 ・無表情 ・喜怒哀楽を素直に出さない	・相手のいうことを聞かない ・一方的 ・近寄りがたい印象

（末松弘行・野村忍・和田迪子　（1995）「TEG ＜東大式エゴグラム＞第 2 版手引」
金子書房　35 頁の表を改編）

るので、木の絵には人間の無意識的な自己像が投影されやすいと考えられている。この検査からは有用な豊かな情報が得られる反面、他の心理検査に比較して客観性が低いという指摘もある。

　バウムテスト結果の理解の仕方であるが、一つのサインに対して一つの解釈を機械的に結び付けるような方法は意味をなさない。個人の直感的な印象も大切であるが、直観に頼りすぎると偏った理解になってしまう。バウムテストの解釈は、絵に見られる様々な要素を総合的に見ていくことが重要となる。

　バウム理解の一例として、筆者の経験を書くことにする。筆者は、かつて研究の一環として、多くの20歳前後の者を対象としてバウムテストを実施したことがある。対象者は大きく二つの群に分けることができた。毎日休まずに学校に通っている群と、社会的適応が困難で就職も就学もしていない群であった。前者の群のバウムのほとんどが、大きなサイズで、濃い筆圧で、力強い感じの木であったり、楽しそうな絵であった。後者のバウムは、小さなサイズであったり、弱い筆圧のものが多く、描かれている木にブドウなど支えを必要としているものが目立った。この経験から、バウムには個人の心の様子がよく投影されるということを学んだ。

4．アセスメント

1）アセスメントについて

　アセスメントという言葉を聞いたことはないだろうか。環境アセスメントという用語などにより、アセスメントという用語は一般によく知られている。心理学で用いるアセスメントは「心理アセスメント」と呼ばれる。ここでは「アセスメント」と表記する。心理検査と心理アセスメントと同義であるように用いられることもあるが、心理検査だけをアセスメントというのではなく、アセスメント面接や行動観察などにより対象者の特徴を知り、支援

に結びつけることを考えることまでを含めて心理アセスメントという。津川（2011）はアセスメントについて、「臨床心理学的支援を行う際に、支援対象（個人に限らず、家族、集団、組織、地域など）の特徴や状況などに関する情報を収集し、それらを多角的・多層的に解析した結果を統合して個々の対象の独自なありようを提示する一連の営みとする。そこから、取り組むべき課題の性質や程度および優先順位などを明らかにし、どのような支援が適切なのかという基本方針ならびに具体的な支援計画を作業仮説として導き出す作業が行われる。さらに、臨床心理学的支援の効果に関する評価を含めることもある」と定義している。

　アセスメントでは、主訴、問題歴、生育歴、家族の情報、観察による情報、心理検査の結果、母親や学校からの情報や、医師の診察や医学的検査の情報などが重要となる。

2）アセスメントの実際

　ここで記述する事例は、アセスメントの実際を具体的にイメージしやすくするために作った架空の事例である。

　A君の事例

　小学5年生の男子である。A君は学校でいじめにあい、欠席日数が増えてきている。いじめの原因は、普段から落ち着きがなく、授業にも全く集中していないからである。

　母親は子どものことを相談するために、心理相談室に電話予約をした。予約の日になり、母親は息子を連れて相談室に行った。母親は、相談室で最初に相談申込用紙を記入した。この相談室での親子での心理療法は、**母子並行面接**となることが多かった。母子並行面接は、A君と母親も母子別々の部屋で、別々の臨床心理士が担当するというものであった。母親とA君は、別々の部屋で別々の担当者によりアセスメントが行われた。

　母親のアセスメント面接では、担当者はA君の主訴、生育歴、問題歴を

丁寧に聞いた。母親が安心して話せるようにと場の雰囲気づくりや**ラポール形成**のことも忘れなかった。ラポールとは、心理療法担当者とクライエント（来談者）の**信頼関係**のことである。心理療法が効果を持つためには、互いに信頼しあう暖かな関係が必要である。

　A君のアセスメント担当者は、相談室の中でも、子どもの遊戯療法のために使われる部屋を使用し、A君と遊びながらその様子の行動観察を行った。行動観察ではA君の表情、しぐさ、行動や遊びの特徴も見ていた。この相談室では、アセスメント担当者が引き続いて心理療法を担当することが多いので、A君のアセスメント担当者は、A君とのラポールを構築するための努力も忘れなかった。

　アセスメント面接の中で、A君に対しては心理検査の実施とテストバッテリーの組み合わせが検討された。アセスメント面接結果をもとに、複数のスタッフによる会議が開催され、見立てや方針が決定された。A君は**軽度の発達障害**が疑われた。母親には子ども状態への理解を深めたり、子どもへの接し方を考えるためのカウンセリングが行われることになった。心理相談室では、いじめによる傷つきや不登校といった二次的障害への対応として、継続面接を実施することとなった。また、発達障害への対応として、心理相談室から発達障害支援センターを紹介し、そちらも利用することとなった。

3）心理アセスメントの意義

　子どもが問題行動を起こしたり、不登校となったりした場合、家族は子どもの状態が理解できず大きな不安におそわれる。このような中で、相談機関を訪ねることそのものに対して、不安、辛さ、躊躇を感じる人は多い。しかし、相談機関で適切なアセスメントを行うことは、子どもの問題についての理解につながる。問題がはっきりして、「安心した」とか「子どもの状態について、わかって良かった」と言う親は多い。子どもの問題だけではなく、大人の場合の本人の問題でも、問題や事態の理解は、その人自身の安心感につながる。

心理アセスメントによる理解が、その人の成長、葛藤の解消、実り多い日々の生活につながり、心理療法の重要な第一歩となるのである。一人ひとりの理解はとても重要である。

引用参考文献

飯田　眞（1993）「クレッチマー」加藤正明・保崎秀夫・笠原　嘉他（編）『新版　精神医学事典』858-859　弘文堂

氏原　寛・岡堂哲雄・亀口憲治他（編）（2006）『心理査定実践ハンドブック』創元社

末松弘行・野村　忍・和田迪子（1995）「TEG＜東大式エゴグラム＞第2版手引」金子書房

高石浩一・谷口高士（2006）『心理学実習　基礎編』培風館

鑪　幹八郎・名島潤滋（2018）『心理臨床家の手引［第4版］』誠信書房

津川律子（2011）「アセスメント」日本心理臨床学会編『心理臨床学事典』丸善書店

独立行政法人 労働政策研究・研修機構（2007）「職業レディネス・テスト［第3版］手引」社団法人 雇用問題研究会

西丸四方・西丸甫夫（2006）『精神医学入門』南山堂

日本心理臨床学会編（2011）『心理臨床学事典』丸善書店

日本労働研究機構（2002）『VPI職業興味検査［第3版］手引』日本文化科学社

馬場禮子（2008）『精神分析的性格理論の基礎知識』岩崎学術出版社

前田重治（1990）『図説　臨床精神分析学』誠信書房

村上宣寛・村上千恵子（2017）『主要5因子性格検査ハンドブック』筑摩書房

八木俊夫（1998）『YG性格テストの診断マニュアル－人事管理における性格検査の活用－』日本心理技術研究所

八木俊夫（2002）『YG性格検査－YGテストの実務応用的診断法－』日本心理技術研究所

Column 4

災害時の認知の歪み

橋本　由里

　近年、国内外で自然災害が多発している。災害時にさまざまな情報が飛び交う中で、われわれは正確に情報を取り入れ、避難を行う必要がある。避難を行う際に、認知の歪み（認知バイアス）について、特に注意する必要がある。

　われわれが起こりうる認知バイアスのひとつに、正常性バイアスがある。これは、異常を正常の範囲内だと認識する錯誤である（木村．2016）。正常性バイアスが働くと、実際は危険が差し迫っており迅速に避難しなくてはならない場合に、まだ大丈夫だろうと過信してしまう可能性がある。

　また、その他にも誤報効果と呼ばれるものがある。何回も誤報が繰り返されると、やがて人はその警報を信じなくなる。例えば、台風や地震などの災害に関する警報が発令されたことを報道によって知ったとする。実際の災害の程度が小さいと、「警報が発令されたが、大したことはなかった。」とわれわれは感じる。さらに、災害予測の警報が外れた場合、「また、大したことはなかった。」となる。このようなことが度重なると、避難を要する大きな災害が起こったとしても「どうせまた大したことはないだろう。」と誤って判断してしまう可能性がある。

　また、集団の心理も重要な要因となる。ひとりでいる時よりも集団でいる時の方が、近所の人が逃げていないからきっと自分達も逃げなくても大丈夫だろうという同調的な判断が生じる。このために、逃げないといけない状況であるにもかかわらず、逃げないという選択をしてしまう。このように、認知の歪み（認知バイアス）によるわれわれの判断への影響を考慮し、災害時は特に、慎重に判断して行動する必要があろう。

参考文献

木村玲欧（2016）『災害・防災の心理学』北樹出版

第9章　社会行動と集団

1．社会的認知

1）人の特性の認知

われわれの日常生活の大部分は、ものや人への働きかけからなっている。ものを知るために、それを見たり、さわったり、持ち上げたりしている。人間関係を進めるためには、他者を知る必要がある。たとえば、他者について "あの人はやせて背が高い、きっと神経質な性格だろう" というような認知をする。この場合、まずわれわれはものの認知と同様、他者をある一定の形をした身体像として認知している（背が高い）。しかし、人の認知ではここで終らず、感情・欲求・意図・思考などのように人の内部にあって物のように手に直接触れることのできないものを推測したり意味づけたりしている（神経質な性格であろう）。これを**対人認知**という。

2）印象形成

初対面で、太郎は "まじめで、暖かく、ユーモアのある人"、次郎は "まじめで、暖かく、無作法な人" というふうに紹介されたとき、2人についての印象はそれぞれどのように形成されるであろうか。他者の特徴に関する情報を統合して**印象形成**するのに次の2つが考えられる。まず1つは、各特性の値を加算[注1]して、太郎の方により好ましい印象を形成する。他のものは、特性の値を平均[注2]して、太郎の方がより好ましいとする。今までの研究結果によると、平均モデルの方が支持されている。さて、印象形成の際に、ある語が他の語より重要な場合がある。たとえば、"頭がよくて、芸術家肌で、感傷的で、冷静で、無器用で、口やかましい" という人は、全く同じ語で順序だけを逆にして提示されたときよりも、より良い印象が作られる。つまり

最初の語により大きい重み（より重要）があたえられて、印象が形成されるのである。このように人の他者についての印象形成は、他者についての種々の情報に重みをつけて、異なる重みをつけられた値を平均化する形で統合されていく。

3）パーソナリティの認知

　相手の性格を正しく認知できない人は、人間関係もなめらかに進まない。他者の性格認知に働く要因としては、次の諸項目があげられる。①認知者は一般に他者を判断するに際して、比較的固定した一連のかたよりをもっている（認知者のもつ「潜在的なパーソナリティ理論」）。②行動に現われにくい特性や行動にあらわさない人の特性は、正確に判断しにくい。③人は自分が好意的感情をもっている相手の性格を、実際よりも自分の性格に類似したものとして認知する傾向がある（この傾向を「仮定された類似性」という）。認知を誤らせやすい要因として、**ハロー効果**[注3]、**論理的過誤**[注4]、**寛大効果**[注5] などがある。

4）対人関係の認知

　われわれは、複雑な人間関係の網目の中にいる。このような社会的場面において、対人関係をどのように認知し、それにもとづいて行動するのであろうか。タギウリ（Tagiuri, R., 1958）は、相互に未知な成員に討議を行なわせた後、①自分が最も好きな人と、②自分を最も好んでいると思われる人を選ばせた。タギウリは、①と②が一致する場合、すなわち、相手に対する自分の感情と自分に対する相手の感情の認知が一致するとき、2人の間に適合性があると述べている。人々はこの適合性を高めるように対人関係を進展させている。さらに彼は、人は自分が好意をもっている相手からは自分も好意をもたれていると思い、自分が好意をもっていない相手からは、自分も同様に好意をもたれていないと認知する傾向があることを示した。このように、対

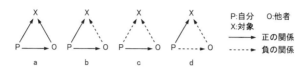

図9−1　ハイダーのP−O−Xモデル（Heider, F., 1958）

人関係の当事者にとっては、相手を好きか嫌いかだけでなく、相手が自分を好きか嫌いかについての認知が重要な意味を持っている。次に、3者関係における認知については、ハイダー（Heider, F., 1958）の**P−O−Xモデル**がある。彼は、自分（P）、他者（O）、出来事・対象（X）からなる事態についてのPの認知内における3項関係のバランス・インバランスについて次のように考えている。P−O、P−X、O−Xの3対の関係で、3対の関係すべてが正の関係（P−O×P−X×O−X）、2対が負で1対が正の関係であれば、各符号の積が正（プラス）となり、その3項関係はバランス状態にある。たとえば、ある政党Xを支持している学生Pが、自分の尊敬する先生Oが政党Xを支持することを表明するのを聞いた場合のPの認知体系はバランス状態にある（図9−1a）。しかし、もし、Pが、OがXを悪くいっているのを聞くと、インバランスが生じ不快な緊張状態になる（図9−1b）。Pにとっては、バランス状態の方が好ましいので、この完全状態へ向かう力が生じ次のような方法で達成される。①"O先生は、実際には、政党Xが好きなのだ"というようにO−X関係についての認知を正の方向にかえる。②PがXを支持しなくなる（図9−1c）。②PがOを嫌うようになる（図9−1d）。このモデルでXを人と置きかえると、3人の人間関係のバランス・インバランスを考えることができる。

2．対人魅力

　人はどんな人を好きになるのか、どのような人に魅力を感じるのかという

疑問は、社会心理学の領域では、「対人魅力」の研究を通して行われている。その主たる研究と現在までの動向を簡単に紹介しておこう。

対人魅力のプロセスは、

・行為者（actor）：魅力を経験する人の特徴
・対象（target）：魅力を感じる対象の特徴
・行為者と対象の間の二者関係の特徴
・環境要因（物理的・社会的環境の特徴）

などに関連する。

特に、この領域が盛んに研究されたのは、1950年のフェスティンガー（Festinger, L.）らのアメリカの大学アパートにおける友人形成の調査を皮切りに、1960年代から1970年代にかけてである。その先駆的な代表的研究者には、ザイアンス（Zajonc, R. B.）、ニューカム（Newcomb, T. M.）、バーシェイド（Berscheid, E.）などがあげられる。

1）近接性と接触性

ザイアンス（1968）によれば、単なる接触でもそれが何度も繰り返されることで、その対象に慣れ、受け入れる準備状態が形成される（**単純接触効果**）。また、幾度も接することでコミュニケーションが増え、親しみを一層増すことになる（親近感）。

この接触の多さは、互いの自己開示を促進することになり、関係がより密接になる要因でもある。

2）類似性

ニューカム（1960）の行った大学新入生（寮生）の追跡調査では、入寮直後は近接性の影響が強いが、時間を経るとその対象との価値観や考え方、態度や好みについての類似性がより強くなる。特に、自分との意見や態度の類似性は、バーンら（Byrne, D. & Nelson, D., 1965）やその他の研究者によっ

て注目されている。また、人間行動を心理的コストと報酬から説明を行う、社会的交換理論によると、自分と類似している人は自分にとってコストよりも心理的報酬をもたらすために好かれる。認知的バランス理論（ハイダーのP−O−Xモデル）によれば、類似している人とはいわゆる認知的なバランスが安定しており、快いためであるとしている。

3）相補性

しばしば、カップルやパートナーシップ形成でよく見られるが、互いを補完する関係として、自分と異なる他者に魅力を感じる場合がある。この相補性についても、互いに高い心理的報酬を獲得することになるが、まだ、一貫した結果は得られていない。

4）外見（身体的魅力）

ウォルスターら（Walster et. al., 1966）の初対面同士がカップルになる新入生ダンスパーティー実験では、事前の個人情報（性格や意見など）や自分の身体的魅力に関係なく、デートの相手として、男女問わず、身体的魅力に優れた相手を望んでいた。対人的な魅力では、容貌といった身体的特徴に惹きつけられる傾向もみられている。

その他、対人魅力では、相手の好意を感じると自分も好意を持つようになるといった**好意の互恵性**や人が情緒を感じるのは、生理的興奮と状況的判断の二つの要因によって決まるというシャクターの情緒生起の2要因説：**興奮の帰属錯誤**などがあげられている。この帰属錯誤については、例えば、ダットンとアロン（Dutton, D. G., Aron, A. P., 1974）の吊り橋実験では、不安下における生理的興奮が恋愛感情を高め、異性への魅力を強める役割を果たしているのではないかという仮説をたてている（第6章参照）。

最近では、この対人魅力研究の展望として、1）一般報酬理論：喜びや自己評価、帰属、自己拡張などの報酬を与える対象に魅せられる、2）進化論

（進化心理学）：人の生物学的適応、3）愛着（アタッチメント）理論から整理されてきているが（Finkel, E, J., & Eastwick, P. W., 2015）、いまだ統合的な理論が生まれておらず、現在は、その対人魅力の理論的統合に向かって重要なステップを踏む段階にあるといえる。

3．社会的態度

1）態度の特質・形成

⑴　態度の特質

　態度は、行動への準備状態であり、われわれの行動をきめる際に本質的な役割を演じている。たとえば、ある人の女性に対する態度は、彼が結婚するときにどんな人を選ぶかに影響をあたえる。また、政治に対する態度は、彼の投票行動に影響を及ぼすのである。態度の特質について、次の諸項目があげられる。①態度は、先天的なものではない。後天的に学習され獲得されるものである。②態度は、一時的なものではなく、一度形成されるとある程度持続性がある。しかし不変固定的なものでもない。③態度は人と対象の間に安定した関係を作る。すべての態度は、主体—客体関係である。すなわち、態度は何かの対象との関係において形成される。④態度は、動機的—感情的性質をもつ。ある対象群について態度をもつと、もう、その対象群について中立的ではない。ある対象について好意的であったり他の対象については非好意的であったりする。

　さて、人間が状況に対してとる基本的な姿勢は、"知ること""感ずること""行為すること"であろう。同じように、態度は、認知・感情・行動傾性という3つの成分から構成されている。たとえば、担任の先生に対するある生徒の態度には、先生を優れていると考えたり（認知）、好きと感じたり（感情）、近くに寄りたいと思ったり（行動傾性）する、というような3つの主な要素が含まれているわけである。

⑵　態度の形成

　態度はいかにして形成されるであろうか。態度形成に影響をあたえる要因として、マクガイア（McGuire, W. J., 1969）は、次の５つをあげている。①生得的特性（人種・階層・家系）、②生理的条件（成熟・病気・薬）、③態度対象についての直接体験、④全体的な制度（しつけ・洗脳）、⑤社会的コミュニケーション。また岡部ら（1972）は、態度というものは、欲求充足についてのさまざまな個人的体験により、また他人との交渉のなかで、情報を受け、説得されながら、特に自分が属している集団やその集団の規範に影響を受けつつ、個々人のパーソナリティに見合った形で形成されていくものであると述べている。

２）態度変容

　態度は持続的なものであるが、決して不変なものではなく、コミュニケーションなどによる情報によって、少しずつ変化を受けてゆくものである。コミュニケーションによって態度の変容をおこさせる場合に働く要因としては、コミュニケーションの源泉・内容・受け手・効果などがある。①伝え手の特徴：説得の効果は、コミュニケーションをだれが伝えるかに左右される。**態度変容**は、信頼性の低い源泉よりは、高い源泉からのものだとして提示した方が効果的におこる。②コミュニケーションの内容：a. 恐怖をおこさせるコミュニケーション…強い恐怖を生じさせるコミュニケーションの方が、弱い恐怖しか生じさせないものよりも説得効果が大きいであろうか。たとえば、虫歯の恐ろしさを訴えたコミュニケーション（受け手におこさせる恐怖の度合を変えてある）を提示した場合、恐怖の度合が強くなるにつれて、効果的でなくなった。b. 一面提示と両面提示…論議の一面のみの提示と、対立する意見をも合わせ提示する両面提示と、いずれが効果的であろうか。i. 伝え手の主張とは反対の意見を持っていた受け手に対しては、両面提示の方が一面提示よりも効果が大であり、ii. 伝え手の立場に始めから賛成の受

け手に対しては、一面提示の方が効果が大であった。c.結論が明示されてい
る場合と明示されていない場合…伝え手自身が結論を明示している説明の方
が、そうでない説明の場合よりも態度変容がおこりやすい。③受け手：人々
の間には、ある程度一般的な被説得性の個人差がある。④効果：コミュニケー
ションによってもたらされた態度変容は、どの程度持続的な効果を持つだろ
うか。コミュニケーションを信頼性の低い伝え手によるものとして提示した
とき、その受け手にあたえた影響は、直後では、極めてわずかな態度の変化
しか生じなかったが、3週間後には、むしろ態度変容の量が増大する傾向が
みられた（**スリーパー効果**、 sleeper effect）。これに対し、信頼性の高い伝
え手によるコミュニケーションとして提示された場合には、直後には大きな
態度変容を生じるが、3週間後にはかなりの程度、態度変容が減少した。こ
のような知見は、ホヴランドら（Hovland, C. I., et al., 1953）の「説得的コミュ
ニケーション」の効果に関する研究から得られたものである。

3）態度変容の均衡理論

⑴　ローゼンバーグ（Rosenberg, M. J., 1960）の**感情—認知の均衡理論**：態
　度の感情要素と認知要素は互いに密接に関連し、一方が変化すると、他方
　も変化せざるを得ないというように非常に構造化されていると考えられ
　る。すなわち、「態度の感情要素と認知要素が互いに一貫しているときには、
　態度は安定した状態にある。しかし、感情要素と認知要素が相互に一貫し
　ていないときは、その態度は不安定状態であり、再体制化活動が働き、感
　情—認知一貫性を得た状態になる」のである。彼はこの理論に基づいて、
　被験者に催眠術をかけ暗示によって対象に対する感情を変化させた。その
　結果、その対象に対する評価（認知的要素）も感情と一貫する方向へ変化
　することを確認した。

⑵　フェスティンガー（Festinger, L., 1957）の**認知的不協和理論**：この理
　論の背景となっている考え方は“人は自己の意見・態度・知識および価値

の間の内部的調和、無矛盾性ないし適合性を確立しようと努力する"とい
うものである。不協和とは、個人内のいろいろな認知要素の間に、つじつ
まの合わない点や前後不統一なところが存在している状態である。このよ
うな不協和が存在する場合、a. 人はそれを低減させ、協和状態を得るよ
うに動機づけられる。また、b. 不協和を増大させるような情報や状況を、
積極的に避けようとする。たとえば、タバコをすう人が、喫煙は肺ガンの
原因になるという記事を読んだとする。この場合、自分がタバコをすって
いるという行動と喫煙が肺ガンの原因になるという情報とは不協和であ
る。このような認知的不協和は、ちょうど「飢え」や「渇き」がそれらの
低減に向かう活動へと導くように、不協和低減へ向かう活動に導かれる。
すなわち、1つの方向としては、タバコをやめることである（行動を変容）。
タバコをやめることと喫煙が肺ガンの原因になるという情報とは協和的に
なる。他の方向は、どうしてもタバコがやめられないとしたら、喫煙が肺
ガンの原因になるという情報を信用しなければよいわけである（認知を変
容）。このように、われわれは態度と認知や態度と行動との間に協和状態
を保つために、あれこれと態度や行動を変える努力を行なっている。

4．集団行動

レヴィン（Lewin, K., 1951）は、行動（B）は個人（P）と彼の環境（E）と
の関数（f）である、B = f（P, E）、と述べている。ここで、環境とは、さ
まざまな物的ならびに地理的環境条件だけでなく、対人関係やもっと広く集
団の持つ雰囲気など集団の特性も含むものである。個人（P）と彼の環境（E）
とは相互に依存しあう変数である。人間の社会的行動を理解するためには、
この環境を形成している集団について考察しなければならない。

1）対人相互作用

　集団行動の最小要素として、2者相互作用を考えてみる。チボーとケリー（Thibaut & Kelly, 1959）は、**対人相互作用**が、それに携わった個人がそこから得る報酬と損失によって規定されるとしている。つまり、ふたりがお互いに相手の助けとなり、また相手に対して友好的であったり、ないしは彼らが類似の態度を表明するなら、両者は相互作用によって報酬を得る。しかし、両者が相手に対し援助を与えられないか、または一方が他方の不安・不快を引きおこすなら、お互いに損失をもたらすことになる。ある特定の相互作用がその後再び起こるかどうかは、その相互作用に関して、すでに得られた報酬―損失の大小とそれに関するふたりの評価がどうであるかによってきまる。すなわち、ふたりにとって好ましいと評価された相互作用が再びおこる確率は高く、好ましくないと評価された相互作用がおこる確率は低い。特定の相互作用がもたらす報酬―損失の評価は、通例2つの水準に関して行なわれる。1つはそれが満足をもたらすかどうかの基準となるもの（比較水準）、もう1つはその関係にとどまるか離れるかをきめる基準となるもの（他の選択肢に対する比較の水準）である。この2つの水準との関連を通して、2人の相互作用の過程が進展していくのである。

2）集団の形成

　集合状態にある人々が、1つの集団として、**集団**らしいまとまりをもつようになる条件として次のものが考えられる。①人々の間の特性の類似：「類は友を呼ぶ」ということわざが示しているように、年齢・性・興味・価値・性格・行動・特性などの類似性があること。②群居性への欲求：集団へ加入して他の人々とむすびつくことそれ自体が目標であり、しかも満足の源泉である場合。③人々相互の地理的距離：「遠くの親類より近くの他人」といわれるように、空間的に近い場所に住んだり、席を占めている人同士が集団を形成しやすい。④集団のおかれた社会的状況：集団は、集団がおかれた状況

から外部的に規制されて、集団形成を促進し、成員間の相互関係を密にし、内部の結合を固める場合がある。

3）集団の構造化

集団が形成され、成員間の相互作用がある程度続くと、集団内部で成員間の関係が明確になり安定化してくる。これを集団が構造化してきたという。成員Aが成員Bの行動に対して影響をもったり（**勢力構造**）、AがBとコミュニケーションを交したり（**コミュニケーション構造**）、AがBを友人として選ぶ（**ソシオメトリー構造**）といった特徴によって区別される機能的な集団の構造化が行なわれてくる。集団の構造的特性は、個々の成員の行動あるいは全体としての集団の機能や生産性にさまざまな影響を及ぼす。

⑴　勢力構造

集団活動が長期になるにつれて、役割、地位がますますはっきり分化してくる。集団内部に地位の差ができると、集団過程や成員の行動にいろいろな影響が現われてくる。たとえば、一定の役割をとる成員の地位が他の成員に比較して勢力をもつようになる。成員Aが成員Bに対して勢力をもつというのは、Aの行為がBの行動を変容する潜在的可能性を有する場合である。集団内の人間関係に及ぼす勢力の影響について、リピット（Lippitt, R. et al., 1958）は、不適応児童のためのキャンプにおける調査研究で、次のような結果をみいだした。①集団成員は高い勢力をもつ成員の行動に影響を受けやすい。②普通の成員は高い勢力を認められている人々に対して、敬意をいだき相手の承認をもとめる態度を示す。③高い勢力をもつとみずから認知している人々は、他人に影響をあたえる行動をおこす回数も多く、またそれが成功する割合も大きい。④高い勢力を持つ成員たちは、その集団の活動を遂行する技能が優れ、また他の成員よりも、より以上に好かれ、同じ仲間とみられる。

さて、勢力関係で、影響力を生み出す源泉となるものとしてはAとBとの間の次のような関係が考えられる。①**報酬勢力**（AがBに報酬をもたら

すことができるということにもとづく）。②強制勢力（AがBに罰をもたらすことができるということにもとづく）。③正当勢力（BがAはBの行動や意見を指示する正当な権利をもっていると認知することにもとづく）。④関係勢力（BがAにひきつけられる、BがAを好むことにもとづく）。⑤専門勢力（BがAを特殊な知識や専門的技能を持っていると認知することにもとづく）、Bに対してAのもつ勢力が実際に働くのは、AからBに向かってコミュニケーションその他の働きかけがされることによってである。

(2) コミュニケーション構造

　集団行動を全体として進めるのが、成員間のコミュニケーションである。特定の型のコミュニケーション構造が集団にあたえられた場合、集団または個々の成員の行動にどのような影響が現われるであろうか。コミュニケーション構造と集団の生産性との関係について、リービット（Leavitt, H. J., 1951）は、次のような結果をみいだしている。彼は図9－2のような回路構造が、集団における課題解決の効率、成員の満足度に異なる影響を及ぼすことを示した。すべての伝達図路が1つの中心に集中しているX型は課題解決所要時間が少なく、誤りも少なく、高い効率を示したが、成員の満足度は低かった。これに対し、各位置に差異のない円型は、課題解決の効率は低かったが、成員の満足度は高かった。他の2つの型は中程度の効率を示した。

(3) ソシオメトリー構造

　集団における感情構造は、モレノ（Moreno, J. L., 1934）が「社会集団が示す構造化の過程を測定する手段」として考案した**ソシオメトリック・テスト**（sociometric test）によって測定される。このテストの目的は、人と人との

　　円型　　　鎖型　　　Y型　　　X型

図9－2　コミュニケーションの回路構造（Leavitt, H. J., 1951）

心理的なむすびつきを
とらえることにある。
これは、たとえば、「こ
のクラスでだれと隣り
合ってすわりたいか」
というように、集団内
の各成員に対し、特定
の状況ないし活動に関
して、どの成員と行動

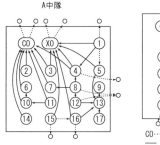

A中隊

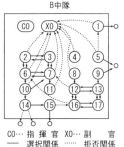

B中隊

CO… 指 揮 官 XO… 副 官
—— 選択関係 …… 拒否関係

図9－3　ソシオグラムの例
（Jenkins, J. G. による図、南博『体系社会心理学』光文社，p352，1949）

を共にしたいかまたはしたくないかを回答させる。これによって成員間の牽
引と反発（好き嫌い、選択と拒否）の関係をみる。そこから、相互に牽引し合っ
ている成員はだれとだれか、だれが人気者（スター）か、だれが嫌われ者か、
孤立者はいるか、集団内にいくつの下位集団が分化しているかなどについて
の情報が得られる。テストの結果は、指数やソシオマトリックスで表わされ
るが、直観的に構造を見るのに便利なのは、**ソシオグラム**（sociogram，図9－
3）である。

4）集団の働き

　集団が集団らしさを作り出し、それを維持し発展させてゆくことに関する
集団の特性には、次のようなものが考えられる。

⑴　集団の凝集性

　いわゆる「団結心」「忠誠心」「連帯感」などに相当するもので、成員をそ
の集団にとどまらせるように作用する諸力の総体である。その強弱は、集団
における成員の行動を強く規定している。**凝集性**が高まるためには、集団目
標がはっきりして、集団内の成員間の関係が協同的で、活動に成員が満足し、
集団内でコミュニケーションが多くの成員相互に交される、などの条件が必
要である。

⑵ 集団規範

　集団が存続していると、成員たちの利害が一致する方向とか強力な成員の示す方向とかへ、とにかく、基準的なものを作ろうとする動きが現われる。このように、共通の基準的行動様式が現われ、やがてそれが成員たちの行動の枠組みとして作用し、強い規制力をもってくる現象を、**集団規範**の成立という。その結果、規範を成員たちが受容したり、受容する方向への言動を示す場合、これが**同調行動**と呼ばれる。さて、集団規範には次のような働きがある。①集団がその目的を達成するのを助けること、②集団が集団としてのまとまりを維持するのを助長すること、③集団成員が自分たちの意見に妥当性や真実性をあたえるのを助けること、④集団成員が自分たちと社会環境との関係をどのように規定したらよいかを考える助けとなること、などである。

⑶ リーダーシップ

　集団の中で、成員Ａが成員Ｂ（ひとりでも、集団全体でもよい）になにか（たとえば、行動）を変化させようという目的で行なうＡの努力を、**リーダーシップ**という。このリーダーシップが集団の中で果たされていく過程には、次のような段階が含まれる。①試みられたリーダーシップ：成員Ａの目標が成員Ｂを変化させることであるとき、ＡがＢを変化させようと試みる過程。②成功したリーダーシップ：Ａの努力の結果、Ｂが現実に自分の行動を変化させる過程。③効果的なリーダーシップ：Ｂの行動変化がＢ自身に満足、報酬または目標達成をもたらす過程。このように、リーダーシップは、①②③の段階を完了して、本当の意味で実現したといえよう。さて、集団内でどういう人がリーダーになるのだろうか。従来、リーダーのもつ性格特徴・身体的特徴などについての研究が数多くなされたが、一貫した結論はみいだされていない。このような個人的条件も、集団内でだれがリーダーになるかをきめるために必要であるが、集団の条件（目標・雰囲気・凝集性など）も重要である。集団のある状況でリーダーになった人が、ほかの状況でもリーダーになるとは限らない。さて、リーダーの役割ないし機能には２つの側面があ

る。集団は普通、ある特定の目標をもち、これを達成しようとする。リーダー
は、まず、こうした目標達成（課題解決）過程をリードする者としての役割
を演じると同時に、集団内部のまとめ役として、成員同士の対人関係を調節
するといった役割がある。この2つの機能を同時にひとりのリーダーがもつ
場合もある。しかし、2つの側面は、比較的独立性が高いので、現実の集団
活動では、普通、これらの役割が異なる個人によって分担される傾向が強い。
そして、このような2つの側面の分化の傾向は、集団活動が進展するにつれ
て、ますます著しくなる。

(4) 集団成員の意識

　社会はさまざまな社会集団（**社会的カテゴリー**）によって構成されている。
そして、社会集団は単独でなく、相互に対抗し、比較しうる集団がある（内
集団と外集団）。社会集団は、それぞれ、構成や目的の他、勢力や地位の点
で他の集団とは異なる独自な特徴（勢力・地位・威信）をもつ。個人は同時
にさまざまな社会集団に所属し、それぞれの時点・状況ごとに、特定の社会
集団に自己を関連づけて、意識し行動している。ある時点で、個人が自己を
関連づける社会集団（社会的カテゴリー）は個人の置かれた状況によって決
定される（Hogg & Abrams, 1988）。

　人は、具体的状況において所属する集団によって自己を認知内に定義して
いる。言い換えれば自己をカテゴリー化している（たとえば、自分は男性で
ある、大学生である、日本人である、など）。その意識（社会的アイデンティ
ティ）が自らを所属している集団（**内集団** in group）の他の成員と「同じ」
である、所属していない別の集団（**外集団** out group）とは「異なる」と知
覚させる（たとえば、男と女）。また個人は自尊心維持のために、多くの場合、
内集団をひいきし、外集団を侮蔑するよう認知している。所属集団の行動様
式（**ステレオタイプ**）に合致した行動をとろうとするとともに、所属集団の
ステレオタイプから逸脱する行動をとる者を排除しようとする（たとえば、
女性が女性らしい行動をとらないものに厳しく当たる、など）。

5．大衆社会現象

1）群集

「カイロで群集が広場を占拠、軍隊と衝突した…」「ロンドンで若者の暴動…」など、**群集**と関係する事件の報道が多く見られる現代社会で、群集行動は1つの社会問題となっている。群集というのは、一時的偶然ではあるが、肩をならべて何かを一緒に行なう人々の集まりである。彼らは、相互に名前も知らず、ほとんど組織的統合性もない状態でありながら、互いにばく然とした一体感を持っている。群集の心理は次のようなものである。①匿名性：群集の中の個人は自分を意識することがなくなり、自分の行動も意識しなくなる。②無責任性：匿名性により、責任感もなくなる。③被暗示性：群集への没入により、意識的個性を失い、自分の性格や習慣にまったく反する行為をも行なう状態になる。④情緒性：単純で誇張的な極端から極端へ走るような感情を示す。⑤非合理性：知的レベルが低下し、無分別無批判になる。ブラウン（Brown, R. W., 1954）は、群集を「活動的」な群集であるモッブと比較的「受動的」な聴衆の2つの型に分けている。さらに、モッブを行動の仕方から、4種類に区別し、聴衆も偶然的なもの（けんかを見に集まった野次馬など）と意図的なもの（演奏会に集まった聴衆など）に分けている（図

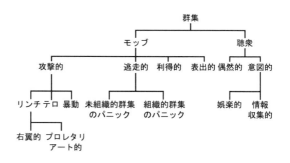

図9－4　群集の種類（Brown, R. W., 1954）

9−4）。現代的群集の形態は、動く群集である人─車集合であろう。人々は、金属のカプセル（車）の中に入ると、理性・親切心・社会性・協力心を失うように思われる。

2）流言

　暴動の前などに、ゆがんだ、誇張された多くのうわさが流れることがある。このようなうわさは、"信じ得る確かな証拠を示すことなしに、人から人へ伝えられる（普通、口伝えにより）特殊な信念や情報"であり、**流言**と呼ばれる。流言が発生し伝わるためには、個人が興味・関心をもつなんらかの重要な主題があり、不安定な環境やできごとのあいまいさという条件が必要である。オールポートとポストマン（Allport & Postman, 1947）は、主題の重要さ（i）とあいまいさ（a）の積に比例して流言の伝わる強さ（R）が決まるとして、R〜i×aの式で表した。この式から、強さかあいまいさか、どちらか一方が0の場合には流言は生起しないのである。つぎに、危機・不安・緊迫のあるところ（戦争・災害など）に最も生じやすい。流言の流れ方は、最初ゆるやかに広がり、次に急激に多くの人々に広げられる。そして、絶頂期を境にして急激な減衰を示すといわれる。流言は、くりかえし伝達される過程で平均化（より短く簡約になり、やさしく理解できる内容になる）され、強調化（内容の中から、いくつかの項目が特に選び出され記憶され強調される）される。

3）インターネット社会

　総務省（2020）は、令和元年通信利用動向調査（住民基本台帳を元に都道府県及び都市規模を層化基準とする層化二段無作為抽出法、全国40,592世帯）から、2019年のインターネット普及率は89.8％（前年比10ポイント増）であり、特に6−12歳及び60歳以上の年齢層での利用が伸びている。端末別インターネット利用状況をみると、「パソコン」が50.4％（同2.2ポイン

ト増)、「スマートフォン」が 63.3 ％（同 3.8 ポイント増）、「タブレット型端末」
が 23.2 ％（同 2.4 ポイント増）で、スマートフォンがパソコンを 12.9 ポイ
ント上回っていると報告している。

　この加速的なインターネットの普及により、個人による情報発信ツールが
身近になり、直接的な従来型の対人的コミュニケーションからネット上のコ
ミュニケーションが盛んに行われるようになってきている。ブログ（Blog）
やフェイスブック（Facebook）などの SNS（ソーシャルネットワーキング
サービス）やツイッター（Twitter）、インスタグラム（Instagram）などの
利用である。

　このように世界的に広がる新たなコミュニケーションツールは、大人やこ
どもを含めて私たちの生活を大きく変化させたが、同時に、様々な問題も引
き起こしている。いったんネット上に情報が上げられると、すぐに削除した
としても、既に多くの人に拡散され、二次的にまとめのサイトなどで元の情
報が取り込まれてしまえば、自分の意図に反してさらなる拡散につながって
いく。

　また、最近よく耳にするネット上での「炎上」もやっかいな現象の１つで
ある。現在、「炎上」については、実に多様な現象に対して使用されており、
未だ統一的な定義はないが、SNS での投稿に対して想定を大幅に超えた非
難や批判、誹謗・中傷のコメントが殺到すること（高橋・檜垣, 2016）、また、
ある人や企業の行為・発信・書き込みに対して、インターネット上で多数の
批判や誹謗中傷が行われること（山口, 2017）などとされている。この「炎上」
は、従来の既存メディアである新聞や雑誌、テレビ、ラジオなどの時代でも
起こっていたが、その（1）拡散力の違い（2）情報発信の容易化（3）批判の
可視化（4）サイバーカスケード（cyber cascade：同じ主義主張を持つ人が
集まり、さらに各個人の意見がより補強され先鋭的になっている状態、集団
極化）の存在が、以前とは異なると指摘されている（山口, 2015）。

　特に、最も身近なツールとして利用されるツイートは、極めて迅速な情報

提供手段であり、このツイートをフォロアーと共有する機能（情報共有手段）であるリツイートにより、急速な拡散につながっていく。ネット上の多くの人々の結びつきを強め、より即時的な情報伝達手段として有効であると同時に、社会的な問題も引き起こす。例えば、人々の間に広まる流言は、情報の（内容）の不確かさ、強い感情を引き起こすメッセージ性、人々の願望や関心事、重大性などの要因が影響すると言われるが、作為的に流されるデマとともに、このツイートのような即時的で広範囲に拡散できるコミュニケーションツールを通じて、容易に伝播させることが可能になっている。

　インターネット上でのやり取りについては、同じ思考や主義を持つ者同士を容易に繋げやすいといった特徴が報告されており、これまでの社会心理領域で研究されている「**集団極化（分極化）：リスキーシフト**[注6)]」や「**情報の偏向：認知バイアス**[注7)]」、さらに、ネット上での「同調行動」の視点を取り入れた研究や新たに展開する情報工学的な「流言・デマの拡散」研究などが近年注目されている。また、緊急事態における人間行動をとらえるため、震災などの災害における情報の伝播を社会心理学的に検討した研究（三浦　他, 2016）のように、現在の地域社会が抱える問題の解決に向けた応用展開を目指す研究も増えてきている。

6．文化

　文化ということばは、さまざまな意味に用いられるが大きく２つに分けられる。１つは、文化人、文化国家、文化生活などの使い方にみられる「豊かなもの」、「知的なもの」といった意味である。もう１つは、もっと幅広く人間が学習によって習得した、いわば生活の仕方のすべてを指すもので、衣食住をはじめ、技術、学問、芸術、道徳、宗教など、物心両面にわたるすべてのものが含まれる。ここでの文化は後者の意味に用い、「特定地域に伝承され、体系化された行動様式」と規定しておく。一般に、子どもがある社会に生ま

れると、その社会の育児様式で育てられ、成人になる。その過程で生活習慣や言語を獲得する。つまり、社会の成員はその社会の文化を習得することではじめて社会生活に適応することができる。人間がこのようにして一人前になっていく過程は**社会化**（socialization）と呼ばれるが、社会化は文化の取り入れ（内面化）に他ならないのである。

　カーディナー（Kardiner, A., 1939）は、フロイト理論を取り入れて乳幼児期における授乳、離乳、排便など育児様式、つまり、文化がその社会に共通のパーソナリティを作り出すものとし、それを**基本的パーソナリティ構造**（basic personality structure）と呼び、生涯、固定して変わらないものとした。これに対し、フロム（Fromm, E., 1941）は、育児法だけが直接的に人間の基本的なパーソナリティを決定するのではなく、社会、経済、イデオロギーなどの幅広い諸因子がその社会に共通なパーソナリティを決定するという。フロムは、同一文化にいる成員の大部分に共通する性格構造を**社会的性格**（social character）と呼んでいる。

注：1）まじめ、暖かい、ユーモアがそれぞれ+3の値をもち、無作法が-2の値をもつとすると、太郎についての印象評価は3+3+3=+9となり、次郎については3+3-2=+4となる。
　　2）太郎については　3+3+3/3=+3、次郎については3+3-2/3= +1.33となる。
　　3）判定者が被判定者のいくつかの特性を、良い、悪いの一般的な印象で判定する傾向（光背効果）。
　　4）個人的経験に基づいて、どの特性がどの特性と結びついているかの先入観をもつことから生じる誤り。
　　5）自分や他人を、望ましい特性については良く評価し、望ましくない特性については寛大に評価する傾向。
　　6）集団極化現象（group polarization phenomenon）は、社会的影響過程の重要な問題の1つで、もともと持っている個々人の意見や判断についての支配的な傾向が討論などの集団的な経験の後に、さらに強められていく現象をいう。集団的な意思決定プロセスにおいては、しばしば極端な意見方向へと集約さ

れやすくなり、よりリスクの大きい方向を選択するリスキーシフトやより安全志向的な方向への変化などが報告されている。

7）社会的認知においては、人に関連したさまざまな認知的な偏りの研究が行われている。たとえば、自分の考えに合致した情報が他の情報に比べ重要であると評価し、自らの考えを証明するために、より選択的に取り込む（収集する）確証バイアスや人の行動や出来事などの原因を探る際に見られる帰属の推論の錯誤やヒューリスティックス（事象全体を考慮せずに一部の顕著な、あるいは、典型的な事例をもとに直感的な判断を下す傾向：第5章参照）などさまざまなバイアスが指摘されている。

発 展

印象形成の2過程　精緻化見込みモデル　援助行動　ソーシャル・サポート　攻撃行動　社会的ジレンマ　マス・コミュニケーション　ソーシャル・ネットワーク　社会的交換理論

引用参考文献

Allport GW & Postman L (1947) *The Psychology of Rumor.* New York: Holt.

Brown RW (1954) *Mass Phenomena.* In Lindzey G (Ed.) Handbook of Social Psychology (Vol. 2). Reading, MA: Addison-Wesley.

Byrne D & Nelson D (1965)"Attraction as a linear function of proportion of positive reinforcements."*Journal of Personality and Social Psychology*, Vol.1 (6)：659–663.

Dutton DG & Aron AP (1974)"Some evidence for heightened sexual attraction under conditions of high anxiety."*Journal of Personality and Social Psychology*, Vol. 30 (4)：510–517.

Festinger L (1957) *A Theory of Cognitive Dissonance.* Stanford: Stanford University Press.

Finkel EJ & Eastwick PW (2015)"Interpersonal attraction: In search of a theoretical rosetta stone."*APA Handbook of Personality and Social Psychology: Vol. 3. Interpersonal Relations.* In Mikulincer M & Shaver PR (Eds.) 179–210; Washington, DC, US: American Psychological Association.

Fromm E (1941) *Escape from Freedom.* New York: Farrar and Rinehart.

Heider F (1958) *The Psychology of Interpersonal Relations.* New York: Wiley.

Hogg MA & Abrams D (1988) *Social Identifications: A Social Psychology of Intergroup Relations and Group Process.* London: Roultledge.

Hovland CI, Janis IL, & Kelly HH (1953) *Communication and Persuasion.* New Haven: Yale University Press.

Kardiner A (1939) *The Individual and His Society: The Psychodynamics of Primitive Social Organization.* New York: Columbia University Press.

Leavitt HJ (1951) "Some effects of certain communication patterns on group performance," *Journal of Abnormal and Social Psychology.* 46 : 38-50.

Lewin K (1951) *Field Theory.* In Cartwright D (Ed.) Social Science. New York: Harper.

Lippitt R, Polansky N, Redl F, & Rosen S (1958) *The Dynamics of Power: A Field Study of Social Influence in Groups of Children.* In Maccoby EE, Newcomb TM, & Hartley EL (Eds.) Readings in Social Psychology (3rd ed.). New York: Holt.

McGuire WJ (1969) *The Nature of Attitudes and Attitude Change.* In Lindzey G & Aronson E (Eds.) The Handbook of Social Psychology (2nd ed.), 136-314. Reading, MA: Addison-Wesley.

Mikulincer M & Shaver PR (Eds.) (2015) *APA Handbook of Personality and Social Psychology* Vol.3. *Interpersonal Relations.* Washington, DC, US: American Psychological Association.

Moreno JL (1934) *Who Shall Survive?* Washington: Nervous and Mental Disease Pub. Co.

Newcomb TM (1960) *Varieties of Interpersonal Attraction.* In Cartwright D & Zander A (Eds.) Group Dynamics: Research and Theory. (2nd ed.), 104-119. Evanston, Ill: Row, Peterson.

Tagiuri R (1958) *Social Preference and its Perception.* In Tagiuri R & Petrullo L (Eds.) Person Perception and Interpersonal Behavior, 316-336. Stanford: Stanford University Press.

Thibaut EC & Kelly HH (1959) *The Social Psychology of Groups.* New York: Wiley.

Rosenberg M (1960) *An Analysis of Affective-Cognitive Consistency.* In Hovland CI & Rosenberg MJ (Eds.) Attitude Organization and Change, 15-64. New Haven: Yale University. Press.

Walster E, Aronson V, Abrahams D, & Rottmann L (1966) "Importance of physical attractiveness in dating behavior," *Journal of Personality and Social Psychology.* (4) : 508-516.

Zajonc RB (1968) "Attitudinal effects of mere exposure," *Journal of Personality and Social Psychology: Monograph Supplement.* (9) : 1-27.

岡部慶三・竹内郁郎・飽戸　弘（編）（1972）『社会心理学』新曜社

総務省（2020）『令和2年版情報通信白書』　日経印刷

総務省 Web サイト　令和元年通信利用動向調査（報道資料）
https://www.soumu.go.jp/johotsusintokei/statistics/statistics05a.html（2020 年 7 月 8 日アクセス）

高橋直樹・檜垣泰彦（2017）「Twitter における感情分析を用いた炎上の検出と分析」『電子情報通信学会技術研究報告』116(488)：135-140.

三浦麻子・鳥海不二夫・小森政嗣・松村真宏・平石界（2016）「ソーシャルメディアにおける災害情報の伝播と感情：東日本大震災に際する事例」『人工知能学会論文誌』31(1)：1-9.

南　博（1949）『体系社会心理学』光文社

山田一成・北村英哉・結城雅樹（2007）『よくわかる社会心理学』ミネルヴァ書房

山口真一（2015）「ネット炎上の実態と政策的対応の考察 ―実証分析から見る社会的影響と名誉毀損罪・制限的本人確認制度・インターネットリテラシー教育の在り方―」『総務省 情報通信政策レビュー』6：52-74.

山口真一（2017）「炎上に書き込む動機の実証分析」『InfoCom review』69：61-74.

Column 5

舌打ち音が生む誤解

野口　智草

　ある日本語教師から「ベトナムで阪神大震災の惨状について学生に話したとき、多くの学生たちが話を聞きながら舌打ちをした。非常に困惑したが、その後、ベトナムでは感嘆や驚きの表現として舌打ちが使われることを知って納得した」という話を聞いたことがある。

　日本人にとっての舌打ち音はほとんどの場合ネガティブな意味合いを持ち、相手に不快感を与えるという認識のもとで使用されている（野口・宇津木，2014）。そのため、この日本語教師が困惑したのも納得がいく。しかし例えば中国語話者でも、舌打ち音は実に多様な意味合いで使用される（美味、賞賛、感嘆や驚き、困惑や不満、満足）（于，2007）。先ほどのベトナムでの例と同様に、日本人とのコミュニケーションでは誤解が生まれやすい。

　私たちが言葉を発する際には、言語的な内容からだけでなく、音声が持つ様々な特徴から実に多様な情報が伝わる。藤崎（1994）は音声に含まれる情報を「言語的情報」「パラ言語的情報」「非言語的情報」に分類している。非言語的情報は話者の年齢、性別、健康状態などのことをいい、パラ言語的情報は、文字言語には表立って表現されない韻律的特徴や声の大きさ、話す速さなど、話者が意識的に制御できるものである。舌打ち音はパラ言語に分類される。パラ言語には例えば他に、間やため息、空気すすり[注1]、口ごもりなどがある。

　非母語におけるパラ言語習得では、韻律的特徴のような流暢さと関連するような要素については教えられているが、舌打ち音のようにほとんど教えられていないものもある。コミュニケーションギャップ[注2]に発展するような文化差を持つものについては、とくに丁寧な教育がなされるべきであろう。

注1) 発話する際、私たちは通常、呼気を用いる。空気すすりは吸気を用いた発声で、例えば「えぇーと、（空気すすり）そうですねぇ」といったように使用されることがある。ただしズールー語などのいくつかのアフリカの言語では吸気を用いた発声が用いられる。

注2) 相互に理解しあうべきコミュニケーションにおいて、その理解の仕方や価値観の相違、情報の不足などにより、食い違いを見せること。

参考文献

于　康（2007）「中国語母語話者の「舌打ち」のコミュニケーション機能について」『EX：エクス：言語文化論集』5：109-134.

野口智草，宇津木成介（2014）「中国語母語話者による舌打ち音に対する日本人大学生の評価」『日本心理学会第78回大会発表論文集』205.

藤崎博也（1994）「音声の韻律的特徴における言語的・パラ言語的・非言語的情報の表出」『電子情報通信学会技術研究報告ヒューマンコミュニケーション』94（217）：1-8.

第10章　コミュニケーション

　われわれは、日常生活の中でコミュニケーションを行っている。例えば、相手が今何をしてほしいと考えているかを推測し、自分の気持ちをどのように相手に伝えるかということは、人間関係を円滑に進める上で不可欠なことである。

　さて、「コミュニケーション」とは一体何であろうか。心理学辞典によれば、「社会的関係が保たれ、相互になんらかの連絡のついていること、情報が相互に伝達されうること」である（外林他, 1981）。また別の定義によれば、「コミュニケーションとは、一定のコンテキストにおいて、メッセージの授受により、人間が相互に影響し合う過程である」（石井他, 1997）とされている。

　コミュニケーションの構成要素は、①送り手、②メッセージ、③チャンネル、④受け手、⑤効果の5つであり、コミュニケーションが成立するためには、一連の過程を構成する要素がすべて必要である（深田, 2010）。

　有名なシャノン（Shannon, C.E.）のコミュニケーションモデルを紹介する。このモデルは、メッセージの送受信の過程において、チャンネルを介して送り手が受け手に対してメッセージを信号に変換し（送信装置）、受け手は信号をメッセージに変換する（受信装置）ことを示したものである。雑音（ノイズ）があるため、時には「メッセージ」が正しく伝わらないこともある。このように、コミュニケーションを行う際には、何らかの「メッセージ」が発信されており、それをどのように受け取るのかが重要である。

　コミュニケーションは大別すると、ことばによる**バーバル・コミュニケーション（言語コミュニケーション）**と、ことばによらない**ノンバーバル・コミュニケーション（非言語コミュニケーション）**から成る。いずれにせよ、「メッセージ」を発信することには違いはないのだが、どの程度影響を及ぼ

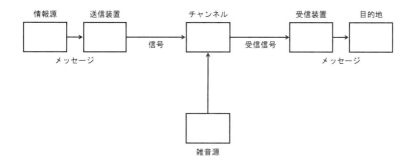

情報源　送信装置　チャンネル　受信装置　目的地

メッセージ　信号　受信信号　メッセージ

雑音源

図 10 - 1　シャノン（Shannon, C.E.）のコミュニケーションモデル（一部改変）

Shannon, C.E.（1948）. A Mathematical Theory of Communication. *The Bell System Technical Journal*, 27, 379-423, 623-656.

すのかという点について興味深い指摘がある。

　ノンバーバル・コミュニケーションの研究者であるバードウィステル（Birdwhistell, R. L.）によれば、「ことばにより伝えられるメッセージは、全体のうち 35 パーセントにすぎず、残りの 65 パーセントはことば以外の手段により伝えられる」という。また、メラビアン（Mehrabian, A.）によれば、ことば以外の手段によるものが 90 ％以上であると推計している。以下ではノンバーバル・コミュニケーションの各要素について述べる。

1. ノンバーバル・コミュニケーション（非言語コミュニケーション）

1）表情

　顔の表情は、その人物が今どのような気持ちであるのかを示す指標となろう。例えば、嬉しそうな顔、怒った顔などその時の状態が反映される。表情を読み取ることは日常生活だけでなく、専門的な仕事の分野でも重要である。例えば医療現場では、患者の症状を判断する際に、表情を読み取ることは大事だと思われる。痛みの程度、緊張や不安の度合いなど、患者の表情からさ

まざまなメッセージが伝えられる。また、医療従事者のちょっとした表情に
も患者は敏感になり、自分の病気の状態を知る手がかりとしている（上野・
久田，2008）。笑いは、人間関係を円滑にするための手段でもあるが、状況
をよく踏まえた上で感情表出をする必要がある。笑いにより、相手が不快な
気持ちになることもあるので要注意である。

　感情表出は、文化を越えて共通しているものであろうか。エクマンとフリー
セン（Ekman & Friesen, 1971）によれば、5ヶ国の学生にさまざまな表情写
真を見せたところ、文化を越えて正しく判断される表情があることがわかっ
た。したがって、笑っている顔を見ると、今その人はきっと幸福に違いない
と解釈されるのである。ところが、それぞれの文化において適切な**表示規則**
（display rules）が異なることがある（第6章を参照）。

　笑いとは本来、楽しい場面でなされるはずであるが、困惑の意味合いや、
照れ隠しとして用いられることもある。われわれ日本人は、不快な感情を表
にあらわさず、あいまいな微笑をうかべることが少なくないようである。日
本人の笑いについて、不可解、不適切だと解釈する人々もいる。

　笑っているから、あの人は楽しいに違いないと思っていても、必ずしもそ
うでない場合がある。表情によって、誤解が生じることもあるだろう。それ
ゆえ、状況、場面に応じた感情表出が求められる。

2）視線

　「目は口ほどにものを言う」ということわざが示すように、目は外界の情
報を収集する器官であるだけでなく、われわれの情報を発信する器官でもあ
る。対人コミュニケーションにおいて視線は重要な役割を果たしている。

　目（視線）が重要なのは、人間だけに限ったことではない。動物の世界でも、
視線は重要な意味を持つ。お互いに見つめ合うことは、特に系統発生的に見
て古い動物では攻撃とみなされる。敵の餌食にならないように、防衛として
模様がついた大きな目玉を持つ動物もいる。このように、動物においては「見

る」ことが一種の緊張状態を生じさせる要因となる。では、人間ではどうだろうか。

　人間では、初期の発達段階から見つめることは慈愛をも意味するようになる。それは、母親が赤ちゃんに授乳する時に対面状態にあるからではないかと考えられている（Argyle & Cook, 1976）。したがって、動物と人間では、「見る」ことの意味合いが少し異なる。

　次に、視線による対人関係の印象への影響について見てみよう。相手からの注視量によって、その人物への印象が変化するという興味深い研究がある。相手から適度な注視を受けると、人は相手に対して好意的な印象を抱く傾向にあるが、他人に過度に見つめられたり、逆に全く見つめられなかったりすると、相手に否定的な感情を抱く傾向にある（Argyle et al., 1974）。両者が親密な関係であれば、お互いに相手を長く見つめる（Rubin, 1970）。つまり、相手をどのくらい頻繁に見るか（回数）、どのくらい長く見るか（時間）によって印象が変化する。

　したがって、適度な**アイコンタクト**（相互注視）をすることでお互いによい人間関係を築き、維持することができる。換言すれば、アイコンタクトが不適切であれば印象が悪くなるばかりか、人間関係に支障をきたす場合もある。

　面接場面を考えてみよう。もし、面接者が、見下ろすような視線で相手に接すれば、相手は面接者を威圧的だと感じ、相手に意思を伝えたいと思っていても遠慮したり、話したくないという気持ちになったりしかねない。「あなたの話をきちんと聴いていますよ。」というような真摯な態度が視線行動にも反映されていないと相手とのコミュニケーションも円滑に行われないだろう。

　また、アイコンタクトの機能として、会話の調整があげられる。会話では、両者が同時に話すことは難しいため、話者の交代という手続きがなされる。その際に、「次はあなたの番ですよ」という時に相手を見るのである。相手

がそのタイミングをうまく捉えて話者となり、会話を続けるのである。

3）まばたき（瞬目）

　まばたきも、印象を操作する一要因である。まばたきが多いと神経質な印象を与える。アメリカで行われた大統領選挙におけるブッシュ対デュカキスの討論中のまばたきの回数は、正常な成人のまばたきに比べて、両者のまばたきは多かった（田多他，1991）。一般に、緊張する場面ではまばたきが多くなることがわかっている。したがって、大統領選挙の討論という場面では立候補者の不安や緊張が、まばたきに現れたのかもしれない。この選挙では、デュカキスよりもブッシュの方が討論中のまばたきが少なかった。この選挙の結果、勝利したのはブッシュであった。

　不安や緊張を示す指標としてまばたきを考えるならば、われわれは、まばたきの多い人よりもまばたきの少ない人の方に対して、より安心感をおぼえるのだろう。

　前項の視線とも関わってくるが、たとえ、相手をよく見ていても、まばたきばかりしていたのでは相手からあまり好印象を抱かれない可能性もある。というのも、先述したようにまばたきが多いと神経質であるという印象を抱かれるからであろう。また、今の状況に集中することが困難だと推測されるからであろう。興味をもっている対象であれば、瞬目率が低くなる、つまり、まばたきが少なくなることがわかっている（Tada, 1986）。

　ただし、反射性瞬目といって、急な音などにより驚いた場合でもまばたきは起こりうるので、まばたきを自分でコントロールすることはいささか難しいものがある。

4）対人距離

　対人距離は、お互いの親密さを測る指標でもある。一般に、相互の距離が近ければ近いほど親密な関係であると考えられる。

文化人類学者エドワード・ホール（Hall, E. T.）によれば、対人距離は以下のように分類される（ホール，1970）。

(1)　密接距離（身体から約45センチメートルくらいまで）

　非常に密接な相互作用を行う距離

　この空間に入ることができるのは、親子や配偶者同士などといった特定の者に限られる。ただし、乳幼児であれば例外的に許される。

(2)　個体距離（約45センチメートルから120センチメートルくらいまで）

　かなり親しい二者の間で行われる距離

　相手に触れることが可能な距離である。

(3)　社会距離（約120センチメートルから360センチメートルくらいまで）

　たいていの二者間の相互作用が行われる距離

　この距離は、例えば面接などの場面に用いられる。

(4)　公衆距離（約360センチメートル以上）

　特定個人との間には用いられない距離

　この距離は、講演者と聴衆との間でなされることが多い。

　対人距離は、相手との人間関係の親疎の程度や、文化によっても異なる。適切な距離で相手に接しないと、誤解を生じかねない。

　一般に、見知らぬ人との間では距離を長くとる傾向にある。また、前節の「視線」のところとも関連するのだが、お互いに距離が近い場合には注視量が減ることがわかっている（Argyle & Dean, 1965）。例えば、エレベーター空間の中を考えてみよう。知り合い同士ならば、会話をすることも可能だが、知らない者同士になるとなかなかそうはいかない。狭い空間であればあるほど、気まずさが生じると思われる。その気まずさを回避するために、お互いに背を向けて心理的距離を長くする。あるいは、天井を見つめることにより、視線を合わせないようにするのである。視線行動と対人距離は密接に関連している。

　エレベーターの空間だけでなく、混み合った電車やバスの中では誰しも不

快感を覚えるだろう。それは、パーソナル・スペースを犯されるからである。誰にも犯されたくない個人的な空間を**パーソナル・スペース**と呼ぶ。一般に、パーソナル・スペースには性差があり、女性の方が男性よりも狭いといわれる（インセル＆リンドグレーン, 1987）。それゆえ、男女間ではパーソナル・スペースの違いによりトラブルが起こることもある。

　二人の人物が座って話をするとき、お互い向かい合う、隣同士並んで座る、90度の位置で座るという選択がある（図10-2）。それぞれ、どのような効果があるのか考えてみよう。向かい合った位置では、競争的場面に適しているといわれる（Sommer, 1969）。また、対面していると、少しあらたまった感じになる。隣

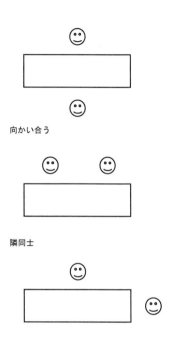

向かい合う

隣同士

９０度の位置

図10-2　座席の位置

同士の位置は、共同作業をするのに向いているといわれる。ただし、隣同士で作業することはお互いに親密な関係でないと難しい。ましてや初対面同士だと、一種の緊張感や不安感が生じる。一方、90度の位置は、隣同士ほど距離が近くはなく、その上対面よりもあらたまった感じがないため、カウンセリングに適しているといわれる。われわれは、適度な距離を好ましく感じ、話しやすい雰囲気になるのかもしれない。

5）ジェスチャー

　ジェスチャーとは身振り、手振りのことをさす。モリス（Morris, D.）によれば、ジェスチャーは、「観察者に視覚的信号を与えるあらゆる動作」と

定義されている（モリス，1980）。

　例えば、親指と人差し指を用いて丸を描く（図10-3-a）。これを「OK」サインとみなす文化もあれば、「お金」、「ゼロ」を表す文化もある。外国語を話す時などのようにことばだけでは説明が難しい場合、しばしばジェスチャーは役立つであろう。

　例えば、「こちらに来て下さい」と相手に伝える場合、われわれ日本人は手を少し挙げた状態で手の甲を上に、手の平を下にし、上下に振る。時には指先だけを用いて上下に振ることもある。ところが、これは英語圏の人には異なった意味にとられかねない。というのも、このジェスチャーは「あちらに行って下さい。」あるいは「さようなら」というジェスチャーとよく似ているからである（図10-3-b）。

　「静かに」というニュアンスを伝える時、人差し指を閉じた唇の上にやる（置く）。ところが、このジェスチャーの仕方は、日本と英語圏の国では少し異なる。英語圏の人は、人差し指で唇に触れる。一方で、日本人は人差し指を少し唇から離す人も多い（ブロズナハン，1988）（図10-3-c）。

　腕組みもまた、メッセージを伝える。経験的にも、腕組みをしている人からは、何か偉そうな印象を受けるだろう。または、その人がネガティブな気分であることも

図10-3-a
「OK」サインのジェスチャー

図10-3-b
「こちらに来て下さい」
というジェスチャー

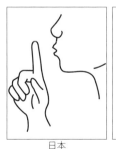

日本　　　　　　　　英語圏

図10-3-c
「静かに」というジェスチャーの文化比較

伺えるだろう。腕組みは「軽蔑」や「執拗な拒否」、「自己防衛」を表す。腕組みと同時に顔をそむけることもある。ただし、寒い時もわれわれはこのようなジェスチャーをする。

　日本人は、自分をさす時に人差し指で鼻のあたりをさす。ところが、このジェスチャーは外国では通用しないことが多い。これは、鼻そのものを指し示すしぐさであって、自分全体をさす場合には、手のひら全体で自分の胸のあたりをさすジェスチャーの方がポピュラーである。

　アメリカでは中指を立てるジェスチャーは「侮辱」を意味する。

　このようにジェスチャーにはさまざまな種類がある。そして、同じジェスチャーでも文化により、意味が異なるものもある。

　これまで見てきたのは、主として手や腕を用いたジェスチャーであるが、頭を動かす種類のものもある。それはうなずきである。会話中におけるうなずきにはどのような効果があるのだろうか。話し手の立場だと、聞き手がうなずいていれば、自分の話を理解してもらえたとか、自分の話に対して満足しているというポジティブな手応えを感じるだろう。つまり、聞き手のうなずき加減を見ながら、話し方や話の内容を調整しているものと思われる。もしも、聞き手が全くうなずかないと、話し手は自分の話が伝わっていないのではないかと不安になるかもしれない。一方、聞き手は、無意識にうなずいている場合もあるだろうが、「あなたの話を一生懸命聴いていますよ」という積極性を示す手段として、意図的にうなずきを用いることもある。少なくとも、うなずくことは「同意」や「好意」の現れといってもよいかもしれない。

　一般に、うなずきは頭を上下に動かして、「Yes」というメッセージを伝える。一方、頭を左右に動かすと「No」というメッセージを伝えることになる。

　さて、日本人は外国人に比べ、よくうなずく国民だといわれる。よく観察していると、相手がそこにいなくても、電話先の相手に対してうなずいている人がいる。日本に長く住んだ留学生が帰国すると、「どうして話の間中、

頭を振っているのか」と不思議がられることがある。

6）声

われわれがことばを発する時、ことば（話の内容）だけでなく、どのような声の調子や大きさで話すのかは重要である。例えば、相手の様子をみて、優しい口調で話したり、力強い声で話したりするといったように調整する必要がある。抑揚、テンポ、高低など声の調子により、同じことばでも意味合いが異なってくる。そのような判断が職業上重要になる場合がある。患者に「お加減はいかがですか？」と聞いたら、「大丈夫です。」と返答されたとしよう。「大丈夫です。」という場合、文字通り本当に大丈夫であるのか、それとも我慢しながら「大丈夫です。」といっているのか、声の調子で判断する必要がある。質問に対し、声を発するのがやっという場合もあるだろう。また、例えば患者のベッドサイドであまりにも大声を出せば、患者はびっくりしてしまうだろう。病状など他の人には知られたくないと思う場合、医師が部屋にいる人全員に聞こえるくらいの大きさの声でしゃべれば、患者や患者の家族は配慮が足らないと思い不快になる。一方、小さい声では相手が高齢者の場合、聞き取れない場合もある。このように、声の調子や大きさは、状況に応じて適宜調整しなければならない。

声から、さまざまな情報がわかる。例えば、性別や年齢、出身地までもある程度わかるのである。子供の声や女性の声は高い。また、各方言により抑揚が異なる。したがって、本人に会わなくても、電話だけである程度、相手の属性を推測できる。「若い女性の声だった」とか「どうやら関西の人らしい」という具合である。

話者の識別も声から可能である。何回か話をすると、声の特徴を覚えるのである。だから、「廊下でAさんの声がした」とか「Bさんが騒いでいる」ということが室内にいてもわかる。

7）接触（タッチング）

　対人接触については、性差や文化差があるといわれている。一般に女性の方が男性よりも触られやすい（Jourard, 1966）。また、幼い子供は、しばしば養育者などにより触られる機会が多い。例えば、われわれは、よく幼い子の頭を撫でたり手をつないだりする。子供を養育するにあたり、接触は大事な要素だと思われる。乳幼児が母親に接触するのは主としてミルクをもらうためだと考えられていたが、実は接触することで心理的な安堵感を得ていると考えられる。ボウルビー（Bowlby, J. W.）の**愛着理論（アタッチメント）**からもその接触の重要さは納得できる（詳細は第7章を参照）。実際、痛い思いをしたり辛い思いをしたりすると、乳幼児はすぐに母親に接触したがることを、われわれは経験的によく知っている。

　日本人は接触行動が少ないといわれている。したがって、海外に行き、異なった文化に属する人々から挨拶として抱擁を求められると、困惑することがある。

　医療行為や理髪など職業として相手に接触する場合もある。特定の職業でなければ、知らない者同士が身体を接触することはまれである。ただし、混雑した電車内などで、やむを得ず相手の体に接触する場合がある。

　一方で、親しい仲であれば接触が頻繁に行われるであろう。接触もまた、親密さの指標といってよいであろう。

8）色彩

　色彩も非言語的要素のひとつとして考えてもよいであろう。原色のような鮮やかな色もあれば、淡い色（パステルカラー）もある。色の好みはさておき、色彩も例えば、病院で使われている色と、飲食店で使われている色では目的が異なる。

　飲食店では、主として食欲をそそるような色使いが望ましいとされている。より料理が美味しそうに見えるように、照明、配色なども工夫されている。

一般に、赤や橙のような暖色系は食欲をそそるといわれている。一方、青は食欲がなくなる色だといわれている。

　また、ファストフード店などでは、お客の回転が速くなるよう、あまり長時間くつろいでいられないような配色でインテリアが作られている。

　一方で、病院の待合室、診察室などのカーテンや壁の色などは、患者の気持ちに何らかの影響を及ぼすと思われる。何か重篤な病気ではないかと不安を抱きながら過ごす待合室は、和やかな雰囲気、安心できる雰囲気のする色合いが適している。原色より淡い色合いの方がより効果的であろう。このように、利用目的に合った色選びをする必要がある。

　以上、主としてことばによらないノンバーバル・コミュニケーションについて概観してきた。ノンバーバル・コミュニケーションの要素は、上にあげた以外にも存在する。コミュニケーションにおいてノンバーバル・コミュニケーションの影響力は大きいと思われる。ただし、そうはいっても、ことばでしか伝えられないこともある。次は、ことばによるバーバル・コミュニケーションについて考えてみよう。

2．バーバル・コミュニケーション（言語コミュニケーション）

1）シンボル（記号）とコミュニケーション

　コミュニケーションには、先に述べた「ことば」以外の要素も大事であるが、自分の意思、考えを相手に伝える時は、やはり「ことば」が必要である。

　ことばは恣意的に決められたシンボル（記号）の体系である。ことばとそれが指し示すものとの間の関係は、ただの取り決めごとにすぎない。

　例えば、身近に存在する「食卓」「茶碗」にしても、また「幸福」「健康」などのような抽象的なことばにしても、別の取り決めをして「本」「椅子」、「平和」「静寂」と呼んでもよいのである。これらの取り決めはすべて学習によっ

て身につけるものである。

　われわれは、幼少の頃から物の名称や概念を表すことばを学んでいく。ことばの意味を理解した上で、相手に自分の気持ちを伝えたり、お願いしたりすることが可能になる。ただし、ことばの意味は同一の言語文化内で共通して認識されていても、そのことばが指し示すものには、あいまいなもの、抽象的なものも含まれているため、同じことばでも、そこからイメージされるものは人それぞれに異なる。

　例えば「机」といっても、A さんは会議用の長机を連想し、B さんは食卓を思い浮かべるかもしれない。「幸福」ということばについては、A さんは、「幸福」といえば、自分自身が毎日豪華な衣装をまとい、一流シェフの作ったごちそうを食すことだと考えるかもしれない。B さんは、世界中の人が争うことなく、安心して生活することだと思うかもしれない。

　したがって、取り決め事を知っていても、シンボル（記号）のもつあいまいさのために、また、個人が連想する事物が異なるために、コミュニケーションにおいて誤解が生じることがある。

　言語コミュニケーションを考える上では、このように個人差も一因となるが、性差や文化差も大事な要因となっている。

2）コミュニケーションと性差

　一般に、コミュニケーションの仕方、とり方には性差があるといわれている。まずは、性差から見てみよう。

　男性は、問題解決型のコミュニケーション、女性は、おしゃべりが目的のコミュニケーションであるともいわれる（バロン＝コーエン，2005）。ただし、個人差の問題も当然生じると思われるので、ここでは、一般論として前者を男性型コミュニケーション、後者を女性型コミュニケーションとし、述べるとしよう。

　男性型コミュニケーションをとる人と女性型コミュニケーションをとる人

が会話を始めると、しばしばギャップが起こると予想される。女性型コミュニケーションのスタイルをとる人は、相手とじっくりおしゃべりをしたいと思っている。結論は何か、問題は何か見つけ出そうとする男性型コミュニケーションのスタイルをとる人が女性型コミュニケーションをとる人と話をする場合、話の最後まで聞いても、特に解決すべき問題もなければ結論もなく、結局何の話かよく分からず、「あの人とはうまくコミュニケーションがとれなかった」と思うかもしれない。

　一方で、男性型コミュニケーションスタイルであれば、問題解決型であるので、理路整然とした話し方をする人もいるだろう。そのような話し方に、女性型コミュニケーションをする人は戸惑うかもしれない。用件はわかりやすいのだが、用件が終わるとそそくさに会話が終わり、もう少しおしゃべりして仲良くなりたいと思っていてもそれができず、物足りなく感じるのである。

　タネン（Tannen, D.）によれば、女性はプライベート・スピーキング（私言）の場でよくしゃべり、男性はパブリック・スピーキング（公言）の場でよく話すという（タネン，1992）。家庭では寡黙な亭主も、公的な場があれば、そこでよく話すのである。一方、家庭では延々としゃべり続ける奥さんも、人前になると遠慮しがちになり寡黙になる。

　また、女性は男性に比べ、スモール・トーク（無駄話）をよくするといわれている。日常生活における些細な出来事の詳細も、会話としては重要なのである。

　一般に、秘密事を相手に打ち明けると、相手との親密度合いが高まるといわれている。これは、自己開示のひとつであるのだが、コミュニケーションについてもあてはまるだろう。男性も女性も、会話の相手が女性であれば積極的に秘密を打ち明けるが、男性同士だと親密さを表す言葉をほとんど使わないという（バロン＝コーエン，2005）。うわさ話をするのも、秘密事を打ち明けるのと同様に、相手との親和関係を深める機会になる。

男性同士の話題、女性同士の話題にも、違いが見受けられる。女性同士であれば、たとえ初対面であっても服装やアクセサリーなど、お互いに褒め合うこともある。一方、男性同士では初対面であれば、まずこのような話題になることはないだろう。

　さらに、会話の内容も、男性と女性ではいささか異なるようである。男性は、政治、経済、スポーツなどパブリックな（公的な）ニュースを追うのに対し、女性は、身近な人の生活の詳細などプライベートな（私的な）ニュースを追うという（タネン，1992）。

　また、職場の管理方法にも性差はあらわれるようである。女性の管理職は部下を叱る場合でも強くいいすぎないよう配慮したり、仕事を進める際には部下と相談したりする。一方で、男性の管理職では、一方的に指示を与え、業務中心に行いがちである（バロン＝コーエン，2005）。

　このように見ていくと、言語コミュニケーションも性差に考慮しながら、適宜調整することが求められる。

　コミュニケーションにおいて問題となるのは性差だけではない。文化差も非常に大事な要因である。次は、文化差について説明する。

3）コミュニケーションと文化差

　ホール（1979）によれば、コミュニケーションにおいて状況依存の度合いが高い文化を、**高コンテキスト文化**と呼び、状況依存の度合いが低い文化を、**低コンテキスト文化**と呼ぶ。コンテキストとは、コミュニケーションが起こる物理的、社会的、心理的、時間的な環境（その場の雰囲気や状況、言語外の意味、相手とのつながりなど）のすべてであるとされる。

　高コンテキスト文化では、「行間を読む」「いわなくてもわかる」などというように、相手に、自分の意思を一から十まで言葉に出して伝えることはない。したがって、少ない言語情報から、状況に応じて相手の意思を推察することが望まれる。

日本は、高コンテキスト文化であるといわれる。したがって、詳細を説明しなくても、相手がそれとなく察してくれるのを期待する。誰かに、何かをお願いする場合でも、高コンテキスト文化の特徴があらわれる。

　Aさんが Bさんに、「お礼の品を適当に買っておいてくれる？」といったとしよう。「適当に」というのは、その場の状況、つまりお礼の品にふさわしく、また相手に失礼のない金額や種類のものを、決められた期日までに買っておくということを示唆する。「適当に」が示唆する内容を理解するためには経験によるところが大きい。高コンテキスト文化では経験の重なりが大きいため、状況を踏まえて判断することが可能である。Aさんが買ってきて欲しいと期待したお礼の品と、Bさんが実際に買ってきたお礼の品は、よく一致するのである。

　一方、アメリカに代表される低コンテキスト文化においては、一から十まで相手に説明する必要がある。自分の意見を明確に伝えることが求められるので、相手が自分の意図を推察してくれるだろうという期待を持ってあいまいな表現をすると、誤解を生じかねない。したがって、相手に正しく伝わるような詳細な説明が必要になる。例えば、相手を説得するためにはどのようにしたら効果的か、自分の主張をどうしたら明確にできるかなど考えなければならない。さきほどの例であれば、「今週中に、お礼の品として○○の店で 20 ドルのチョコレート・ボックスを買っておいてください。緑のリボンをかけてもらうのを忘れないように」というような具体的な指示が必要となる。

　日本文化は、状況に依存しているために、正確な情報を相手に伝えるという点がやや欠けていると思われる。また、日本人は、謙遜の表現をしばしば用いる。例えば、「すみません」「つまらないものですが…」「愚息」などといった表現である。実際、本人は相手にすまないとか、渡す品物がつまらないものであるとは思ってはいないのである。いくら自慢の息子であっても、「愚息」とへりくだる。そこに、日本人の謙遜文化が反映されている。謙遜表現を用

いることで、日本人の奥ゆかしさがでてくるのである。

　一方、ことばをことば通りに受け取る文化の人は、日本人のそのような表現の真意を理解することは難しい。つまらない品物ならばわざわざくれなくてもよいのにと思うだろう。

　「よろしくお願いします」や「お世話になっております」という表現も、日常で頻繁に交わされる表現である。特に、このことば自体が特別な意味を持つわけではないのだが、常套句になっているので、省略すると違和感がある。

4）「正確さ」とコミュニケーション

　先述したように、日本の文化においては、状況に応じて相手にそれとなく察してもらうという方法でコミュニケーションがなされることが多い。しかしながら、特に自分の意思をはっきりと相手に伝えたい時は、ことばで「正確」に伝える必要がある。内容が相手に正確に伝わっていないと、お互いに不都合が生じることになる。例えば、「8時に駅で待ち合わせましょう。」といわれたとしよう。朝の8時か、夜の8時か、この文脈ではわからない。また、駅のどこで待ち合わせるのかも不明である。このような場合だと、相互に思い違いをする可能性があるため、きちんと「ことば」で「朝の8時に○○駅の西口改札口を出たところで待ち合わせましょう」などと補足説明をする必要がある。

5）「お願い」のコミュニケーション

　われわれ人間は、自分の欲求を満たすためにコミュニケーションをとることが少なくない。自分ではできないことを他者にお願いする場合を例にとってみよう。

　Aさんは上司からデータ処理を頼まれたのだが、その仕事の内容は自分の苦手分野であり難しい。そのままその仕事を引き受けても、時間ばかりか

かる上、上司の期待通りにできない可能性が高い。一方、同僚のＢさんにとっては、データ処理は得意分野である。そのような場合、一般的には、Ａさんが事情を説明してＢさんに仕事を代わってくれるようにお願いすれば効率的であると思われる。

　さて、お願いの仕方にはいろいろな方法がある。相手に気持ち良くお願いを聞いてもらえれば、自分にとっても相手にとっても好都合である。そのためには、「丁寧」にお願いすることが必要である。丁寧にお願いしないと、ともすれば命令になってしまうのである。

「Ｂさん、データ処理をやって。」
「Ｂさん、データ処理をやって頂けませんか。」
「Ｂさん、お忙しいところ恐れいりますが、データ処理をやって頂けませんか。」

　このように、丁寧な表現をすると、必然的に長くなる。自分ではできないことに関しては、多少コストがかかっても丁寧にお願いした方が、お願いを聞いてもらいやすい。

　また、お願いする際には「丁寧さ」も必要だが一方で、特に、伝達内容が緊急を要する場合は、丁寧さは必ずしも必要ではない。この場合は、短時間で簡潔に伝えることが大事になってくる。

　例えば、近所で火事が起こった場合、「火事だ。逃げろ。」で十分内容は伝わる。これを「お忙しいところ恐れいります。只今、近所で火災が発生しております。大変お手数でございますが、お逃げ下さいますようお願い申し上げます。」などと、丁寧に伝える必要はないのである。

　したがって、場合によっては「丁寧さ」は必要がないものの、「正確さ」というのは、言語コミュニケーションにおいて共通して重要である。

発 展

アサーティブコミュニケーション　異文化コミュニケーション

引用参考文献

Argyle M & Cook M (1976) *Gaze and mutual gaze.* Cambridge University Press.

Argyle M & Dean J (1965) "Eye contact, distance and affiliation," *Sociometry.* 28: 289-304.

Argyle M, Lefebvre L, & Cook M (1974) "The meaning of five patterns of gaze," *European Journal of Social Psychology,* 4 : 385-402.

Ekman P & Friesen WV (1971) "Constants across cultures in the face and emotion," *Journal of Personality and Social Psychology.* 17 : 124-129.

Jourard SM (1966) "An exploratory study of body-accessibility," *British Journal of Social and Clinical Psychology.* 5 (3) : 221-231.

Rubin Z (1970) "Measurement of romantic love," *Journal of Personality & Social Psychology.* 16 : 265-273.

Shannon CE (1948) "A Mathematical Theory of Communication," *The Bell System Technical Journal,* 27 : 379-423, 623-656.

Sommer R (1969) *Personal Space: The Behavioral Basis of Design.* Englewood cliffs, NJ: Prentice-Hall.

Tada H (1986) "Eyeblink rates as a function of the interest value of video stimuli," *Tohoku Pyschologica Folia.* 45 : 107-113.

石井　敏・久米昭元・遠山　淳他編（1997）『異文化コミュニケーション・ハンドブック』有斐閣

インセル PM & リンドグレーン HC（1987）『混み合いの心理学』辻　正三・渋谷昌三・渋谷園枝訳 創元社（Insel PM & Lindgren HC (1978) *Too close for comfort: The psychology of crowding.* Englewood Cliffs, NJ; Prentice-Hall）

上野徳美・久田　満（2008）『医療現場のコミュニケーション－医療心理学的アプローチ－』あいり出版

外林大作・辻　正三・島津一夫・能見義博（編）（1981）『誠信　心理学辞典』誠信書房

田多英興・山田冨美雄・福田恭介（編）（1991）『まばたきの心理学』北大路書房

タネン D（1992）『わかりあえない理由－男と女が傷つけあわないための口のきき方 10 章－』田丸美寿々訳　講談社（Tannen D (1990) *You Just Don't Understand:*

Women and Men in Conversation. NewYork, NY: HarperCollins.）

鍋倉健悦（1997）『異文化間コミュニケーション入門』丸善ライブラリー

バロン＝コーエン S（2005）『共感する女脳、システム化する男脳』三宅真砂子訳　NHK 出版（Barron-Cohen S（1995）*The essential difference: Men, women and the extreme male brain.* Allen Lane）

深田博己（2010）「コミュニケーションの心理学」海保博之編『わかりやすさとコミュニケーションの心理学』22-40　朝倉書店

福井康之（1984）『まなざしの心理学』創元社

ブロズナハン L（1988）『しぐさの比較文化』岡田妙・斎藤紀代子訳　大修館書店（Brosnahan L（1985）*Japanese and English gesture: Contrastive nonverbal communication.* Tokyo: Taishukan Pub. Co.）

ホール ET（1970）『かくれた次元』日高敏隆・佐藤信行訳　みすず書房（Hall ET（1966）*The hidden dimension.* New York, NY: Anchor Books.）

ホール ET（1979）『文化を超えて』岩田慶治・谷　泰訳　TBS ブリタニカ（Hall ET（1976）*Beyond culture.* New York, NY: Anchor Books.）

モリス D（1980）『マン・ウオッチング－人間の行動学－』藤田　統訳　小学館　（Morris D（1977）*Manwatching.* New York, NY: Harry N. Abrams, Inc.）

ヴァーガス MF（1987）『非言語コミュニケーション』石丸　正訳　新潮選書（Vargas MF（1987）*Louder than words: an introduction to nonverbal communication.* Ames, IA: Iowa State University Press）

第11章　食と人間関係

1．はじめに

　何をどう食べるかは、いつも自分の好みや自分の要求にだけ従っているわけではない。これを食べたいが、今は、こっち。本当はたくさん食べたいけど今はちょっと。自分の好みのものだし、体調も悪くないけどこの状況ではまったく食べる気がしない。あれ？前から大好きなものだし、おいしいはずなんだけどなぜかそう感じないぞ。などなど。実は、人の「食」には秘密がある。自分の要求の他に、食べる環境や状況、そして、何かしら「他者の存在」を意識する私たちの特徴によって、「人の目を気にする」という社会的動物らしい行動的側面が食行動にも影響しているのだ。

　この章では、食の研究領域の紹介、人とともに食事する際の人間行動の特徴、私たちの食べ物についてのおいしさ評価など日常生活に密着した話題について、心理学や社会心理学の応用の側面からみていこう。

2．「食」の事情と研究領域

　特に、最近は、「食」が健康的な心身の育成や基盤作りにとても重要であるのに、質・量・バランスなど、適切なレベルに達しなかったり、食事そのものを軽視する傾向が続いている。これまで当然のように考えていた食生活が変化し、忙しい毎日の中で「食」への配慮が足りなくなったり、「食」への意識が低下してしまい、社会的にも強い憂慮と危機感を生み出している。

　少し固い話になるが、こうした危機感から、平成17年には、食生活の見直しと健全なあり方に関する活発な議論を経て、「食育基本法」の制定と施行（最終改正平成27年9月）に至っている。また、これに伴う食育推進会議

によって、「食育推進基本計画」が決定され、地域、家庭、教育現場での食育実践が開始されている。「食育」は、生きる上での基本であり、知育、徳育及び体育の基礎となるべきものと位置付けられ、以後、さまざまな経験を通じて「食」に関する知識と「食」を選択する力を習得し、健全な食生活を実践することができる人間を育てることを推進することが求められてきたのである。ここのところ、特に食に関わるイベントや、地産地消を旗印に地域特産の食材を使った料理の普及活動、伝統料理の調理指南や試食会などの開催が多くなったと感じている人もいると思う。今も継続して、食のあり方の理論的知見と枠組み、実践のための方法論など、より成果のある食育活動が模索されているのである。

　食育推進評価専門委員会の中間とりまとめ（平成 25 年 10 月）によると、今後の食育の取組において重要であると考えられる事項として、家庭での取組に対する支援、食に関する科学的な知識の普及と個人に伝わり行動につながる仕組みづくり、食育を取り巻く社会環境（家庭、職場、地域、経済等の環境）に対するアプローチ、地域のボランティア等の育成支援、活性化、食育関係機関と保育所、幼稚園、学校等の連携強化や各関係機関や団体間の連携強化などがあげられ、将来的に、食育を推進するための活動については、高齢者、男性への支援も重要な課題として位置づけている。

　現在は、第 2 次食育推進基本計画（平成 23 年度から 27 年度まで）を経て、第 3 次食育推進基本計画（平成 28 年度から令和 2 年度）に至っている（平成 28 年 4 月より食育推進事業は内閣府から農林水産省に移管）。その基本的な方針は、キーワードとして "多様な関係者のつながり" "連携・協働" "食や世代の循環" があげられ、多様な関係者が連携・協力して食育関連施策の実効性を高めていくには、食を通じた人づくり、地域づくりを可能とするネットワークの構築が必須とした上で、若い世代、子どもの食育、現在の家族形態の多様化に対応した地域も含めた食育の推進、食環境づくり、健康面に配慮した減塩、伝統的な食生活や食事の作り方の伝承、食育活動における各団

体間の連携に重点がおかれている。

　「食」に関わる研究領域は極めて学際的である。生理学、栄養・調理学、心理学、作物・農業系の領域や健康科学など、多種多様な学問領域から研究されている。たとえば、最も身近な日常の光景、自分の目の前のものを食べる行為について、視覚、味覚、嗅覚、テクスチャー（手で触れ、口に入れたときの感覚や咀嚼あるいは嚥下の際の感覚）など感覚的な視点から探求するものがあるし、その食材に含まれる栄養やその調理法、健康との関係を追究する領域もある。また、その食材の生産や消費という点からみていく分野もある。心理学で言えば、人は、食べ物をいかに味わい、どう感じて（評価）、どのような行動をとるか、食事の環境も含めた人間の心理や行動（食行動）を中心にしている。

3．心理学領域における食行動研究

　さて、心理学の領域ではどのような研究がおこなわれているのか。人間と食との関係を整理しながら、その主な研究をあげていこう。

1）人間と「食」

　個人（O）にとって、目の前の食べ物は、それ自体の味や匂い（味覚・嗅覚）、テクスチャーが重要になる（図11－1参照）。味覚・嗅覚はもちろん視覚（色形などの外観）、聴覚（周囲の環境音、咀嚼するときに発生する音など）や触覚などさまざまな感覚器官を通じてサーチされ、より高次の思考を含む認知的要素、感情（情動、気分）の状態、摂食への動因、体調などが媒介する。加えて個人の性格的な特性や態度なども関与する。食べ物の刺激の他に、物理的、社会的、文化的なさまざまな刺激（S）がこの個人（O）を通して、多様な反応（R）となって現れてくる。何を、どれほど（量）、いつ（時間）、誰と、どこで（場所）、どのように食べるか、それはどれほどおいしいのか（評価）

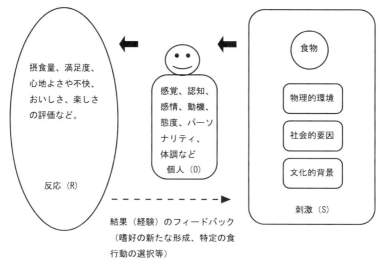

図 11 － 1　人間と「食」

などの反応である。人間の食に関する心理と行動は、多面的で複合的な視点でみるときに、より現実的な理解ができるのである。

　これまで、食行動には多様なタイプが示されてきた。たとえば、外発的摂食、情動的摂食、抑制的摂食（Van Strien, Frijters, Bergers, & Defares ,1986）、体の求めに応じて食べる生理的摂食，快感を求めて食べる感覚感情的摂食、知識や自分の信念に基づいて食べる認知的摂食、恐怖や不安を軽減するために食べる情動的摂食、良好な人間関係を形成・維持するための社会的摂食（今田, 1992）などがあげられている。いずれも相互に関連し、一つのタイプが単独で出現するというより複合的に関わる場合が多いと考えられている。

2）子どもと「食」

　就学前までに多くの子どもたちは、大人の食事に出される食物を初めて経験させられる。そしてこの食物付きの初期経験は、この期間に形成された好みが成人期に入ってもかなり持続すると考えられるから、特に重要である。

バーチ（Birch, L. L.）は、就学前の子どもたち39名（2歳～4歳児、男19名、女20名：中間層の家庭）に、9つの野菜（トウモロコシ、ニンジン、エンドウ豆、セロリ、サヤインゲン、ブロッコリー、カリフラワー、ビート、マッシュルーム）への好みを評価させ、その後、自分と反対の好みパターンをもつ、3人あるいは4人の同輩と一緒に野菜を食べさせられた。結果のデータは対象児の食物選択、好みと消費量パターンが他の子どもたち（**同輩モデル**）のそれによって強く影響を受けることを示した。つまり、対象児の17人に12人は非常に好ましい食物が目の前にあっても、同輩モデルの行動を見たことで、自分が好まない食物であっても選択して食べる傾向が増加したのである。さらに、この同輩の**モデリング**によって年上の子どもたちより年下の子どもがより多く影響を受けた（第3章の**社会的学習**を参照）。

　また、バーチら（Birch, L. L., Zimmerman, S. I. & Hind, H., 1980）は、社会経済的変数をマッチングさせた就学前の子どもたち（64名：すべて中間層の家庭）に、ピーナッツや種無しレーズン、クラッカーなどのスナックを使用して、食物の好みの形成に対するいくつかの社会的－情動的の提示文脈の効果を調査した。

　初めに、スナックの食物に対する子どもたちの好みが査定され、中立的な食物が選択された。各々16人の子どもたちが次の条件の一つに参加し、（1）子どもたちの行う行為の報酬として、（2）短い会話をしながら大人から手渡される、（3）非社会的の文脈の中で、（4）おやつタイムに、のいずれかでスナックを食べた。

　結果、食物を報酬として提示された場合や大人との相互作用を伴う条件で有意に好みを増加させ、この実験のあともその好みは6週間ほど持続した。

　対照的に、食物が非社会的な文脈の中で、あるいは単におやつタイムで提供されたときは、好みについて、一貫しない変化が示された。

　これらの研究は、特に、食物が提供される社会的－情動的文脈が幼い子どもたちの食物好みの形成の過程で極めて重要な要因になることを示唆してい

るのである。

3）社会的影響過程としての食行動

　実際、食行動には人間の様々な社会的側面が関係する。周囲の人と一緒に生活する現実の社会的空間（人間が認識する社会的リアリティ）の中で、自分の行動は意識的・無意識的に他者からの影響を受けているのである。こうした人間の**社会的影響過程**は、双方向であり、当然、自分が他者へ影響を与えることも含まれる。他の人と自分との関わり（相互作用）がいろいろな認識や行動となって現れているのである。ここで、食行動を理解するための主な社会心理学の基礎理論を簡単に紹介しておこう。

(1)　社会的促進

　私たちの日常の生活には、通常、だれもいないところで単独で判断したり行動する場面と、同じ空間と時間を共有する自分以外の誰かとともに行動する場面が含まれている。つまり、自他が区別され、自分以外の認識可能な他者がそこにいるという感覚である。

　社会的促進（Social Facilitation）は、他者のいるところで何か作業を行ったり（**観衆効果**：Audience Effect）、他者と同じ行為をしている（**共行為効果**：Coaction Effect）ときに、その個人の行動や成果が促進される現象をいう。

　動物における食行動では、生理・生物学での鶏、メダカ、ネズミなどの動物実験で、一個体よりも他の個体と一緒に生活させることで餌を食べる量や成長の度合いが加速されることを示す研究が多く報告されている。

　たとえば、ハーロー（Harlow, H. F., 1932）の実験では、個別に食事（トウモロコシ）をさせた白ネズミより、他の白ネズミと一緒（集団：5匹）の条件で食事したネズミが餌をより多く摂取し、個別ではゆったりと食事したが、集団条件では、せわしなく競争した状況が生み出された。また、2つの実験条件（単独と集団）を交互に組み合わせて餌を与え、その摂食の量を比較したところ、単独条件では摂食量の増加があまりみられないが、集団で飼育さ

れる条件では、著しくその量を増加させた。

　彼は一連の７つの実験を通して、食物の摂取が実際の内受容的刺激（Interoceptive Stimulus）による以上に、外部状況によって決定される可能性を示唆している。

　単独ではなく他者とともにいることで引き起こされる現象、つまり、人の社会的促進については、特に社会心理学の領域で基礎的な研究が行われてきた。ザイアンス（Zajonc, R. B., 1965）は、「社会的促進の動因理論」を提唱し、単に他者が存在するだけでも人の覚醒水準を高め、促進効果を引き起こすことが可能であるとした。その後、数多くの促進現象に関する研究を促すことになるが、たとえば、他者の存在だけでなく、正・負の結果を予期すること、すなわち、評価への懸念こそが社会的促進の重要な要因だとする（Cottrell, 1972）もの、ハントとヒラリー（Hunt, P. J. & Hillery. J. M., 1973）の迷路課題（単純・複雑）の実験のように、遂行する際に、「単独」と「３人一緒」の条件（共行為条件）を設定し、単純迷路では、共行為条件の参加者の方が１人で行なうよりも誤りが有意に少ないが、逆に、複雑迷路では、１人で行なった参加者が共行為条件の参加者よりも誤りが有意に少なかったと報告する研究もある。つまり、十分に学習された反応は、観察者のいるところで促進されるが、新しい反応の獲得は、逆に妨害されるというものである。他者とともにいる環境では肯定的な結果だけではなく、ネガティブ（抑制的）な反応（成果）が引き起こされる（社会的抑制）場合もある。単なる遂行（Performance）は促進されるのに対し、学習（Learning）は妨害される。

　複雑迷路や無意味綴りの学習などのように、まだ学習が十分になされていない場合は、正反応よりも誤反応の出現率が高くなる。しかし、学習が進むにつれ、正反応の出現率が高くなる。

　食事の場合も、普段の慣れ親しんだ場面と経験のない新たな場所や状況、仕事上の重要な接待をまかされるなど、刻々と変化する場の局面を見極めて、十分な配慮をしなければならない場面では、異なる結果を引き起こす可能性

がある。つまり、他者とともに食事をするという同じ行為であっても、状況によって促進されたり、阻害されたりするのである。

(2) 社会的比較

さらに、関連する社会心理学の知見として、**社会的比較過程**がある。私たちは、周囲の他者と比較するプロセスを通して、その後の自分の意識や行動が変化することがある。この他者の状態（情報）を知り、自分と比較するプロセスが、社会心理学でいう人間の「社会的比較過程」である。たとえば、自分が太っているのかそうでないのか判断する際に、自分の性別や年齢など標準的な客観的基準となる数値と比較する場合もあるが、普段よくやるのは、自分以外の他者の体型に目を向け、その体重を気にして自分の評価や判断の材料にし、さらに、周囲の価値観や今の社会の流行に敏感に反応して、「やっぱり太り過ぎ…」と判断してしまうことである。

この他にも、人の日常的な行動である「食」を理解する上で参考となる社会心理の基礎理論は案外多い。機会があれば人間のさまざまな社会的行動を探求する領域に足を踏み入れてはどうだろう。

(3) 人とともに食べる（共食）

プリナーとチェイクン（Pliner, P. & Chaiken, S., 1990）は、印象管理に関連する2つの研究から、どのような状況のもとで食行動が影響を受けるのかについて興味深い結果を提供した。最初の研究1（実験）に参加した男女の大学生は、食事を食べる際に、パートナーとして魅力の程度の異なる他者の存在の中で食事した。結果は、男性が女性よりクラッカーを食べた枚数は多かったが、特徴的なのは、女性は異性のパートナーの前ではあまり食べなかったことである（トピックを参照）。さらに、研究2（調査）では、研究1の結果をより明確にするため、食事を伴う対人状況での社会的動機との関連を調べた。つまり、前の研究参加者の置かれた社会的状況にはどんな動機が存在したのか、また、男女で種々の社会的動機の重要性に差異が生じるのかという問題である。まず、参加者の大学生（男性56名、女性83名、計139名）は、

よい印象を与えることが自分にとってどれほど重要であるかなどの動機に関する項目に回答した（全く重要でない―非常に重要である）。さらに、実験者から、自分が好ましいと評価するパートナーと一緒にランチを食べることになるといった教示を受け、こうした社会的動機と、どれほど食べるかについての協力者の回答の関連が検討された。結果的に、摂食量はこれらの動機と密接に関連し、特に、女性協力者（パートナーは男性の場合）にとって**社会的望ましさ**（社会的に容認されるような思考や行動）や女らしく見えること（動機）が食べる量に大きく影響した。また、摂取する食物の量を制限する（あるいは増やす）ことは、個人の社会的なアイデンティティなど、多くの異なった様相についての情報を伝える行動である可能性を示唆した。

　プリナーらの研究は、食行動における社会文化的な要因を見落とすべきでないことを示している。また、この研究は、社会心理学における**印象管理**や**自己呈示**研究の発展に重要な役割を果たしている。

トピック　食行動と印象管理の実験（研究 1 : Pliner, P. and Chaiken, S.（1990））

参加者：トロント大学の大学生（男性 49 名、女性 47 名）

方　法：空腹状態の参加者がパートナー（実験協力者）と同席し、種々のトッピングで調理されたクラッカー（ランダムに用意されたもの）を食べる。その間、自発的な会話は制限され、課題に関係するごく少数のものしか許されなかった。実験に加わったパートナー（男性あるいは女性）は、15 枚のクラッカーを食べることになっていた。参加者はパートナー評価尺度（たとえば、非常に好ましい―全く好ましくない、親友として非常に望ましい―全く望ましくないなど）に回答した。ただし、参加者は自分の実験パートナーがこの結果を知らされないことを認識している。

結　果：女性参加者で、望ましい男性のパートナーの時の摂取量は、より少なくなり、パートナーが同性であったり、望ましくない他の条件に比べ有意に異なる結果が見られた（$F_{(1.88)} = 5.14$, $p < .05$, 表 11−1）。

表 11−1　女性参加者の摂取したクラッカーの枚数（平均）

パートナーの性別	望ましさ 高	望ましさ 低
男性	8.8	12.1
女性	12.5	14.0

（Pliner, P. & Chaiken, S. 1990 より作成）

4．おいしさの秘密

　食事のおいしさや楽しさは、その時の、さまざまな外部および内部の状態に依存する。つまり、おなかがどのくらい減っていたのか、体調はどうだったか、いつ（時間）食べたのか、どこで食べたのか、食事のメニューは何か、誰と食べたのか、どんな会話がなされたのかなど。しかも、食事中だけでなく、食事の前と後にどのような流れ（文脈）の社会的活動に従事していたかに影響を受ける。

1）楽しい食事

　食事の楽しさの質的な分析研究（Macht, M, Meininger, J., & Roth, J., 2005）では、学生や会社員、主婦などの調査協力者（18－53歳）に対し、1）身体的な環境と社会的な要因：空腹度、楽しい食事や雰囲気のための準備など、2）食物自体の特性：どの食物が好きか、その食べ物の特徴は何かなど、3）環境：その時の状況的特性、社会的活動への参加（パーティ、会合、人との会話など）など、4）食行動：食事の際の食べ方や習慣などの特徴的な行動や、特定の食べ物に対する関心など、5）主観的な経験：前後の感情、ムード状態、思考と身体の感覚など、6）楽しみに対する態度：食事の楽しみなしであなたの人生はどのように変化するであろうかなどの点から、あらかじめ項目を定め、一定の順序で聴取する半構造化面接を実施した。食事の楽しみは、上記のような様々な文脈、外部と内部の状態に依存し、食に関わる環境や社会的な諸特性が食物によって引き起こされた肯定的な情動的反応をより増幅していくのではないかともいわれている。

　また、肯定的な感情（ハピネス）に関する最近の研究では、食事のような日常的で人間に必要な活動が、人の「幸福」を呼び起こす刺激として重要なカテゴリーの一つであるとされている。

２）おいしい食事とは何か

　ここで、おいしい食事についての身近な例として、女子学生からの意見を
ブレーンストーミング[注1]によって収集した調査（飯塚，2001：2006，章末
の資料を参照）を紹介しよう。

　おいしい食事について、自分たちがこれまで経験したものを思い出し、記
憶に残る食事内容や状況として、いつ、どこで、だれと、何を、どういう状
況かという点から集められた。各々の項目は、誰が作ったものか、誰と食べ
たものかなど、状況・文脈、食事内容で分類し、総計255項目のうちの典型
なものを載せている（資料を参照）。たとえば、食事の作り手としてあげら
れているのは身近な家族の頻度が多いが、共に作る状況では、友人や学校の
仲間などと、皆で作った食事がおいしいと評価されている。また、誰かと一
緒に食事を作り食べるという一連の行為においしさを見いだしている意見も
ある。同じ行動をとるという点では、共に食べる行為や、多くの人と共に食
事した際のおいしさの経験をあげている。

　また、食事の提供・サービスを受ける状況で、自分への気遣いや差し入れ、
人からのおごりなどの場面が示され、思いがけない（予期せぬ）事例として、
普段はなかなか親しく関われなかった人からの食事やサービスの提供で、お
いしさを感じた経験が報告されている。さらに日常とは異なる状況下で食事
をおいしく感じる意見もあがっている。たとえば、誕生日、行事などのよう
に本人の記憶に残る印象深い出来事とおいしい食事が組み合わさり、旅行時
といった物理的、地理的な環境が普段と異なる食事の例が示されている。ま
た、何かの達成後の飲食や生理的な要求および欠乏状態時の摂取がおいしさ
と結びついている場合もある。その他には、自分の嗜好に合うものを十分に
取った際、満腹感や満足感を伴う経験があげられている。

　食材自体に起因するものとしては、季節や旬のものに対するおいしさの意
見項目が並び、時節に合った献立で食事した記憶、たとえば、「夏－海」「冬－
こたつ」というように、その季節を象徴する場所との組み合わせでおいしさ

と関連する項目があげられる。定番の品といった店の商品そのものを特定しているものもある。また、数は少ないが、特異な意見項目として、こっそり隠れて食べた時のおいしさ体験が示されている。こうした一人占めや自分たちだけの摂食経験には、占有感や自分たちだけが食べられる優越感なども混在しているように感じられる。

　特に、対人的要因である食事の相手との関係の質（親密さ）や食事を提供する相手との関係性が食事場面のおいしさを決める重要なポイントとなる。食事を介して、自分に対する気遣いを相手から受け止め、それが後の両者の関係性に変化をもたらし、さらに新たな展開を導く可能性がある。重要なのは、食事そのものというより、食事にいたるまでの経緯（文脈）を当の本人がどう受け止めたか（あるいはどう受け止めるか）によってもおいしさの評価自体が変化することであろう。

　おいしい食事についてどう考えるか尋ねたところ、「心も体も満たされるものである」「 楽しみながら食べるということ 」「食べる時の雰囲気や環境が少なからず関係している」といった素材・調理にこだわらない視点で記述されるものが多く見受けられる。また、食事中の会話、人との**コミュニケーション**に関する記述も多く、おいしい食事について、素材、栄養や調理法といったものだけに重点が置かれず、複数の要因に注目していることがわかる。食事をする相手との関係、食事にこめられた人の気遣いや配慮など、いわゆる対人関係的な社会・心理的要因に影響される項目が多く提示され、食事に関わる前後の文脈にも重要な意味がある。本当に食事をおいしく感じるためにはどうしたらよいか。そのヒントがたくさん隠されている。

５．まとめ

　「食」はいろいろな機能を持っている。「ご飯でも食べながら、話し合おう」といった会食スタイルは、よりリラックスした活発な意見交換のチャンスを

作り出し、仕事やプライベートで大いに助かることもある。また、互いに妥協点のみられない困難な交渉や説得場面にあっても、食事がその閉塞的なコミュニケーションをうまく転換し、合意に至る近道を作るかもしれない。

　また、食事はコミュニケーションの促進、コミュニケーションの質的変化をもたらすための手段でもある。「ごちそうする」という食事の提供は、しばしば相手への親密さを表し、その度合いを深める手段として使われ、対人関係（関係性）の変化を期待する。相手を食事に誘うことは、新たな関係の開始のための手段となることもあろう。親子間の養育では、食事の提供は相手への保護やサポートを意味し、食事の授受が後に続く相互の連帯を形成するきっかけとなる。

　私たちにとって、「同じものを一緒に食する」ことが、「仲間意識」を芽生えさせ、より強固な結びつきを形成させる。日々の食事を共にすることで、家族のまとまり（凝集性）や同一性を強めることも可能である。「食」は人間行動の基本であり、さまざまな要因が関わることを理解し、よりよい未来のために賢く利用したい。

注1　ブレーンストーミング：
オズボーン（Osborn, A. F.,1941）によって考案された集団思考の技法の一つ。自由になるべく多くのアイディアを提出すること、他人の提出したものであってもそのアイディアを自由に変換したり結びつけたりできること、アイディアが出尽くすまでその評価や批判は避けることなどの原則を徹底させ、集団で思考活動をおこなうもの。

引用参考文献

Birch LL (1980) "Effects of Peer Models' Food Choices and Eating Behaviors on Preschoolers' Food Preferences," *Child Development.* 51：489-496.

Birch LL, Zimmerman SI, & Hind H (1980) "The Influence of Social-affective Context on the Formation of Children's Food Preferences," *Child Development.* 51：856-861.

Cottrell RB (1972) *Social Facilitation.* In McClintock CG (Ed.) Experimental Social

Psychology, 185-236. New York: Holt, Rinehart and Winston.

Guerin B (1993) *Social Facilitation*. New York: Cambridge University Press.

Harlow HF (1932) "Social Facilitation of Feeding in the Albino Rat," *Journal of Genetic Psychology*. 41 : 211-221.

Hunt PJ & Hillery JM (1973) "Social Facilitation in a Coaction Setting:An Examination of the Effect over Learning Trials," *Journal of Experimental Social Psychology*. 9 : 563-571.

Macht M, Meininger J, & Roth J (2005) "The Pleasures of Eating: A Qualitative Analysis," *Journal of Happiness Studies*. 6 : 137-160.

Pliner P & Chaiken S (1990) "Eating, Social Motives, and Self-presentation in Women and Men," *Journal of Experimental Social Psychology*. 26 : 240-254.

Van Strien T, Frijters JER, Bergers GPA, & Defares PB (1986) "The Dutch Eating Behaviour Questionnaire for Assessment of Restrained, Emotional and External Eating Behaviour," *International Journal of Eating Disorders*. 5 : 747-755.

Zajonc RB (1965) "Social Facilitation," *Science*. 149 : 269-274.

飯塚由美 (2001)「食行動の社会心理学的研究 (2)：おいしい食事とはどういうものか」 『日本社会心理学会第 42 回大会発表論文集』432-433.

飯塚由美 (2006)「おいしい食事とは何か」『島根県立大学短期大学部松江キャンパス 研究紀要』Vol. 44：15-22.

今田純雄 (1992)「食べる－日常場面における人間の食行動に関する心理学的考察」『心 理学評論』35：400-416.

内閣府　2015　食育白書 (平成 27 年版)

内閣府 Web サイト (2016 年 4 月までの資料)　共生社会政策　食育推進 HP https://warp.da.ndl.go.jp/info:ndljp/pid/ 9929094 /www 8.cao.go.jp/syokuiku/ index.html (2020 年 7 月 8 日アクセス)

農林水産省 (2019) 食育白書 (令和元年版)「食」の知識と選択する力を養う食育を目 指して

農林水産省 Web サイト　令和元年度食育推進施策 https://www.maff.go.jp/j/syokuiku/wpaper/r1_wpaper.html (2020 年 7 月 8 日 アクセス)

資料　おいしい食事とは？ (飯塚, 2006 より)

家族が作ってくれた

母が作ってくれた

いま思うと高校の時毎日作ってくれた母の弁当。

時々作ってくれるお母さんのおいしいオムライス。

やっぱりお母さんの作った料理。

部活と勉強の両立が大変な時、台所でお母さんがひそかに用意してくれた塩おにぎりとコンブのおにぎり。

祖母が作ってくれた

おばあちゃんの作ってくれた煮物。

お腹が減ったとき、家でおばあちゃんの作ったそぼろ御飯を食べたとき。

父が作ってくれた

昨日、お父さんが作ってくれたインスタントの焼きそば。

母が旅行に出かけ、全く料理ができない父が七輪を出して焼き鳥を焼いてくれたとき。

姉が作ってくれた

お姉ちゃんが作ってくれた、たまご丼。

友達が作ってくれた

友達が私のために初めて作ってくれたイチゴタルト。

友達が作ってくれたお弁当。

だれかと一緒に作った

友達と一緒に作った

友達と2人で協力して作った料理を食べたとき。

友達と一緒に作った、たまごサンドとレタスサンド。

みんなで作る

みんなで料理しているときに、味見といいつつ、つまみ食いをした空揚げとポテト。

学校の調理実習でみんなと作ったクリスマスケーキを食べたとき。

自分で作る

料理が下手だけど（おいしくないけど）、自分の作ったものはなぜかおいしく感じる。

家族と一緒に食べた（外食含む）

小学校の頃の運動会で、家族で食べたおにぎり。

家で、家族全員で鍋をつつく。

家族でうなぎ屋さんに行って、2,500円のかば焼きを食べたとき。

母と一緒に食べた

初めて自分の好きなお好み焼きをお母さんと一緒に食べたとき。

父と一緒に食べた

お父さんと2人で食べた焼き肉。

だれかと一緒に食べる（外食含む）

友達と一緒に食べる

お腹が空いたとき　友達と一緒に食べた2人の好きなもの。

夏祭りに友達と食べるフランクフルト。

友人の家に宿泊したとき食べたカレー。

みんな（仲間）で食べる

みんなでテーブルを囲み、みんなの好きなものを食べているとき。

研究室のみんなで　和食レストランに食べに行ったとき。

みんなで食べるものはすべておいしい。

人の気遣い

家族の気遣い

普段あまり仲の良くない兄が私に気をつかって買ってきてくれたケーキ。

風邪で寝込んでいるときに、お母さんが買ってくれたヨーグルト食べたとき。

来るついでといって、家族が持ってきたタケノコ飯などタッパーにいっぱい詰め込んであるのを食べたとき。

友達の差し入れ

友人が差し入れしてくれたお母さん特製のおにぎり。

昨年の先輩が差し入れをしてくれたアイスとお菓子。

風邪で寝込んでいるときに友達が持ってきてくれたグレープフルーツ（ルビー）。

思いがけない差し入れ

いつも怖い先生が、部活の大会の後、笑顔で差し入れてくれた飲み物。

頼んでないのに（私が好きなのを知っていた）友達が買ってきてくれたのを一緒に食べたとき。

お土産

友達からもらった土産のカスタード饅頭。

お父さんが土産に買ってきたお寿司。

友達にもらった沖縄名産ちんすこう（初めて食べた）。

人のおごり、人からのもらいもの

実家近くのケーキ屋の焼きプリンをお姉ちゃんのおごりで食べたとき。

バイト休憩中に、課長のおごりで食べるミックスやカツ丼の単品。

お金を気にせずに、誰かにおごってもらったときのお酒。

バイトの時、客からもらったステーキ肉。

特別な行事

誕生日

小学校の頃お母さんの誕生日にお兄ちゃんと2人で作ったケーキをみんなで食べたとき。

友達のお母さんが私の誕生日に作ってくれたチョコレートケーキ。

バレンタイン

バレンタインに友達（2人）が作ってくれたチョコ。

その他

母の日に妹と一緒に作ったシチュー。

クリスマス会で食べた大きいケーキ。

おじいちゃんとおばあちゃんの金婚式に、親戚一同で寿司屋に行って食べた寿司。

花火大会の時食べたかき氷。

学校の行事で

小学校のキャンプでみんなでまきを拾い、飯合からご飯を炊いて食べたカレーライス。

幼稚園か小学校の時、みんなで山に探検に行ってアケビをとって食べたとき。

旅行先で

オーストラリアで初めて食べたマンゴープリン。

修学旅行の時食べた旅館の夕食。

友達と大阪に行ったときに食べたオムライス。

何かをやり終えて

運動の後

体育で汗をかいた後のグレープフルーツジュース。

ロードレースの後に支給されたグレープジュース。

共通の経験の後

つらい練習の後で、ジュースをみんなで飲んだとき。

部活の後、友達と食べたアイス。

家で、家に帰って

夏に部活が終わり、疲れ切って家に帰って冷凍庫に入っているアイスを食べたとき。

学校から部活で疲れて帰った日の夕食が自分の好きなものだった時。

体の要求

お腹が空いている時

お腹が減ったのを通り越したくらいに減ったとき食べた1口目。

お腹が減っているとき通りがかったコンビニでおにぎりを買い食いしたとき。

すごくお腹が空いたときに食べる食物すべて。

要求が高まった時

行列のできる店で待ちに待って食べたラーメン。

久しぶりにシチューが食べたいと思っていて、夕御飯がシチューだった時。

甘いものが食べたいと思ったときの○○（洋菓子店）のレアチーズケーキ。

我慢した後に

がまんがまんと言い聞かせているときに、我慢できずに食べてしまったアイス1口。

喉の乾き（部活）

夏の部活の休憩中に限られた量の水を少し多めに口にして飲んだとき。

夏の部活中、すごく体育館が暑く喉がカラカラになり、つかの間の休憩に飲む、とても冷たい麦茶。

季節もの、時期もの

夏に

夏に海で採ったサザエなど網焼きにしてひそかに食べたとき。

夏に冷えたスイカに塩をかけてかぶりついたとき。

夏に近所の人と海でバーベキューをしたとき。

冬に

冬にこたつの中に入って食べるアイス。

冬に家でみんなで食べるキハチ鍋。

旬のもの
自分の家で作った新米の炊き立てを欲張りにほおばったとき。

嗜好

昔から好きだったバーモントカレーをお腹いっぱい食べたとき。

好みに合わせ念入りに

寮で食パンを焼いてチョコクリームをたっぷり塗って、表面をもう1度焼いた食パン。

食べ合わせ

アンパンを食べて甘いと思ったときの牛乳のがぶ飲み。

善哉を食べた後に飲む冷水。

隠れて食べる（占有、優越感）

新発売のチョコレートを一人でこっそり食べた。

小学校で、放課後、みんなでこっそり食べるお菓子。

料理自体（店の料理）

○○家の牛丼

○○（洋菓子店）のケーキセットのケーキとアイス。

第 12 章　臨床の心理学

1．臨床心理学と心理臨床

　こころは、誰もが持っているものである。こころは目に見えないが、こころの持ちよう一つで私たちの毎日は生き生きとしたものになる。人のこころは常に揺れ動き、気持ちが常に一定であるということはない。私たちは、日々いろいろなことを感じ、時に悩んだりする。「緊張して上手く人と話せない」、「大学生活になじめない」、「退学や休学をしたいが、それで良いのだろうか」、「人から変な目で見られているような気がする」、「気分が落ち込む」など、悩んだり不安を感じたりすることは、誰でも経験する。こころの悩みや問題は、普段から多少なりとも感じているようなことから、学校や仕事を休まないといけないほど本人にとって辛いものや、こころの病気といえるようなものまで、幅広く含まれている。

　臨床心理学は、こころの悩みを持つ人がその問題を解決することや、こころの健康を保つこと、そしてこころの理解のために、理論や技法を追求するものである。臨床心理学の専門を生かした援助の実際を**心理臨床**という。日本での臨床心理学の対象は、重い**精神病理**を持つ人から、ちょっとした悩みを持つ人、人生の進路に迷っている人、悩みを抱えた人の家族など、多岐にわたる。

　心理臨床の専門家を、日本では**心理臨床家**と呼び、代表的な専門資格が**臨床心理士**である。心理臨床家は、カウンセラーやセラピストなどと呼ばれることもある。相談をする人のことを、**クライエント**と呼んだり**来談者**と呼んだりする。

　臨床心理士の専門的業務は、**心理アセスメント**、**心理療法**、**地域援助**、**研究**の四つの柱からなる。

心理アセスメントは、面接を通してクライエント自身の特徴や置かれている環境などの情報を把握したり、必要に応じて**心理検査**を実施し、クライエント支援のために情報を総合的に理解していくことである。心理アセスメントについては第8章でも説明をしている。

　心理療法は、クライエントのものの見方、行動、感情に変化を起こさせ、悩みや問題の改善を目指すものである。心理療法には多くの方法がある。言語的なやり取りによる心理療法は、**カウンセリング**と呼ばれることがある。皆さんも聞いたことのある言葉だろう。心理療法の方法は、言語のやり取りによる方法だけではなく、**芸術療法**など道具を媒介とした方法もある。対象となる人は、ちょっとした悩みを抱えてはいるけれども健康度は高い人、重たい精神病理を持つ人、人生の進路に迷っている人など、様々である。心理療法は、個人を対象とするだけではなく、家族や集団を対象とすることもある。

　地域援助について山本（2001）は、「地域社会で生活を営んでいる人びとの、①心の問題の発生の予防、②心の支援、③社会的能力の向上、④その人々が生活している心理的・社会的環境の調整、⑤心に関する情報の提供などを行う臨床心理行為」であると定義している。広く社会に向けた啓発活動や、教育、医療、福祉の現場におけるコンサルテーション、災害や事故に遭遇した個人や組織に対する**緊急支援**などは、地域援助に関する重要な活動である。

　研究は、実践活動とは異なった印象を受ける人がいるかもしれないが、研究を通してクライエントの理解を深めることができる。研究により、心理臨床活動を理解し、他の臨床家と経験や知見を共有することが可能となるのである。

　鶴（2011）は、この30年間の心理臨床学について、対象やテーマが拡大し続けていることや、中でも、心理アセスメント、心理援助法、スクールカウンセリング、危機支援の発展がめざましいことを指摘し、さらに、心理臨床学は蓄えたその実績を、社会に還元しつつ、さらに発展していかなければ

ならないと述べている。

　本章では、臨床について、適応と不適応、大学生が直面しやすい課題、心理臨床に関する今日的な問題、心理療法などについて、紹介する。

2．適応と不適応

　私たちは環境と折り合いをつけて生きていかなければならない。適応とは、「生物が環境に合うように自らの身体や行動を変容させること、またはその状態をさす。もっとも、その調節をもたらす仕組みは多様であり、その捉え方によって適応の意味も多義的である」（根ヶ山，2001）。この説明から、人間と自然との関係である**自然適応**を考える。我々は、寒いときには厚着をするし、暑くなれば薄着をする。現代社会では、寒暖の調整にエアコンを利用することが多い。エアコンの利用により、人間は暑さ寒さから逃れ快適さを感じることができる。しかし、これは環境に合うように自らの身体や行動を変容させたというよりは、環境を支配しようとしているといえる。適応や自然との調和を無視した結果、一時的な身体の適応は得られたものの、地球環境問題が生じている。化石燃料の大量消費などにより、地球温暖化が進んでいるのである。自らを自然に合わせようとはせずに、自然を支配しようとした結果、人間は寒暖に対する適応を困難にしてしまったのである。

　次に、社会と人との適応である**社会的適応**について考えよう。人間は集団で生活する動物だと言われている。ほとんどの人が、職場、学校、近所の人との関係を持ち、家族、親戚、友人とのつながりを持っている。人との関係をうまく持つためには、その集団に対しての適応が必要である。大学生活においては、講義ではシラバスに書かれているような決まりごとがあり、寮生活では寮独自のルールがあるだろう。サークル活動では、サークル内の決まりごとがある。決まりごとは文章で明記されているようなものもあれば、文章にはなっていないもののメンバー間に共有されている考え方や価値観があ

るだろう。私たちはその決まりごとに従って、生活をしている。所属する集団の決まりごとや価値観への適応がなければ、集団に所属しながらそこでの疎外感を抱いてしまうかもしれない。集団における決まりごとや価値観は、構成員、時代、環境の影響を受けやすい。ある組織に長年所属していると、「以前は良くないとされていたことが、今では賞賛されている」などということがあるのではないだろうか。東山（2000）は、決まりごとや価値観など、集団の掟が時代や環境の影響を受けやすいことの例として、第二次世界大戦前後の日本の様子を紹介している。戦前は日本が一番強く正しく、英国や米国を敵視し、その掟に従わなかった国民は非国民として厳しい制裁を受けていたが、敗戦を契機として、掟は180度の転回をし、英米が正しく、戦争を指導していた人は「戦犯」として裁かれることになった、ということを紹介している。他に、消費は敵から美徳となったことなども例として挙げている。掟と称される集団内の取り決めのようなものは、人の行動に大きな影響を与えることや、人々がそれが正しいと強く信じ込んでいる場合などは、掟の大きな変化により自己嫌悪に陥ったり人間不信になったりすることがあるということを、指摘している。

　次に個人内の適応である**心理的適応**について考える。こころの問題は目に見えないのでわかりにくいが、「自分が自分らしく生きている実感」や、「自分の存在が十分活かされているか」というのが一般的な基準である。心理的不適応は、こうありたいと思う自分と、今の現実の自分との乖離である。この二つに乖離があると、不満だったり、焦ったり、意欲がなくなったりする（東山，2000）。乖離がなくなり、自分が自分を認められると、心理的適応につながるだろう。

　自然適応、社会的適応、心理的適応の三つを説明したが、三つが同時に適応的な状態であることは少ないだろう。皆さんの身の回りに、社会的適応のために自然適応を犠牲にしている例はないだろうか。例えば、夏の暑い日でも、男性はネクタイを締めて革靴を履いて仕事をしている。身体にとっては

過酷である。社会的適応のために自然適応を犠牲にしている例と言えるだろう。**心身症**という言葉を聞いたことがないだろうか。「日常生活のストレスが原因で胃潰瘍になった」などという話を聞いたことがあるだろう。「会社でのストレスで円形脱毛症になった」などという話を聞くこともある。辛いことや大変なことを指してストレスと言うが、専門的には我々がストレス源とか刺激などと理解しているようなストレス反応を起こす原因のことを**ストレッサー**という。そして、緊張や不安などストレッサーを受けた身体側の負担をストレスという（第13章参照）。

さて、心身症は、その原因にこころが関係しているものをいう。心身症について日本心身医学会は「身体疾患の中で、その発症や経過に心理社会的因子が密接に関与し、器質的ないし機能的障害が認められる病態をいう」という見解を発表している（久保木, 2001）。私たちの日常生活におけるストレッサーにはどのようなものがあるだろうか。家族の死、親友の死、自分のけがや病気、家族や友達のけがや病気、友人からの批判や誤解、住む場所が変わる、生活リズムの変化、法律が絡むトラブル、経済状況の悪化、成績不良などは、私たちにとって非常に大きなストレスになるだろう。

あまり大きくないストレッサーに対しては、私たちは自分で対処する方法を身につけられる。ストレッサーへの対処法を**ストレスコーピング**という。友達と話をする、スポーツをする、好きなことに打ち込むなど、ストレスコーピングについて考えてみてほしい。

ストレスとなっている大変な状況や辛い気持を押し殺し、ストレッサーを「見て見ぬふり」をし、外的適応を重視し続けていると、心身に重大な影響を及ぼす。ストレスによる心身症は、社会的適応のために自然適応や心理的適応が犠牲になっている例である。病気になるまで社会的適応を優先している、つまり、社会的適応が過剰になっているのである。このような適応を**過剰適応**とよぶ。現代社会は過剰適応的に過ごしている人が多いようだ。

ここで、社会的適応と心理的適応について事例を通して考えてみよう。こ

の事例は、適応のバランスを考えるために構成した架空の事例で、**不登校**に
なった女子中学生の事例である。不登校になる前は、学校では成績は良く、
部活動にも参加し熱心に活動をしていた。クラスでは委員を務めている。ク
ラス活動の当番の時には、先生が感心をするぐらいにきちんと仕事をこなす。
友達関係も良い。家に帰れば、親御さんの悩みの相談にのったり、家事をこ
なしている。この中学生は、ほどなく不登校となった。

　大学生の場合ではどうだろうか。授業を全く欠席せずに出席し、課題を完
璧にこなす。サークル活動ではリーダーシップを発揮する。アルバイトでは、
バイト先の店長に一目置かれるようになる。このような頑張り方をすれば、
きっと、自宅に帰った時には、疲れ果てていたり、機嫌が悪くなっていたり、
気分が落ち込んだりしているのではないだろうか。両事例とも、社会的適応
を優先させようとして、心理的適応に無理が生じたと考えられる。

　こうした、こころの不調、悩み、問題は、普段から感じるレベルのものや
一過性のものから、心身共に参ってしまうほどの辛いレベルのものまで多様
である。皆さんの心身の調子はどうだろうか。過剰適応的な状態になってい
ないだろうか。症状をこころの問題のサインとしてとらえ、三つの適応の関
係が自分の場合はどうなっているかを振り返り、バランスをとっていくこと
は、私たちの生活のために、そして実り多い大学生活のために、大事なこと
である。

3．大学生のこころの課題

1）アイデンティティ形成

　「私って何者か？」、「私らしさって何？」、「自分を社会で活かすにはどう
したらいいの？」、「他人から見た私って？」など、大学時代は自分について
考えるための貴重な期間である。このような「自分とは何か」という問いに
対する答えを**アイデンティティ**と言い、大学での毎日は、青年期の学生にとっ

て、アイデンティティ形成のための貴重な時間である。アイデンティティとは、ゆるぎない自分らしさと言えるのではないだろうか。青年期の大学生は、大人の一歩手前で、大人になるための成長をしていると言えよう。「自分探し」という言葉は、すでに古いように感じられるかもしれないが、大学時代は自分探しのために、そして自分なりの生き方を決めていくための貴重な時間である。

桐山（2010）は、「大学生のアイデンティティ形成のために必要であるが、現代の育ちの過程で十分に育まれてきていない能力として次の3つを挙げたい。それは①考える力＝悩む力＝言葉の力、②人とつながる力、③自己肯定感である」と、述べている。筆者は大学生に対して、言葉を使って悩んだり、人との関係の中から自分らしさを発見することを望んでいる。その中で、自分を認めることができ、自己肯定感が生まれるだろう。自分について考えたり悩んだりすることは、「暗い」とか「悩んでばかりいてはいけない」などと否定的な価値づけをされることが多いが、決して否定的に評価されるものではなく、重要なことである。

2）大学生が直面しやすい課題

さて、多岐にわたるこころの問題の中で、特に大学生が直面しやすい課題にはどのようなものがあるのだろうか。大学生に起きがちな課題としては一般的に以下のようなものがあげられる。

① 性格
無力感、劣等感、自信がない、自尊心の低さ、自分らしさがつかめない
② 友人関係
本当の自分らしさが出せない、偽りの自己しか見せられない、どのように見られているのか気になる、友達ができない
③ 居場所がない
学内に自分の居場所がない

④ 親との関係

　干渉される、支配される、親への怒り、生活上の困難があっても放っておかれる

⑤ 進路

　自分の適性がわからない、ゼミをかえたい、他大学への編入などの進路変更をしたい、就職活動が上手くいかない、就職への不安

　森田（2011）は、大学生は学年によってもおおよその課題があることを指摘している（表12－1）。大学生が抱える課題は様々であるが、学年ごとに特有の課題がある。大学に入った当初に上級生との差を強く感じた人は少なくないだろう。大学生の心理的課題は学年が上がるごとに変化し、学生はその時々で様々な課題に直面し、それらを克服したり、克服しなかったりしながら成長していくのである。

表12－1　学年ごとの課題

学　年	課　題	内　容
1年生	大学生活に慣れる	・生活の自己管理、勉強のしかたの習得 ・友人作り、居場所作り ・サークル活動・アルバイトを始める ・環境の変化にともなう気づき
2年生	自分らしさの発見	・友人関係の持続と深まり ・見聞を広げる、さまざまな役割を試す ・内面を見つめる、これからの生き方を考える
3年生	深まりと自立の準備	・専門の勉強を深める ・サークル活動の中心的役割 ・人生のモデルを見つける ・進路の選択、就職活動を進める ・未解決な課題に取り組む、自分をよく知る
4年生	大学生活のまとめと自立	・進路を決める ・卒業論文 ・大学生活のまとめとふり返り ・別離の悲しみ、大学からの巣立ち

入学直後の学生達には、それまでの慣れした親しんだ生活から離れて大学での新しい生活になかなか慣れることができなかったり、時間割を組むのに戸惑ったりという訴えがある。1年生では、大学生活に慣れることが大きな課題である。2年生では、新入生とは違い生活での大きな変化はないが、時間をかけて自分を見つ

図12−1　学生サポート室

めることができる時期であり、この時期の主な課題は自分らしさの発見である。3年生ともなると、専門的知識が増えたり就職活動がはじまったりし、自立の準備が主な課題となる。4年生は、卒業を控え、進路が決まったり卒論の執筆が進んだりと大きな節目の時期であり、大学生活のまとめと自立が主な課題となる。他にも様々な課題がある。これらに向き合いながら、青年期の学生達は成長していく。

図12−1は、ある大学に作られた「学生サポート室」の写真である。ここでは、本を読んだり、音楽を聞いたり、昼食を持ちこんで食べたり、相談員と話をしたりと、ここを「居場所」として利用している学生達がいる。「居場所」としての役割だけではなく、相談員は相談業務の専門家なので、学生達のこころの悩みの相談にも応じている。

3）大学生や青年期に見られるこころの不調

こころの不調には、軽度のものから深刻なものまである。大学生に見られるこころの不調が影響している症状には、**対人恐怖、強迫性障害、摂食障害、ひきこもり、精神病**などがある。それぞれについて説明をする。

(1)　対人恐怖

対人恐怖症は思春期から青年期にしばしば見られる。この時期は自意識が高まる時期であり、他者に自分がどのように見られているのかが気になる時

期だが、対人場面での不安や緊張が過度になり、その結果、人から嫌がられたり、変に思われたりすることを恐れて、対人関係を回避してしまう状態である。対人関係の中でも家族のような親しい人や、逆に全く見知らぬ人の中にいることには問題は生じない。中程度の親しさの人の時に、対人関係を回避しようとする。架空の事例で対人恐怖症について考えたい。男子大学生1年生のAさんは、大学で人とうまく話せないことを悩んでいた。「こう言ったらどう思われるだろうか」、「つまらない人だと思われていないか」、「自分がいることで相手に不快感を与えるのではないか」と考え、中程度の親しさの間柄である大学生が周囲にいる状況では、強い不安と緊張が生じる。心配が強くなり、次第に、対人関係から身を避けようとし、少人数の授業は休みがちになった。とうとう、いくつもの授業で単位が取れなくなり、進級が危ぶまれるほどになってしまった。Aさんは、親しい関係である家族との間では特に問題なく過ごすことができた。全く見知らぬ人の中にいるときにも、不安を感じることはなかった。対人場面を回避するようになり日常生活にも支障がでる時には相談や治療が必要である。Aさんはカウンセリングを受けることにした。週1回のカウンセリングを続けることで、少しずつ友人とコミュニケーションが取れるようになった。カウンセリングは約3年続き、大学卒業の頃に、カウンセリングも終了した。

⑵　強迫性障害

　不潔なものに触ってはいけないと思ってしまい電車のつり革やドアのノブに触れなかったり、何度手を洗っても気がすまなかったりと、そこまでする必要はないとわかっていても、それをせざるをえないという行動は、ある程度は誰にでもあるだろう。朝、家を出かけようとしたときに、鍵を閉めたかどうか何度も確認をしなければ気がすまなかったり、ガスの元栓を閉めたかどうかが気になったりして、出かけるのに時間がかかる人もいる。意味がないと分かっていてもある行動がやめられない時、その行動のことを強迫行為という。確認行為が長時間に及んだり、学校や職場に大幅な遅刻をしたりす

るほどに繰り返されることもある。本人は、これらの行為は必要のないこととわかっているが止められず、大変苦しい思いをしている。このような状態が長く続き、強迫行為が日常生活に支障をきたすようであれば、受診や専門家への相談が必要である。

(3) 摂食障害

　辛いことやいやなことがあれば食欲が減ったり、あるいは、やけ食いをしてしまったりと、食べることは心の状態や環境から大きな影響を受ける。食べなかったり、あるいは食べ過ぎたりするなど食行動が個人の生活に支障をきたすようであれば、その状態は摂食障害と呼ばれる。摂食障害は、圧倒的に女性に多く思春期に始まる場合が多い。

　「痩せて美しくなりたいからダイエットをしよう」と考えたことのある人がいるだろう。あるときまでは健康で順調に生活しているように見えていた若い女性が、ダイエット、友人関係、日常生活の変化などの何らかのきっかけで食が細くなり次第に体重が減少し極端にやせ細ってしまうことがある。身体に異常がない場合、摂食障害が疑われる。月経が止まり、体重は 30 キロ以下になることもある。かなり痩せてきて、誰が見ても痩せている状態になっても、本人はさらに細くあろうとする「身体像（ボディ・イメージ）の障害」も摂食障害の特徴である。

　ひたすら食べず、拒食により極端な痩せを維持しようとする状態を神経性食思不振症という。痩せて痛々しいほどであっても、本人は痩せていることに満足している。過食を主症状とする場合は**大食症**という。過食の場合、一度食べ始めたら量をコントロールできなくなり苦しいほどに食べ続け、そのあとで強烈な罪悪感に襲われ、衝動的な嘔吐により摂取した分を身体から出してしまおうとする人もいる。摂食障害で、食べないことによる栄養障害が続けば、身体にも深刻な影響を及ぼす。生命が危険な状態になることもある。摂食障害の改善のためには、こころへの手当てが中心となり、家族や周囲の者の根気強い協力が必要である。

⑷　ひきこもり

　「**ひきこもり**」は 1990 年頃から注目されてきた概念であり、「ひきこもり」の状態にある子ども・若者の数は 70 万人とも言われている。人数は推定値であり、実人数の把握は困難であるが、ひきこもり状態の者の人数は少なくないだろう。ひきこもりとは、一般に、成人しても自宅に閉じこもり社会との関係を断っている状態を指す。齊藤（2020）の「ひきこもりの評価・支援に関するガイドライン」では、「様々な要因の結果として社会的参加（義務教育を含む就学、非常勤職を含む就労、家庭外での交遊など）を回避し、原則的には 6 ヵ月以上にわたって概ね家庭にとどまり続けている状態（他者と交わらない形での外出をしていてもよい）を指す現象概念である」としている。小学生、中学生、高校生で問題になる状態に不登校がある。不登校は何らかの心理的な原因により学校に行きたいけれど行けない状態と定義されることが多いが、ひきこもりは不登校から連続して移行する場合もあれば、そうではない場合もある。例えば、大学の途中からひきこもることもあれば、学校には通えていたものの学校卒業後すぐ、あるいは就職後の適応が上手くいかずにひきこもるケースもある。高石（2011）は、基本的には何らかのきっかけによって、社会的接触を恐れて自宅や自室内に閉じこもり、そうした社会的孤立が社会参加への自信のなさを強化するというスパイラルが成立すると指摘している。

　本人が自発的に相談機関を訪ねることはほとんどないようで、対応に困った家族が医療機関や相談機関を訪ねてきた場合に、家族を支援するのが、ひいては本人支援につながる。現在、ひきこもりの社会参加は容易ではない。多くの若者の社会的適応のためには、社会の変化も求められる。例えば、電話相談、訪問支援機関の設立、デイケア、居場所づくり、支援機関からの啓発活動などの充実が考えられる。最近、これらの充実については公的機関だけではなく、NPO 法人などの組織による活動も奏功しているようだ。

(5) 精神病

　(1)～(4)で述べてきた状態は、"こころの風邪"や、こころの成長や発達上の問題であったが、それらの他にこころの病気もある。こころの病気の一つに**統合失調症**がある。発症率は全人口の1％前後と言われ、その原因も治療法も確定されていない。発症後に慢性化しやすく、現実生活にも支障をきたすことが多い。主な症状には、実際には存在しない声が聞こえる**幻聴**や、あり得ないことを信じる**妄想**がある。幻聴や妄想の内容は悪口など本人にとって批判的なものや、「自分はカメラで監視されている」などの自分のことが他人にわかってしまうようなものであることが多い。このような体験が続くため、精神的な苦痛はとても大きなものとなる。統合失調症は、青年期から大体30歳代までに発症することが多い。大変辛い状態なのだが、自分の状態が病気であるという自覚がないため、受診が遅れれば、さらに状態は悪化するかもしれない。統合失調症が疑われる場合には、早めの受診が大切である。

　米国精神医学会の診断基準（DSM-Ⅳ-R）では、**気分障害**として考えられている**双極性障害（躁うつ病）**や**うつ病性障害（うつ病）**もこころの病気の一つである。気分の揺れとそれに伴う活動性の変化を主症状とする。双極性障害（躁うつ病）は、躁状態とうつ状態が繰り返される。躁状態の時には、気分が高まり、考えが次から次へと浮かび、自己評価は高まり、過度に行動的になる。うつ状態の時には、気分がひどく落ち込むこと、興味の喪失、食欲低下、不眠、焦燥感、易疲労感、気力低下、無価値・罪悪感、決断力低下、などが主な症状である。うつ病性障害（うつ病）は、幅広い精神活動の減退、停滞を主な兆候とする精神疾患であり（岡島，2011）、うつ状態のみが現れる。うつ状態の時には、しばしば自殺願望が生じるので周囲の人の理解と注意が必要である。双極性障害（躁うつ病）やうつ病性障害（うつ病）は、医療機関での薬物療法と十分な休養が不可欠である。

4．心理療法とカウンセリング　－こころの問題に対処するために－

　心の問題に取り組む資格に、臨床心理士と公認心理師がある。臨床心理士については、臨床心理士資格認定協会のホームページ（2020）で、"心理専門職"の証となる資格であり、臨床心理学にもとづく知識や技術を用いて、人間の"こころ"の問題にアプローチする"心の専門家"であると記載されている。日本臨床心理士資格認定協会による資格であり、資格認定がスタートしたのは昭和63（1988）年である。令和2（2020）年4月1日現在で37,249名の臨床心理士が認定されている。一方、公認心理師であるが、心理職の国家資格化を求める動きは1950年代からあり、半世紀にわたるさまざまな経緯を経て、公認心理師法は2015年に成立し2017年に全面施行された。国民の心の健康の保持増進に寄与することを目的とした国家資格である（一般財団法人日本心理研修センター　2018）。心の専門家は広く認知されるようになってきた。

　皆さんが通っていた小学校や中学校にも**スクールカウンセラー**がいたのではないだろうか。全国の公立中学校にスクールカウンセラー配置が始まったのは1995年であり、配置は徐々に進んでいった。現在では、カウンセリングなどの相談活動は比較的身近なものとなってきたようだ。

　専門家による相談のことを、心理療法と呼んだりカウンセリングと呼んだりするが、日本では両者に明確な境界はない。また、心理療法には様々な種類のものがある。先述の心理臨床は、両者を含めた臨床心理学の実践すべてを指す。

　心理療法やカウンセリングなどの相談活動でどのようなことが行われているのかについては、十分に知られているとは言えないだろう。ここで、カウンセリングについて説明をする。

　カウンセリングで、カウンセラーはクライエントとの**信頼関係**づくりを最

も重視する。カウンセリング等の心理療法で、クライエントがカウンセラーに信頼感、安心感、好感を持ち、カウンセラーはクライエントに共感性や受容性を持つことができる信頼関係のことを**ラポール**と呼ぶ。**共感**というのは、「なるほど」と心で感じられる経験のことである。共感的理解と呼ばれることもあるが、理解とは言っても、理屈で考えたり知識を持ったりするという理解ではない。**受容**は、クライエントの感情や行動を、価値づけたり評価をしたりするのではなく、クライエントの状態を事実として認めることであるといえよう。

　ラポールが形成されると、互いに信頼しあい二人の関係は暖かな交流があるものとなる。一方ラポールが形成されなければ、クライエントにとってカウンセラーは心理的に遠い人のように感じられるかもしれず、カウンセラーの発言が難しいことや無理なことのように感じられるかもしれない。

　クライエントが安心できる環境の中で、クライエントに自由に話をしていく。ラポールが形成された中で、カウンセラーが受容的、そして共感的な態度でその話にじっくりと耳を傾ける。こういう場は、クライエントにとって安心できる場であり、支えとなる場でもあり、こういう場であるからこそ、カウンセリングは進んでいく。

　カウンセリングというと、カウンセラーが解決のためのアドバイスを与えることを思い浮かべる人が多いようだ。しかし、カウンセラーがアドバイスをすることはあまり多くない。専門家の相談を受けたいと思う人は、すでに、友人、知人、家族に相談をしてアドバイスを受けたが、それがうまくいかなかったという人が多いだろう。カウンセラーは、アドバイスをすることよりもクライエントが問題に関して新たな**気づき**を得ることを重視する。カウンセラーの仕事は、クライエントが自分で解決方法を模索することを手伝うことである。カウンセリングの回数は1回ですむガイダンスから、10回以上、あるいは数年以上にわたって行われるものもある。週に1回程度、1回50分程度の契約で進められる場合が多い。

カウンセリングでは、どのような内的な作業が行われているのであろうか。カウンセリングはどのようなプロセスをたどるのだろうか。クライエントは、来談し悩みや症状について話し始める。そのうち悩みの経過や背景が話されたりする。話すことで、こころの中の葛藤やいろいろな考えや感情を自覚し、それらを少しずつ整理していく。その経過の中で、それまで気づかなかったことが感情を伴って認めることができるようになる。気づきが得られたり、抑えられていた感情が表出されたりするのである。クライエントはこのような過程を経て、自分の中の考えや感情を受け入れ、状況に応じて自由に表現したり、うまくコントロールできたりするようになる。

　カウンセリングの効果としては、症状が良くなること、自分らしさが実感できること、自分を肯定的に感じられるようになること、生活や対人関係に積極的になり生き生きとしてくることなどがある。カウンセリングでは症状の消失だけではなく、心理的成長が期待される。

　悩みなどの問題が生じた時には、「これさえなければ」と特効薬のようなものを焦って探してもうまくいかないことが多い。あるがままの自分を受け入れ、その上で自分の内面を見つめ、根本的な問題を探り、自覚していくことが大事であることは、カウンセリングのプロセスが示唆しているといえよう。

　カウンセリングは、新たな自分を発見し、より充実した生活にたどり着くためのお手伝いをするものである。大学の学生相談室では、どんな相談にも応じてくれるだろう。しかし、カウンセリングを受けることにためらいや不安を持っている人もいる。大変残念である。一人で悩んでいてさらに辛くなるという悪循環をたどるより、誰かに話して、気持ちが変化していく方が良い。実り多い毎日のためにも、カウンセリングを必要とする人には、気軽にカウンセリングを受けてほしい。

引用参考文献

有吉晶子 (2011)「多様なひきこもりを支援する-「居場所」と「出番」作りに伴走する」
　　『臨床心理学』11 巻 3 号：367-373　金剛出版

一般財団法人　日本心理研修センター（2018）『公認心理師現任者講習会テキス
　　ト　2019 年版』金剛出版

岡島美朗（2011）「うつ病性障害」日本心理臨床学会編『心理臨床学事典』丸善出版

角野善弘（2011）「統合失調症」日本心理臨床学会編『心理臨床学事典』丸善出版

河合隼雄（1970）『カウンセリングの実際問題』誠信書房

神田橋條治（1990）『精神療法面接のコツ』岩崎学術出版社

桐山雅子（2010）「現代の学生の心理的特徴」日本学生相談学会 50 周年記念誌編集委
　　員会編『学生相談ハンドブック』学苑社

久保木富房（2001）「心身症」中島義明・安藤清志・子安増生他編『心理学辞典』有
　　斐閣

公益財団法人日本臨床心理士資格認定協会「公益財団法人日本臨床心理士資格認定協
　　会」（2020 年 5 月 31 日アクセス）
　　http://fjcbcp.or.jp/

齊藤万比古『ひきこもりの評価・支援に関するガイドライン』（2020 年 5 月 6 日アクセス）
　　http://www.ncgmkohnodai.go.jp/subject/100/22ncgm_hikikomori.pdf

高石浩一（2011）「ひきこもり」日本心理臨床学会編『心理臨床学事典』丸善出版

鶴　光代（2011）「心理臨床学とは」日本心理臨床学会編『心理臨床学事典』丸善出
　　版

鶴田和美（2001）『学生のための心理相談』培風館

鶴田和美（2010）「学生生活サイクルとターニング・ポイント」鶴田和美・桐山雅子・
　　吉田昇代他『事例から学ぶ学生相談』北大路書房

根ヶ山浩一（2001）「適応」中島義明・安藤清志・子安増生他編『心理学辞典』有斐
　　閣

東山紘久（2000）「自己実現と現実適応」氏原寛・東山紘久『エッセンシャル臨床心
　　理学-30 章で学ぶ　こころの謎-』ミネルヴァ書房

森田裕司（2011）「適応とこころの健康」神田義浩・唐川千秋・山下京子他『心理学ナヴィ
　　ゲータ Ver.2』北大路書房

山本和郎編（2001）『臨床心理学的地域援助の展開-コミュニティー心理学の実践と
　　今日的課題』培風館

Column 6

第2の人生を自分らしく彩る

進藤　啓予

　人生の中では、引越し、定年など本人を取り巻く環境が大きく変わる時がある。新たな環境のなかで、新たな生活を始めるまでの姿を、Iさん（64歳女性）を通して紹介したい。

　Iさんは生涯独身、役所に勤務しながら自宅で両親を看取られた。自身の老後を考慮して定年を機に高齢者施設に入所、身体に障害もなく、生活上の問題は無いと思われたが、入所後は居室に引き籠って過ごされた。職員達からの様々な働きかけにもほとんど反応しない日々は約2年間続いた。

　そんなある日、Iさんから「買い物に連れて行って欲しい」と要望があり、職員と近郊の大型スーパーに出かけた。更に2カ月後、今度は「墓参りに連れて行って欲しい」と要望があり、職員と菩提寺に出掛け、両親・先祖代々の墓前に手を合わせた。

　Iさんに変化が見られたのはこの2回の外出直後である。初めの買い物以降、度々外出する姿を見掛けるようになっていたが、墓参の翌日からはほぼ毎日外出するようになったのだ。ナップザックを背負い、晴れやかな笑顔で出掛けるIさんの変化を、引き籠りの2年間を知る職員達は心から喜んだ。

　人の生活は好むと好まざるとに関わらず、「環境」から強く影響を受けている。生まれてから死に至るまで、一時もその環境を離れて生存することはできず、それらの環境から受ける制約は、時として心身へ強く影響を及ぼす。しかしまた、人は自己の欲求などによって環境を統御し、変化させて自己に従わせようとする力をも有している。適応までに掛る時間は人によって異なり、また他者からの何らかの手助けが必要な場合もある。生来真面目なIさんは、仕事・介護・定年・転居と、自身を取り巻く環境の変化に戸惑い、「何をしてもいい自由な環境」は、何をしたらいいのか解らない日々となった。

Ｉさんにとっての２年間は、それまでの人生を振り返り、心の調整に必要な時間だったのではないかと思われる。そして買い物・墓参りに出掛けることで、一歩を踏み出すことが出来たのではないだろうか。

　ところで他者からの働きかけには様々な形が考えられる。Ｉさんの場合は、買い物の時に金ボタンとボタン穴がハート形をした、清楚な白いブラウスを勧めたことがきっかけとなったようだった。職員はそれまでの関わりから、Ｉさん自身はレースやフリル等を好んでいるが、親の価値観との違いで身に付ける機会がほとんど無かったことを知っていた。Ｉさんはブラウスを手に取り、しばらく考えた後に購入、翌日「どお？」と照れくさそうな笑顔で見せに来た。Ｉさん宅のインテリアは少しずつ明るい色合いの物が増えるなど、垣間見える日々の変化を共有しつつ、職員達はＩさんの生活を見守り続けた。

参考文献

ヴィクトール・Ｅ・フランクル（2017）『夜と霧　新版』池田香代子訳　みすず書房

第13章　健康とストレス

1．はじめに

　健康というテーマは、現代人にとって最も身近なものの一つであろう。多くの人は「健康になりたい」「健康な生活を送りたい」と考えているのではないだろうか。そうした点を反映してか、日本では健康ブームとでも呼べるような社会現象が何度となく生じている。それらは健康に関する雑誌やテレビ番組などを通して、ある特定の食品や飲料、健康法が広まったものである。

　しかし、健康とはいったいどのようなことなのであろうか。また、心理学と健康はどのように結び付いているのであろうか。本章では、身体的健康だけでなくこころの健康についても取り上げながら、健康について考えてみたい。

2．健康の定義と健康リスク

1）健康の定義

　健康という言葉を聞いて、人はどのようなことを思い浮かべるだろうか。かつては「病気ではない」ということが健康と考えられていたこともあったが、はたしてそれだけで健康と言えるのであろうか。現在では、単に病気でないだけが健康であるという意味ではない。WHO憲章序文において、健康とは「単に疾病又は病弱の存在しないことだけでなく、肉体的、精神的、社会的にも全てが満たされた状態である」と記されている。おそらくこの考えが最もよく知られた健康の定義と言えるだろう。身体的に問題がなくても、社会に溶け込めないような場合、その人は健康ではないと言える。また、野口（2008）は、元気に生活できるというような身体的な健康だけでなく、心理的な健康、社会的な健康といった要素に加え、環境的な健康や認知的（思

考的）な健康も考慮する必要があると指摘している。

2）日本における健康

　日本人の健康は、平均寿命の観点からは向上してきているとされる。平成23年版厚生労働白書によれば、第2次世界大戦が終了した直後の平均寿命は男女とも50歳代であり、若年で死亡する者も多く、老後の期間は誰にでも訪れるものではなかったとされる。2009年では、医療の進歩などにより、平均寿命は、男女平均では世界第1位である。また2018年においては、平均寿命は男性81.25歳、女性87.32歳であり、毎年のように男女とも世界のトップクラスとなっている。

　また、健康上の問題で日常生活が制限されることなく生活できる期間のことを**健康寿命**と呼ぶ（厚生労働省，2015）。上述のように日本は世界最高水準の長寿国となっているが、この健康寿命においては男女とも世界一を達成している。しかし、この健康寿命という言葉の認知度は3割程度であり、今後の高齢化の進展に伴う医療費等の負担を避けるためにも、健康寿命の延伸は重要と考えられている（厚生労働省，2015）。

　日本において1947年の死亡原因は1位が結核、2位が肺炎、3位が脳血管疾患であったが、2010年では1位が悪性新生物（腫瘍）、2位心疾患、3位脳血管疾患となっており、慢性疾患の増大という疾病構造の変化が見られる。死因の約6割をしめている悪性新生物いわゆるがんや心臓病などの生活習慣病を予防することは、今後の日本における健康上の課題であろう。なお、この死因順位の1位から3位まではしばらく同じであったが、2018年には老衰が脳血管疾患にかわり第3位となっている。

　また、日常生活での悩みや不安について、内閣府の「国民生活に関する世論調査」によれば、「悩みや不安を感じている」と回答している割合は1958年では3割程度であった。それが1995年以降「悩みや不安を感じている」と回答している割合は上昇傾向を示し、近年では7割程度まで上昇している。

その一方で「悩みや不安を感じていない」と回答する人の方が割合は低下傾向を示しており、おおむね3割程度となっている。こうした傾向も、現代の日本人の特徴の一つであろう。

3）健康リスクの要因

　個人のライフスタイルの変化、価値観の多様化、疾病構造の変化、少子高齢化社会の到来、個々人を取り巻く社会・生活環境の変化など、私達の健康状態を規定する要因は多岐にわたっている。疾病を予防するためには、健康にリスクとなる要因を解明することが必要であろう。何が健康を脅かしているかということが明らかになれば、それに対処する方法を見出すことが可能になる。この疾病の予防について、1次予防、2次予防、3次予防という分類があるとされる（長田，2009）。1次予防は健康な生活習慣の形成など、疾病や障害の発生を未然に防ぐ予防であり、2次予防は疾病の健診から治療、再発防止に至る各段階での予防とされる。また3次予防は、リハビリテーションや職能訓練などにより社会復帰を促進し、社会生活や職業生活の困難の発生を防ぎ軽減する予防と考えられている。

　リスク要因は、宿主要因と環境要因とに大別して考えられている。非常に多岐にわたっているため、ここではそのいくつかを記すこととする。

　①　宿主要因
　　遺伝的要因：体質や家族歴など
　　身体的要因：年齢、体格、既往疾患、栄養状態など
　　精神的要因：性格、気質、価値観、精神的ストレス、生きがいなど
　②　環境要因
　　社会文化経済的要因：居住地、人間関係、家族構成、食習慣、嗜好品、職業、教育レベル、経済レベルなど
　　自然環境要因：気象や地理など
　　病因要因：ウィルスなど

4）健康に影響を与えるパーソナリティについて

　心理学において、人の性格のことをパーソナリティと呼んでいる。パーソナリティは人の行動様式、価値観、対人関係などを規定するが、身体的な病気のかかりやすさにも影響を及ぼしているとされる。（パーソナリティの詳細については第8章を参照）

　このパーソナリティの中でも良く知られたものにタイプA行動パターンというものがある。アメリカの心臓内科医である、フリードマンとローゼンマン（Friedman & Rosenman, 1974）によって、心疾患にかかりやすいパーソナリティが提唱された。彼らは、狭心症や心筋梗塞の患者には一定の行動パターンがあると考え、その行動パターンが心疾患を引き起こす原因となることを明らかにした。例えば仕事に過度に没頭する、過剰な競争心や攻撃的な言動が目立つ、締め切りに間に合わすことにこだわるといった行動特徴であるが、そのような行動パターンを**タイプA行動パターン**と呼ぶ。タイプAは①些細なことで怒り、敵意が強い、②いつも時間に追われ、短気で性急に物事をこなそうとする、③競争心や達成欲が強い、などの特徴から構成されており、これらと対照的な行動パターンはタイプB行動パターンと呼ばれている。また、タイプA・Bと比べてがんにかかりやすいとされる性格パターンはタイプC行動パターンと呼ばれ、自分自身よりも他人を気遣って、怒り・不安などの不快感情を表出せずに持続的に自分を抑制するなどの特徴があるとされる。このタイプCは比較的新しい概念であることから、今後さらに検討していく必要があるとされている（佐瀬, 2012）。

3．健康づくりを支援するために

1）健康日本 21（21 世紀における国民健康づくり運動）

　健康日本 21 は、健康寿命の延伸などを実現するために、2010 年度を目途とした具体的な目標などを提示することにより、厚生労働省など健康に関連

する全ての関係機関や団体をはじめとして、国民が一体となった健康づくり運動を総合的かつ効果的に推進し、国民各層の自由な意思決定に基づく健康づくりに関する意識の向上および取り組みを促すものである。この健康日本21の趣旨には、「健康を実現することは、元来、個人の健康観に基づき、一人一人が主体的に取り組む課題であるが、個人による健康の実現には、こうした個人の力と併せて、社会全体としても、個人の主体的な健康づくりを支援していくことが不可欠である」と記載されている。また、生活習慣や生活習慣病について栄養・食生活、身体活動と運動、休養・こころの健康づくり、たばこ、アルコール、歯の健康、糖尿病、循環器病、がんの9つの分野を選定し、その取り組みの方向性と目標値を示している。

この健康日本21の運動期間は1990年から2012年までとされ、2011年10月にはその最終評価が報告された。この報告書によれば、59項目の目標のうち改善が見られたのは約6割にとどまっていたとされる。「メタボリックシンドロームを認知している国民の割合の増加」「高齢者で外出について積極的態度をもつ人の増加」などの項目は目標を達成したとされている。一方、「自殺者の減少」などは変わらず、「日常生活における歩数の増加」「糖尿病合併症の減少」などは後退しているという結果であった。

健康日本21の最終評価を踏まえ、2013年度から2022年度までを計画期間とする健康日本21（第二次）がスタートした。ここでは、「健康寿命の延伸と健康格差の縮小」等大きく5つの基本的な方向を定め、それぞれ実行可能性を踏まえた目標を設定している。

2）健康行動（health behavior）

健康行動は「健康の保持、増進、病気からの回復を目的として行われる行動」として定義づけられている。運動や労働、睡眠、休養、食行動など、健康と病気を左右する基本的な行動は全て健康行動として考えられているが、それらは日常生活の全ての活動とも言えるであろう。

この健康行動は、健康段階別に以下のように分類される（宗像，1996）

① 健康増進行動：健康増進のために行う行動で、積極的に健康を探求する（定期的に運動をする、健康的な食事をとるなど）

② 予防的保健行動：病気にかからないようにするための予防的な行動（外出から戻った時にうがいや手洗いを励行する）

③ 病気回避行動：心身の不調に気付いた時に行う養生行動（半健康な状態の時これ以上不調にならないように休養をとる）

④ 病気対処行動：病気に気付いた状態で、医療機関への受療を行う行動や、病気から回復するために患者としての役割を果たす（薬を飲む、仕事を休んで病気からの回復をはかる）

⑤ ターミナル対処行動：死への気付きによって、人生の終焉に備える（残された日々を家族に囲まれながら有意義に充実して過ごす）

3）健康支援

　健康とは、単に病気ではないというだけではなく、肉体的、精神的、社会的にも全てが満たされた状態のことであることは既に述べた。その考え方に伴い、たとえ病弱であったとしても人がいきいきと生活できることを目指すことが健康支援の一つの方向性とされている。

　個人が主観的に自分自身は良好な状態であると考えたり、適応感や幸福感を抱いたりすることを**主観的ウェルビーイング**（well-being）とよぶ（津田・伊藤，2004）。その主観的ウェルビーイング傾向が高ければ精神的健康は高く、主観的ウェルビーイング傾向が低ければ、精神症状がなくても精神的健康度の低い、不安の高いストレス状態となる。すなわち、仮に精神症状があったとしても、主観的ウェルビーイングを高く保つことができれば、いきいきと生活することができると考えられており、健康支援においても、主観的ウェルビーイングを高めていくことが大切であるとされる。

　また、津田・伊藤（2004）によれば、健康支援における心理的アプローチ

には、リスク要因やそれによって影響を受ける部分に介入することで健康を回復・促進していこうとするネガティブな側面からの支援と、個人の持つ潜在的に強い部分を見出し、それをさらに促進・強化していくことにより、健康を高めていこうというポジティブな側面からの支援があるとされる。人の支援を考える際の重要な視点として、疾病、人の弱さ、障害の研究のみでなく、人の強さや良いところも研究すべきであり、また健康づくりを考えるときには、ストレスを日常生活の中で上手にコントロールすること、主観的ウェルビーイングを高めていくこと、日常生活習慣を調整していくことが重要となる。

4）健康心理学

　「健康心理学」はあまり聞きなれない言葉であるかもしれない。健康心理学は心理学の中でも比較的新しい領域として考えられており、端的に言えば、心理学を心身の健康づくりのために役立てることを目的としている。マタラッツォ（Matarazzo, 1980）は、健康心理学には①健康を増進し維持すること、②疾病を予防し治療すること、③疾病の原因を研究すること、④ヘルスケアシステムと健康政策を改善することという、4つの主要な貢献が期待されていると述べている。

　心の病を対象とする臨床心理学は、比較的一般にも知られた領域であるが、小玉（2009）は、臨床心理学との違いについて以下のように指摘している。臨床心理学は主として心理的不適応あるいは社会行動的問題に対する治療的関わりに関心が向けられるのに対して、健康心理学では疾病予防や健康増進などの予防的側面に焦点が当てられている。健康心理学は病気にかかっている人だけを対象とするのではなく、より健やかな生活を実現したいと願う人々の健康増進に重要な役割を果たすものである。

4．こころの健康とストレス

1）こころの健康

　健康日本21において、こころの健康とは自分の感情に気づいて表現できること（情緒的健康）、状況に応じて適切に考え、現実的な問題解決ができること（知的健康）、他人や社会と建設的でよい関係を築けること（社会的健康）、人生の目的や意義を見出し、主体的に人生を選択すること（人間的健康）を意味しているとされる。こころの健康は人の生活の質に大きく影響を与えており、いきいきと自分らしく生きるための重要な条件である（第12章参照）。

　身体だけでなくこころの健康を保つには多くの要素があるが、その中でも適度な「運動」やバランスのとれた「栄養・食生活」、心身の疲労回復と充実した人生をめざす「休養」の3つが重要な要素と考えられている。すなわち、十分な睡眠と休養をとり、ストレスと上手に付き合うことは、こころの健康に欠かせない要素となっているのである。

2）現代生活とストレス

　日常生活での悩みや不安について、既述したように悩みや不安を感じている人の割合が増加している。現代では不安を抱えながら生活している人が多いようであり、ストレスと無縁の人は少ないのではないだろうか。このストレスという言葉は日常会話でもよく出てくるものであるが、「怒られてストレスがたまった」「ストレスで胃が痛い」など、一般的には良くないイメージが強いであろう。しかし宮城（1981）によれば、心身のバランスを保つための緊張した感情、緊張力が広義のストレスであり、それは人が環境に適応して生きていくために不可欠のものであるとされる。適度なストレスは、人の感受性や興奮性を高める働きがあるが、適量を越えた過度のストレスは不安や怒りなど、心身の病的状態をもたらすのである。

ストレス（stress）とはもともと物理的な歪みを示す用語であったが、セリエ（Selye, H.）が生理学の領域で「外部刺激に対応して生じる生体内のひずみ状態で非特異的に示される汎適応症候群」を提唱し、ストレスの概念を導入した。外傷、過剰な寒さ、筋肉疲労などのストレッサーにさらされた動物が、やがて胃の出血やかいよう、副腎皮質の肥大、胸腺の縮小など一連の身体症状を現すことを明らかにしたとされる（川崎, 2009）。

　心理学においては、ストレスという言葉を2つに分けて考えることが多いとされる。1つ目は原因としてのストレス、2つ目は結果としてのストレスである。人間の身体や心理面に負荷をかける外部からの刺激などのことを**ストレッサー**と呼び、そのストレッサーにより心身に生じる様々な反応のことを**ストレス反応**と呼んでいる（第12章参照）。

⑴　ライフイベント

　ストレッサーの中でも、人生に特に大きな影響を与え、日常生活に変化をもたらす出来事を**ライフイベント**と呼ぶ。ホームズとレイエ（Holmes & Rahe, 1967）は、ストレスを日常生活上の様々な変化に再適応するために必要な労力と捉え、**社会的再適応評定尺度**と呼ばれるストレス尺度を作成し、ストレッサーによって生じるストレスの数量化を試みた。表13－1は、ホームズとレイエが作成した社会的再適応評定尺度であり、そこには様々なライフイベントと、そのライフイベントが人に与える影響が記されている。

　表によれば、最も大きなライフイベントは「配偶者の死」であり、そのストレスポイントは100となっている。また、「妊娠」のストレスポイントは40となっているが、本当に子どもの出産を望んでいる人にとっての妊娠と、そうでない人の妊娠とでは、ライフイベントが個人にとって異なる意味を持っているであろう（前者にとってはプラスであるが、後者にとってはマイナスである）。このように、同じ出来事を経験してもその人によって受け止め方が異なってくることが想像できるが、そうしたストレスの個人差については、次節で述べる。

表 13 - 1　社会的再適応評定尺度 (Holmes & Rahe, 1967)

ライフイベント	得点	ライフイベント	得点
1．配偶者の死	100	23．子どもが家を離れること	29
2．離婚	73	24．親せきとのトラブル	29
3．夫婦の別居	65	25．個人的な成功	28
4．服役	63	26．妻の就職や退職	26
5．近親者の死	63	27．就学・卒業	26
6．けがや病気	53	28．生活条件の変化	25
7．結婚	50	29．個人的習慣の変更	24
8．失業	47	30．上司とのトラブル	23
9．夫婦の調停	45	31．労働条件の変化	20
10．退職	45	32．転居	20
11．家族の健康状態の悪化	44	33．転校	20
12．妊娠	40	34．レクリエーションの変化	19
13．性的困難	39	35．教会活動の変化	19
14．新たな家族の増加	39	36．社会活動の変化	18
15．仕事上の再適応	39	37．少額のローン	17
16．経済状態の悪化	38	38．睡眠習慣の変化	16
17．親しい友人の死	37	39．団らんする家族数の変化	15
18．転職	36	40．食習慣の変化	15
19．夫婦の口論回数の増加	35	41．長期休暇	13
20．多額のローン	31	42．クリスマス	12
21．担保・貸付金の損失	30	43．ささいな法律違反	11
22．仕事上の責任の変化	29		

(2)　ストレスの個人差

　ラザルスとフォルクマン（Lazarus & Folkman, 1984）は、様々な出来事に対する認知的評価やコーピングという個人の構えや心理的活動によってストレス反応が規定されると仮定している。

　私達は、日常生活の中で様々な出来事に遭遇する。それがその人にとってストレッサーになるか否かは、生活全般に対する個人の構えや、その出来事に対する個人の受け止め方による。

　例えば、前述の表にあるライフイベントに「転居」「転校」がある。これまでとは違う新たな環境での生活が始まることで、新たな気持ちで職場や学

校で活動できる人もいれば、住み慣れた場所を離れることが大きな負担となってしまう人もいる。このように、同じ刺激であっても受け取り方によっては異なった反応を生み出すのであるが、その受け取り方のことを**認知的評価**と呼ぶ。

　この認知的評価には一次的評価と二次的評価がある。一次的評価とは、人がある状況に直面した際にその状況が自分にとってストレスとなるかどうかを判断する過程である。次に、その状況に対して対処できるかどうか、またいかに対処するかといったことを判断する二次的評価が行われることになる。

　認知的評価の過程に基づき、ストレスによるネガティブな情動反応を軽減しようとする試みが行われるが、これを**コーピング**と呼ぶ。コーピングは問題焦点型と情動焦点型の２種類に分けられる。問題焦点型は、個人に苦痛をもたらす問題そのものを解決しようとするものであり、情動焦点型はネガティブな情動状態を軽減しようとするものである。これらの対処方法はそれぞれがストレス反応を低減させる作用をもっており、全般的には問題焦点型のコーピングを用いる者ほど健康的と言われる（川崎，2009）が、問題をコーピングすることができないと判断された場合には、まず情動焦点型コーピングで不快な情動を調節した上で、問題焦点型コーピングを用いることにより解決が容易になるとも言われている（宮村，2012）。このように、問題焦点型と情動焦点型の両方を柔軟に使い分けていくことが効果的と指摘されている。

⑶　ストレス対策

　ストレスにうまく対処していくためには、ストレスに対する対処能力を高めること、個人を取り巻く周囲のサポートを充実させること、ストレスの少ない社会をつくることが必要とされる。個人がストレスに対処する能力を高めるための具体的な方法には以下のようなものがある。

　①　ストレスの正しい知識を得る

② 健康的な睡眠、運動、食習慣によって心身の健康を維持する

③ 自分自身のストレスの状態を正確に理解する

④ リラックスできるようになる

⑤ ものごとを現実的で柔軟にとらえる

⑥ 自分の感情や考えを上手に表現する

⑦ 時間を有効に使ってゆとりをもつ

⑧ 趣味や旅行などの気分転換をはかる

⑷ ストレスへの耐性

野口（2008）によれば、強いストレス耐性を持つ人は、①身体的健康、②心理的健康、③社会的健康の3つの面に優れているとされる。

① 身体的健康

ストレスへの耐性と聞くと、心理面の問題が想定されるかもしれないが、身体と心の健康は切り離すことができない。心の健康のためには身体の安定が不可欠であり、心の健康を維持するためには、食事、睡眠、適度な運動など、身体をいたわることが重要とされる（高尾，2003）。身体に不調や不安があるときは、それが心にも影響を与えてしまう。

② 心理的健康

趣味を持っているか、人生を楽しんでいるかといった、その人の心の状態が安定しているかどうかが重要となる。

③ 社会的健康

自分と周囲の人間関係や環境が、そのような状態にあるのかを指す。心配事が生じた際、一人だけで悩むよりも相談できる家族や友人がそばにいた方が、ストレスが緩和されるのである。

3）ストレスマネジメント

ストレスマネジメントという言葉は、ストレスを阻止・軽減するための対応策と具体的介入という意味で用いられる。

このストレスマネジメントにはその介入時期がいくつか存在し、まず第1段階は刺激そのものに対するマネジメントであり、環境調整によってストレッサーとなりうる刺激を制限することとされる。第2段階は個人の認知的評価に対するマネジメントであり、認知的評価に影響する要因に対して対応策を講じることである。「男（女）はこのように振る舞わなければならない」「教師だから～でなければならない」といったように、社会文化的規範に対する人の受け止め方や構えがストレスを引き起こしている場合には、カウンセリングによってその受け止め方や構えが変わるように援助していき、結果的にストレスの緩和をめざすのである（山中，2000）。また、コーピング方略の獲得や修正を目的とした第3段階のストレスマネジメントも存在している。

　山中（2000）によれば、いずれの段階においても、ストレスマネジメントに取り組む際に重要なことは、ストレスをなくすことではなくストレスと上手につきあえるようになることとされる。私たちが生活する現代社会においては、ありとあらゆる潜在的ストレッサーが存在しており、それらを全て排除することは不可能である。ストレスを完全になくすのではなく、ストレスの程度が一定の幅でおさまり、安心して生活できるように自己コントロールができるようになることが重要である。

　私達がストレスとうまく付き合うためにどのように振る舞えばよいのか、という観点のもとに、多くのストレスマネジメントに関する技法が開発され、実践されている。伝統的なものには、自律訓練法や漸進的弛緩法、バイオフィードバック法などがある。その中の一つに、**動作法**がある。この動作法は、もともと脳性マヒ児・者の運動改善を目的として開発された技法である。1970年代の日本では、脳性マヒ児・者の運動障害に対する治療技法は機能訓練が中心であったが、催眠によって彼らの動かなかった部位が動くようになったことをきっかけとして、成瀬悟策を中心とした研究グループにより動作法は発展していった。動作法においては、肢体不自由の身体の動きの悪

さは、脳の障害によって身体の動かし方を誤った形で身に付けた結果である
と考え、彼らの運動障害を心理学的問題として捉えている。この動作法は脳
性マヒにとどまらず、自閉症やダウン症、高齢者など、幅広い領域を対象と
するようになっている。特に高齢者を対象とした動作法では、姿勢や動作の
改善のみならず、日常生活活動を含む、心理的側面にも効果が見られ、高齢
者の健康づくりに大きな効果を生み出すことが報告されている。

4）子どもとストレス

　私達は、様々なストレッサーに満ちた社会で生活しており、そこから生じ
るストレス反応の多くは私達の心身にマイナスに作用している。それは子ど
も達にとっても同じことが言える。

　しかし子どもは心身が未分化の状態にあり、感情や思っていることを言葉
に置き換える能力もまだ発達途上であるため、言語化することが難しいと言
われている。不安や落ち込みなどの心の葛藤や、乗り越えられないような強
いストレス状態にあるとき、子ども自身のストレス耐性が低かったり、養育
者の支えがなかったりすると、子どもは情緒不安定や性格変化などの精神・
心の症状、非行などの反社会的行動や薬物乱用、家出など非社会的行動といっ
た行動の異常、からだの症状など、さまざまな訴え方で心の SOS を出して
いると、多くの研究者が指摘している。

　災害などにより子どもに強いストレスが加わると、退行現象、生理的反応、
情緒的行動反応など様々な症状が現れてくる。退行現象には、親の注意を引
こうとする、それまでできていたことができなくなる、などがある。また生
理的反応は、頭痛や腹痛を訴える、食欲不振、寝つきが悪くなるなどであり、
情緒的反応には落ち着きがなくなる、いらいらしやすくなるといったことが
指摘されている。また、災害や大きな事故等により強いストレスが加わった
際には、PTSD（心的外傷後ストレス障害）についても考慮する必要がある。

発　展

健康リスク　健康日本21　ストレスマネジメント技法（自律訓練法、漸進的弛緩法、バイオフィードバック法など）　PTSD

引用参考文献

Friedman M & Rosenman R (1974) *Type A Behavior and Your Heart.* New York: Alfred A Knopf.

Holmes TA & Rahe RH (1967) "The Social Readjustment Rating Scale," *Journal of Psychosomatic Research.* 11 : 213-218.

Lazarus RS & Folkman S (1984) *Stress, appraisal, and coping.* New York: Springer Publishing Company, Inc.

Matarazzo JD (1980) "Behavioral health and behavioral medicine: Frontiers for a new health psychology," *American Psychologist.* 35 (9): 807-817.

長田久雄（2009）「健康リスクへのアプローチ」島井哲志・長田久雄・小玉正博編『健康心理学・入門』19-35　有斐閣

川崎直樹（2009）「現代生活とストレス」島井哲志・長田久雄・小玉正博編『健康心理学・入門』67-85　有斐閣

厚生労働省（2011）『平成23年版厚生労働白書』

厚生労働省（2011）『健康日本21最終評価について』

厚生労働省（2015）『平成26年版厚生労働白書』

厚生労働省（2019）『平成30年簡易生命表の概況』
https://www.mhlw.go.jp/toukei/saikin/hw/life/life18/index.html（2020年5月15日アクセス）

厚生労働省（2019）『平成30年（2018）人口動態統計月報年計（概数）の概況』
https://www.mhlw.go.jp/toukei/saikin/hw/jinkou/geppo/nengai18/index.html（2020年5月15日アクセス）

小玉正博（2009）「健康心理学と臨床心理学」島井哲志・長田久雄・小玉正博編『健康心理学・入門』37-48　有斐閣

佐瀬竜一（2012）「健康とパーソナリティ」森和代・石川利江・茂木俊彦編『よくわかる健康心理学』40-43　ミネルヴァ書房

高尾兼利（2003）「こころの健康を考える－青年期の精神保健－」古城和敬・上野徳美・高山智行・山本義史編著『あなたのこころを科学する Ver.3』110-131　北大路

書房

津田　彰・伊藤桜子（2004）「心理的アプローチからの健康支援」『教育と医学』615: 36-44

内閣府（2010）『国民生活に関する世論調査』

野口京子（2008）『健康心理学がとってもよくわかる本』東京書店

宮城音弥（1981）『ストレス』講談社

宮村りさ子（2012）「健康とストレスコーピング」森和代・石川利江・茂木俊彦編『よくわかる健康心理学』26-27　ミネルヴァ書房

宗像恒次（1996）『最新行動科学からみた健康と病気』メヂカルフレンド社

山中　寛（2000）「ストレスマネジメント教育の概要」『動作とイメージによるストレスマネジメント教育』1-13　北大路書房

Column 7

人を対象とした研究倫理

飯塚　由美

　人間を対象とした研究の倫理については、医学や生命科学分野などで、ニュルンベルク綱領（1947年）や世界医師会が制定したヘルシンキ宣言が知られている。特に、後者のヘルシンキ宣言は現在の人間を対象とする研究倫理の基本的指針となっている。人文・社会科学分野も決して例外ではない。インタビューや面接調査、質問紙などの調査、実験、フィールドワーク、アクションリサーチ、社会調査など多くの研究方法に関わってくる。

　日本心理学会では倫理綱領及び行動規範（公益社団法人日本心理学会会員倫理綱領、平成24年12月7日施行）において、「すべての人間の基本的人権を認め、これを侵さず、人間の自由と幸福追求の営みを尊重し、また、人間以外の動物についても、その福祉と保護に留意し、心理学の専門的職業人としての自らの行為に対する責任を持たなければならない」とし、1）責任の自覚と自己研鑽、2）法令の遵守と権利・福祉の尊重、3）説明と同意（研究の対象となる協力者に対するもの：インフォームド・コンセント）、4）守秘義務：プライバシーへの配慮、個人情報の保護と漏洩防止、得られたデータの厳重な管理と保管、5）公表に伴う責任：研究・教育・実践活動で得られた情報の公表に際し、あらかじめ協力者等の同意を得、共同研究の場合は、共同研究者の同意も得る必要が示されている。さらに、これとは別に、より具体化された倫理規程（公益社団法人日本心理学会倫理規程　第3版）が定められた。

　また、データの捏造、改ざん、盗用などの研究不正行為や適切でない予算執行などを排除し、責任のある行動がとれることが求められている。

引用文献

日本心理学会 HP https://psych.or.jp/about/#rinri（2020 年 7 月 30 日アクセス）

日本心理学会倫理委員会（2011）公益社団法人日本心理学会倫理規程　第 3 版　公益
　　社団法人日本心理学会

参考文献

眞嶋俊造・奥田太郎・河野哲也 編著（2016）『人文・社会科学のための研究倫理ガイ
　　ドブック』慶應義塾大学出版会

第14章　教育と教育評価

　教育とは何だろうか。教育とは、われわれが人として望ましくあるために、人を「教え育てる」ことである。また、われわれは、基本的人権として教育を受ける権利を持つ。

　教育の目的は、教育基本法にもあげられているように、「第1条　（教育の目的）教育は、人格の完成をめざし、平和的な国家及び社会の形成者として、真理と正義を愛し、個人の価値をたっとび、勤労と責任を重んじ、自主的精神に充ちた心身ともに健康な国民の育成を期して行われなければならない。」とされている（文部科学省，2009）。

　一人前の人間となるために、学童期に入る前段階から家庭において教育がなされる。また、学校教育は、初等教育から始まり、中等教育、高等教育へと継続的になされている。さらに、われわれが大学を卒業し社会人になってからも、生涯教育という言葉があるように、人が、意欲をもって一生涯学び続ける環境や体制を整えることが期待される。

　教育心理学は、心理学の知見や理論を教育現場へ応用し、教育に役立てる学問である。人を教え育てるのであるから、教え方、育て方の改善は教育心理学の重要な仕事の一つである。また、教え育てた結果、思ったように学び、育っているかどうかを確認することも重要な仕事である。

　学校教育は、児童、生徒が教科学習をするだけでなく、人としての素養を身につける場でもある。教育する上では、知識を伝え技能を教えるのにもさまざまな工夫、取り組みが求められる。また、単に教育を行うだけでなく教育効果を検証することが必要である。

　教育効果が低い学習法を使えば、生徒（学生）の学力向上にはつながらない。従来の教育方法とは異なる教育方法を導入する際には、教育効果をあら

かじめ比較検討することが必要である。ではどのようにしたら教育効果を検証できるのであろうか。その一つの方法として、教育評価がある。以下では、教育評価について詳述する。

1. 教育評価

　教育評価は、今後の教育をさらに良いものにするために、さまざまな情報から教育実態を把握し、教育上適切な判断をする一連の活動といえよう。教育評価とは必ずしも、成績評価のみに限られてはいない。

　では、教育評価においては、誰に何を実施し評価するのであろうか。教育評価の対象は、学習者（学生・生徒）、教育者（教員）、そして教育上の計画や教育方法である。何のためにどのような教育評価をするのかそれぞれについて説明する。

1）学生評価

　学生評価とは、学生に対する評価である。学生評価にはさまざまな種類がある。例えば、入学試験の得点による評価、各授業の達成目標についてどのくらい到達できたかという評価などがあげられる。これらは、入試の成績、授業科目の成績として位置づけられる。

2）教員評価

　教員評価は、教員についての評価であるが、特に教育能力の評価の一環として、FD（Faculty Development）と呼ばれる教育能力の向上のためのさまざまな取り組みがなされている。

　大学をはじめとした高等教育機関においては、授業内容や授業方法等を改善する目的で、各授業の終了後に授業評価（授業アンケート）が実施されている。大学により評価項目はさまざまであるが、授業内容の難易度や、授業

方法や課題の量の適切さ、教員の授業に対する熱意などを問うものもある。また、5段階評価（1そう思わない　2あまりそう思わない　3どちらでもない　4ややそう思う　5そう思う）などを用いて、項目ごとに平均値を算出し、どの項目が高かったのか（あるいは低かったのか）分析を行うことで、今後の授業改善に役立てることができる。このように、授業評価（授業アンケート）の結果は、学生のニーズに応えるための参考資料として用いられている。

3）カリキュラム評価

　教育上の計画や教育方法の評価として、例えばカリキュラム評価がある。カリキュラムとは、教育課程を意味する。初等教育、中等教育においては、学習指導要領を土台としてカリキュラムが編成されている。大学などの高等教育機関においては、教育目標のもとにカリキュラム評価が実施されているところもある。このカリキュラム評価をもとに、教育課程の編成、授業科目の内容や組み立て（学年の配当など）を改善することが求められる。

　例えば、授業の内容が不適切であれば内容を改善する。難易度の高い授業科目は2年次から3年次に移動させるというように、難易度により、開講時期の順序を変更することもひとつの改善方法である。

２．相対評価と絶対評価

　本章の以下の部分では、学生評価、教員評価、カリキュラム評価のうち、学生の評価に重点を当て論じる。特に、学生の成績評価における相対評価と絶対評価の違いについて、歴史的な経緯もふまえ詳述する。

　成績を評価する際には、相対評価と絶対評価がある。相対評価と絶対評価の違いは何であろうか。梶田（1992）によれば、相対的評価と絶対的評価を区別する点は、評価基準のとり方であり、ある人の現状を評価する際に、同

様の条件を持った他者と比較することにより評価するのか、あるいは、何らかの基準にそって評価するかということであるとされている。以下ではそれぞれの長所、短所をあげて説明する。

1）相対評価

　相対評価では、正規分布に基づき評価がなされている。正規分布（normal distribution）は、最も重要な確率分布であり、発見した数学者の名前にちなんでガウス分布とも呼ばれる。正規分布については図 14 - 1 を参照のこと。図 14 にも示されているように、正規分布は左右が対称で釣り鐘状になっている。例えば、身長や体重などを測定するとおおむね正規分布に従うことがわかっている。正規分布では、平均値を中心として、± 1SD（標準偏差）の範囲に 68.3 パーセント、± 2SD（標準偏差）の範囲に 95.4 パーセント、± 3SD（標準偏差）の範囲に 99.7 パーセントの人がいる。

　例えば 5 段階評価において、クラスの人数における割合に基づき、少数の非常に成績の良い生徒は 5、やや成績の良い生徒は 4、多数の普通程度の生徒は 3、やや成績の悪い生徒は 2、少数の成績の悪い生徒は 1 という評価になる。正規分布に基づけば、「5」あるいは「1」と評価される生徒はそれぞれクラスの約 7 ％、「4」「2」なら約 24 ％、「3」なら約 38 ％というように評価がなされる。したがって、相対評価では、同じ得点でもクラス集団のレベル（平均値）により影響を受ける。

　相対評価の長所としては、集団内での生徒の位置の客観的な評価であるため、異なる科目の成績なども比べることができる。しかしながら、欠点として次に述べるようなことがあげられる。相対的評価とは、客観的に生徒の相対的位置を示すものである。クラス集団のレベル（平均値）を基準として評価されるため、本人が努力をして以前よりも学力が向上したとしても、クラス集団のレベル（平均値）が同時に高くなった場合には、評価としては変わらない。そのため本人の学習の進捗状況あるいは目標への到達度がわからな

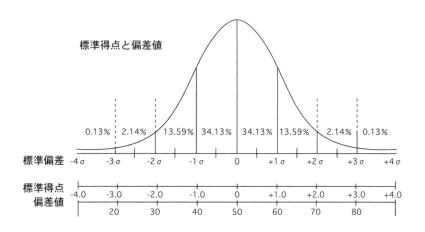

標準得点と偏差値

| 0.13% | 2.14% | 13.59% | 34.13% | 34.13% | 13.59% | 2.14% | 0.13% |

標準偏差 -4σ -3σ -2σ -1σ 0 +1σ +2σ +3σ +4σ

標準得点
偏差値 -4.0 -3.0 -2.0 -1.0 0 +1.0 +2.0 +3.0 +4.0

20 30 40 50 60 70 80

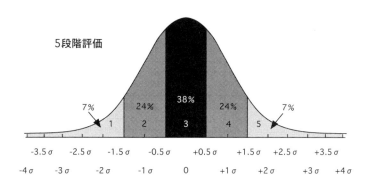

5段階評価

7% 24% 38% 24% 7%

1 2 3 4 5

-3.5σ -2.5σ -1.5σ -0.5σ +0.5σ +1.5σ +2.5σ +3.5σ

-4σ -3σ -2σ -1σ 0 +1σ +2σ +3σ +4σ

図 14 − 1　正規分布と相対評価

い。また、成績の良い生徒ばかりが集まっている学校の５段階の３と、成績
の悪い生徒ばかりが集まっている学校の５段階の３を比べると、実際の成績
にはかなり違いがありそうだが、そのような違いは相対評価では見えてこな
い。

　そのように考えると、相対評価は客観性は高いものの、それが有用な評価

であるかどうかという点では疑念がある。

相対評価として、よく用いられるのが、標準得点、偏差値、パーセンタイル順位である。

(1) 標準得点 (z-score)

標準得点とは、特定集団に属する個人の試験の得点が正規分布する場合、集団における平均を 0（ゼロ）、標準偏差（SD）が 1 となるように個人の得点を変換したものである。したがって、標準得点の式は次のようになる。

標準得点＝素点－素点の平均／素点の標準偏差

標準得点を用いることで、基準となる集団の平均よりも高いか、あるいは低いかということがわかる。特定個人の標準得点は例えば 0.8 点とか -1.2 点のようになるが、実用上は使いにくい。そのため、次に述べる偏差値がよく用いられる。

(2) 偏差値

偏差値は、標準得点を平均値が 50、標準偏差が 10 になるように換算したものである。つまり、A さんの得点が平均点であれば偏差値は 50 となる。多くの試験は 100 点満点であり、平均点が 50 点前後になることが多い。個人の偏差値はほとんどの場合、20 から 80 の間になるから、偏差値は直感的にわかりやすい。学校教育において、偏差値は重視されてきた。特に受験において、志願校に合格するためのおよその偏差値レベルが設けられており、偏差値をもとに進学先を決定することも少なくない。したがって、偏差値を上げることが期待され、いわゆる試験の点数を重視した偏差値教育のもとに指導がなされることが多かった。近年では、偏差値教育に対して批判がなされることもあるが、未だ志望校の選択における指標として用いられている。

(3) パーセンタイル順位 (百分位順位)

パーセンタイル順位とは、集団内の順位について表したものであり、ある得点を基準として、その得点以下の者が何パーセントいるか示す。パーセンタイル順位も集団の中での相対的な位置を示すものである。パーセンタイル

順位が50であれば、その得点を基準として上位と下位に同数の人数が存在することになる。得点は正規分布する必要がないので、応用範囲は広いが、統計的処理をする場合には制約が多くなる。

2）絶対評価

　一方、絶対評価ではどうであろうか。**絶対評価**では、本人が、一定の成績の基準（教育目標も含める）に照らして、人数の割合にかかわらず評価される。それゆえ、相対評価のように、クラス集団のレベル（平均値）に影響を受けることはない。大学の成績評価においては、絶対評価（優、良、可、不可）で成績評価をしている場合が多いと思われるが、この絶対評価の考え方からすると、講義の履修者全員が「優」あるいは、「不可」ということもありうる。仮にそのような評価が行われたとすれば、科目Xは簡単だが科目Yは難し過ぎるとか、A先生は評価が甘いが、B先生は評価が厳しいというイメージが定着する懸念もある。それだけに、教育目標や成績基準の設定については、その妥当性や公平性について十分に考える必要がある。さらに、絶対評価では、評価する側の基準に主観的基準が持ち込まれやすい。したがって、評価の基準には客観性の担保が求められる。

3．成績評価の歴史的経緯

　先述したように、相対評価においては集団の平均値により成績が左右されるため、教育目標にあわせて、集団内の序列ではなく何をどこまで習得したかを評価する目的で、1977年には絶対評価あるいは到達度評価を併用するように学習指導要領が改定された。

　1989年には、主として絶対評価を用いるが、集団内の相対評価を用いても良いということになった。さらに、1998年の学習指導要領の改訂により、絶対評価だけが用いられるようになり、あわせて生徒一人ひとりの向上（個

人内評価）についても生徒に伝えるようになった。

　現在の指導要領では、各教科について観点別学習状況の評価が行われている。評価の観点は、1「知識・技能」2「思考・判断・表現」3「主体的に学習に取り組む態度」である。評価の観点ごとにABCの3段階で評価が行われる（A：「十分満足できる」状況と判断されるもの　B：「おおむね満足できる」状況と判断されるもの、C：「努力を要する」状況と判断されるもの）。また、各教科ごとの成績となる評定については、小学校（第3学年以上）においては3、2、1の3段階で評価がなされている（3：「十分満足できる」状況と判断されるもの、2：「おおむね満足できる」状況と判断されるもの、1：「努力を要する」状況と判断されるもの）。中学校においては、5、4、3、2、1の5段階で評価がなされている（5：「十分満足できるもののうち、特に程度が高い」状況と判断されるもの、4：「十分満足できる」状況と判断されるもの、3：「おおむね満足できる」状況と判断されるもの、2：「努力を要する」状況と判断されるもの、1：「一層努力を要する」状況と判断されるもの）（文部科学省HP）。

　小学校算数の教科では、算数への主体的に学習に取り組む態度について「数学的活動の楽しさや数学のよさに気付き粘り強く考えたり、学習を振り返ってよりよく問題解決しようとしたり、算数で学んだことを生活や学習に活用しようとしたりしている。」という趣旨で評価をする（文部科学省HP）。

　「相対評価」から「絶対評価」に改めた理由として、文部科学省は次のようにまとめている。

① 新しい学習指導要領に示された基礎的・基本的な内容の確実な習得を図る観点から学習指導要領に示した内容を確実に習得したかどうかの評価を一層徹底するため

② 児童生徒一人一人の進歩の状況や教科の目標の実現状況を的確に把握し、学習指導の改善に生かすため

③ 各学校段階において、児童生徒がその学校段階の目標を実現している

かどうかを評価することにより上級の学校段階の教育との円滑な接続に資するため

④ 新しい学習指導要領では、習熟の程度に応じた指導など、個に応じた指導を一層重視しており、学習集団の編成も多様となることが考えられるため

⑤ 少子化等により、学年、学級の児童生徒数が減少する中で、評価の客観性や信頼性を確保するため

（文部科学省 HP）

　相対評価、絶対評価の両者とも、それぞれ長所、短所があるので場面（ケース）に応じた評価方法を用いることが望ましいと考えられる。個々の生徒の評価に直接つながるものではないが、文部科学省が毎年行う全国学力・学習状況調査は、全国規模で相対評価を行うことで客観的な学力を把握し、指導方法の改善に役立てようとしている[注1]。

4．診断的評価、形成的評価、総括的評価

　成績評価を行う場合、「いつ」「どのように」評価するのがよいのであろうか。例えば、成績を評価する際に、学期末の試験が実施されることが多いが、試験時のみで評価する場合、学期を通じて、どれだけ伸びたかというプロセスを重視しないことになる。果たして、試験時点で点が高ければそれでよいのだろうか。成績評価というと、とかく教育活動を実施した後の評価のみと考えがちだが、次にあげるように、教育活動実施前、実施中、実施後の3つに分けて評価が行われる。

　診断的評価とは、教育活動の実施前に事前に行う評価である。この評価は、レディネス（学習側の準備状態）が事前に形成されているかどうかを把握するものであり、今後の教育をどのように実施するのがよいかを決める場合に

活用される。

　形成的評価とは教育活動の実施中に行う評価である。形成的評価により、教育プログラムが開始された後で、教育目標に沿った成果が得られているかどうかを把握する。したがって、成果が得られなければ、必要に応じて教育プログラムを変更することもあるだろう。形成的評価においては、学期の途中において、試験が実施される。例えば、授業中の小テストがこれにあたる。

　これに対し**総括的評価**とは、学期末などの試験のように、一定の教育活動終了後に実施される評価である。総括的評価は、教育活動全体を振り返り、把握するためのものといえる。進級や、卒業を決定する際の重要な評価であると考えられる。また、学期末に実施される試験による評価も、基本的には総括的評価に基づいている。この評価を重視した場合、極端に言うと、いわゆる「一夜漬け」で試験の成績が良かった場合でも、全体としてその授業科目に対して肯定的評価がなされることになる。

5．絶対評価を歪める要因

1）ピグマリオン効果

　教育する上で、気をつけなければならない点として、ピグマリオン効果がある。**ピグマリオン効果**とは、教師が、児童・生徒の学業成績に関して期待を抱くために、その期待が実現するように行動することにより、結果として児童・生徒の学業成績に向上が見られる現象のことをさす。

　例えば、教員がA学生に学習面で期待をしているとする。教員自身には自覚がないとしても（無意識のレベルで）他の学生よりもA学生に対して、学習面で期待通りになるように、時間をかけ、丁寧な指導を行うかもしれない。したがって、A学生の成績が他の学生よりも優れているという結果が生じることになる。一方、例えばB学生に、「成績の向上が見込めない学生である」というイメージを抱いていると、結果としてB学生に対して粗雑

な対応をしてしまう懸念が生じる。

2）ハロー効果（光背効果）

　ハロー効果とは、人を評価するにあたって、評価対象者に望ましい（あるいは望ましくない）特性があると、評価対象者の他の面までを望ましい（あるいは望ましくない）と判断する傾向のことである（ハロー効果については、第9章も参照のこと）。この効果により、特に教員が学生を評価する際に、正しい評価がなされないことが考えられる。当該学生の特性の一部分をみて良いイメージを持つと、仮に改善すべき点があってもその点に関しては、甘く評価をする。一方で、一部の悪いイメージが先行し、その人の全体イメージまでもが悪くなり、他に良い面があってもその部分は評価されず、全体として厳しい評価を下すこともありうる。

3）プラセボ（プラシーボ）効果

　「この薬は○○に効きますよ」と言われ、実際にはその薬には薬理作用がないとしても効果があるように感じ、症状が改善されることがある。これは**プラセボ（プラシーボ）効果**と呼ばれるものである。また、医者に「大丈夫ですよ、なおりますよ」と声をかけてもらえば、ますますその効果が期待できそうである。

　これを教育場面に応用することはできないだろうか。例えば、ある課題に関して教員が学生に「あなたなら大丈夫よ、きっとできるよ」とポジティブな声かけをしたとする。明確な根拠はないとしても、学生の立場から考えると、先生から「きっとできる」と言われたので、自己評価も高くなり（自信につながり）、その課題ができそうな気がしてくるかもしれない。結果として、教員の声かけ通り、学生はその課題が「できるようになる」ことがある。このことは、学習意欲を高める点で役立つだろう。逆に、「あなたには難しいわ、きっとできないと思うよ」とネガティブな声かけをされれば、実際に課題遂

行の能力があったとしても、取り組む前から、先生が「難しい、きっとできない」と言われたので自分には無理だろうと、学生自身があきらめてしまう場合もあるだろう。

6．最近の学習評価

1）ポートフォリオによる評価

　近年、学校教育において、学習評価の一環として、ポートフォリオが用いられているところがある。大学だけでなく、小学校や中学校などの初等教育においても活用されている。

　ポートフォリオとは、学習者による学習のプロセスや成果をまとめた記録や、教師による指導の記録などをファイルに整理し、蓄積したもののことである。例えば、授業における提出物（例えばレポートなど）についてポートフォリオを使って、入学時から卒業時までの学びを蓄積することができる。看護系大学の例をあげると、臨地実習において看護基本技術の修得状況を記録し、自己評価に活用することが可能である。また、各専門領域における卒業時までに求められる能力について、レベル別到達目標が示されるため、学習を進める上での目安となっている（吾郷他，2011）。さらに、個々の科目の担当教員からのフィードバック（コメント）も確認できるので、教育する過程において、学生（学習者）にとっても、教員（教育者、とりわけ指導教員）にとっても役立つものとなる。

　教科指導においてポートフォリオを活用するために、さまざまな取り組みがなされている。小学校や中学校では、「総合的な学習」の時間に、自らが興味を持ったテーマについて調べ学習をする際に、ポートフォリオを利用しているところがある。穂坂（2003）によれば、教科指導においてポートフォリオを活用するために、さまざまな取り組みがなされている。例えば、小学校5年生の「体育」の科目において、表現運動（ソーラン節）の練習のプロ

セスから、本番の演技に至るまでの過程をまとめている。表現運動（ソーラン節）の練習段階から本番の演技に至るまでの各段階においてビデオ撮影をし、ビデオでの振り返りをすることによって、上達の程度やどの動きの習得が難しいかを確認することができるという例がある。

　また、中学校１年生「理科」の科目においては、身近な物理現象について観察や実験を通して実験方法を考えたり、あるいは実験レポートを作成したりする際に生徒の思考を援助する目的でポートフォリオ評価が実践されている。また振り返りの際にも有用な学習効果が得られている（穂坂，2003）。

　このように、ポートフォリオを用いることで、学習の結果だけでなく、学習過程を把握することができるというメリットがある。このことは、教員のみならず、学生（生徒）自身も学習の進捗状況がわかるので、双方にとって有益だと思われる。

２）ルーブリックによる評価

　また、**ルーブリック**という、パフォーマンスの質を把握したり、判断したりするために用いられる評価基準表がある。実際に知識や技術が身についたかどうかという観点においてパフォーマンス評価をさせるものである。

　これらは、例えば、口頭発表（プレゼンテーション）等において、要求水準を満たしているかどうかを測定する指標として用いられる。授業の一環として、例えば、口頭発表（プレゼンテーション）において一定のコミュニケーション能力が要求されているとすれば、声の調子、姿勢、視線などについて測定するための５段階尺度を作成し、学生が要求されている基準まで到達できたかどうか教員が評価する。このルーブリック評価は成績評価の参考資料として用いられることがある。

３）GPA（Grade Point Average）

　GPA とは各科目の成績を加重平均した値である。つまり、履修科目の成

績を総合的にあるいは平均的に見た場合に、全体として優れているか否かを示すものである。日本の大学では、主に「優」（80点〜100点）、「良」（70点〜79点）、「可」（60点〜69点）、「不可」（60点以下）の4段階で評定されているが、国際的にも通用する指標として、このGPA制度を成績評価の指標として導入している大学もある。具体的には、5段階評価の成績を数値化する。以下に試験成績（科目成績）とGPAとの対応例を示す（表14−1）。

表14−1　試験成績（科目成績）とGPとの対応

試験成績（点）	科目成績	GP	登録単位数	ポイント
90〜100	A	4	8	32
80〜89	B	3	20	60
70〜79	C	2	10	20
60〜69	D	1	4	4
60以下	E	0	2	0
			44	116

GPA=116 / 44 （2.64）

　GPAは、各科目の（単位数×ポイント）の合計／総単位数（履修登録単位の総数）という数式であらわされる。GPAについても、成績を客観的に評価するという点で利便性がある。この例だと、GPAは2.64となる。

7．テスト理論における信頼性と妥当性

　成績を評価するための試験を実施する際に、信頼性と妥当性は非常に重要な概念である。これは、心理検査にもあてはまることである。
　ここではテスト理論をもとに述べることとする。検査（テスト）結果が、定量化されている場合、テスト得点という。テスト理論における**信頼性**とは、何回測定したとしても同じ結果が得られることを意味する。例えば、同一の

試験を2回繰り返して行ったとき、1回目の試験で成績が良かった学生は2回目の試験においても成績が良いということである。学校の教科に関する試験であれば、信頼性が著しく低いとは考えられない。しかし、多肢選択式の出題で、かつ難易度が非常に高い場合、受験者の得点は偶然に近くなるため信頼性は低下する。

妥当性とは、測定したいものがきちんと測定されているかどうかの程度をあらわすものである。妥当性が認められなければ、本来測定したいものが測定されていないことになるため、検査を実施しても有意味なものにはならない。

例えば、「200 + 500 =」という加算課題と「Aさんが200円のシュークリームと500円のケーキを買いました。合計で何円ですか」という問題は同じような加算課題ではあるが、前者と比較し、後者の問題では、日本語の読解能力がなければ解答するのが難しいと思われる。日本に暮らす外国人の子どもが、日本の学校の試験で正しく能力や知識の評価をしてもらえるかどうかは簡単には決められない課題である。ある特定の試験が、意図した能力や知識の有無を正しく測定していないとき、この試験には「妥当性」がないといわれる。数学の試験において加算課題のみを出題したとすれば、数学の試験として妥当だろうか。

妥当性には内容的妥当性、構成概念妥当性、基準関連妥当性などがある。数学の試験で加算課題を出題することは、内容としては妥当であるが、数学を構成しているのは加算だけではないから、構成概念妥当性には欠けているといえる。基準関連妥当性は、普段数学の成績が良い学生がこの試験において良い点をとれるかどうかということである。

中学や高校の中間試験や期末試験における教科科目の試験は、最近学習した授業内容についての出題であるため、ほとんどの場合、妥当性は高いと考えてよい。信頼性については、あらかじめ検討するのが難しいが、正解が一つしかない多肢選択式の設問であれば同一の試験を複数回実施したとして

も、実施の度に個人の成績が大きく変わることはないであろう。つまり信頼性も高いと考えてよい。しかし自由記述式の試験では同一の設問に対して同一個人がまったく同じ解答をするわけではないから、得点の変動は大きくなると考えられる。

　心理検査は臨床上の診断に用いられるものもあるが、学習指導上あるいは生活指導上の参考資料として用いられることがある。例えば、実際に用いられる心理検査には、知能検査や性格検査がある。代表的な心理検査として、ウェクスラー知能検査や、YG性格検査がある（心理検査については第8章を参照のこと）。心理検査は、知識を問う教科科目試験とは異なり、測定される概念が非常に明確とはいえない場合があるため、妥当性はそれほど明白ではない。また検査を受ける個人の体調や気分が変動すると検査結果が変わってくることが少なくない。そのため市販の心理検査は、ほとんどの場合、開発の段階で信頼性、妥当性の検討がなされている。それでも心理検査の結果に、教科科目の試験結果と同等の妥当性や信頼性があると考えるべきではない。心理検査の結果を、教育指導上での参考資料とし、教育現場に応用していく場合、これらの制約を知っておくことは重要であろう。

注1）自治体、学校間の比較が可能になることから、歪んだ競争を引き起こすのではないかという懸念もある。

引用参考文献

吾郷美奈恵・石橋照子・三島美代子・梶谷みゆき・金築利博・目次由佳・阪本功・小林賢司・福澤陽一郎・青木健・小村道昭（2011）「看護基礎教育における自己教育力育成に向けた"だんだんeポートフォリオ"システムの活用」,『島根県立大学短期大学部出雲キャンパス研究紀要』第6巻, 101-112.

藤永保（監修）（2013）『最新　心理学事典』平凡社

子安増生・田中俊也・南風原朝和・伊東裕司（著）（2003）『教育心理学［新版］ベーシック現代心理学6』有斐閣

穂坂明範（2003）「教科指導に生かすポートフォリオ評価」,『神奈川県立総合教育セ

ンター研究集録』, 22, 131-134.

梶田叡一（著）（1992）『教育評価　第2版』有斐閣双書

文部科学省（2009）『高等学校学習指導要領』東山書房

文部科学省ホームページ

https://www.mext.go.jp/b_menu/shingi/chukyo/chukyo3/004/gaiyou/attach/1292216.htm

https://www.mext.go.jp/b_menu/hakusho/nc/attach/1415186.htm

https://www.mext.go.jp/b_menu/hakusho/nc/attach/1415198.htm

https://www.mext.go.jp/b_menu/hakusho/nc/1415169.htm

https://www.mext.go.jp/component/b_menu/nc/__icsFiles/afieldfile/2019/04/09/1415196_4_1_2.pdf

（2020年7月25日アクセス）

依田新（監修）（1979）『新・教育心理学事典』金子書房

第15章　心理と生理

1．はじめに

　なぜ心理学の教科書でありながら、生理の名が付く章があるのだろうか。その理由は、今更言うまでもないことかもしれないが、高次機能を含んだ人間の心が脳および神経の中に存在するからである。すなわち、それらの生理的構造を知ることは心を詳細に捉えるためには欠かせない。

　しかしながら、古代ギリシャにおいて心の中心は心臓にあると認識されていたのも事実である。これは、大勢の前でスピーチするときに感じるドキドキ感を考えると、多少以上に納得してもらえることかもしれない。この現象は心が単に脳だけでなく、神経系によってつながる身体全般にも関わりがあることを教えてくれる実例でもあると考える。

　神経と心の関わりに関する学問領域としては、人間の高次機能と脳の橋渡しをする神経心理学がある。神経心理学では、特に大脳の機能局在について、神経系の疾患の障害から検証するアプローチが行われることが多い。この学問領域では、脳損傷を原因とする失語・失行等の臨床研究が数多く存在する。

　また、心理学的に規定する心のありかたと生理学的に規定する身体全般の変化過程の関連を検討する学問領域として、生理心理学がある。生理心理学では睡眠と覚醒、情動、認知機能等を生理学的測定方法に基づき検証することが多い。この学問領域で積み重ねされた研究成果の一つとして、日本では警察で行われている虚偽検出（ウソ発見）検査がある。

　以上のように、脳や神経の視点から心を捉えることが重要であることはわかって頂けたと思う。この章では、主に神経と脳の構造の説明と脳の**機能局在**について言及する。それらが心とどのように関わっているかを説明していく。

2. 神経系の構造

　猫に悪戯して指先でも噛まれれば「痛い！」ということを感じるであろう。このような痛みを感じるのは、私たちの身体に神経が張り巡らされていて、指で発生した痛みの情報が瞬時に脳へ伝達されるからである。

　人間の神経系は神経細胞の塊である中枢神経系およびそれら以外の末梢神経系に分けることができる。猫に指先を噛まれて痛みを感じるのは身体全体に張り巡らされている末梢神経の役割による。また中枢神経系は後述する脳や脊髄がその代表的なものである。

1）ニューロンとシナプス

　身体に張り巡らされた神経系は、図15-1に示される**ニューロン**によって構成されている。このニューロンは樹状突起・細胞体・神経繊維から構成されている。ニューロンの主たる役割は、外界からの情報を受け取り、それを電気信号に変換して目的の細胞にその情報を伝えることである。ニューロン内では情報は主に電気信号として伝わるが、その末端（**シナプス**）では主に化学物質による情報伝達が行われている。

　ニューロンの末端にあり、膨大して小さな球状の構造のものがシナプスである。この部分は、他の神経細胞等とかなり接近した状態となる。図15-2に図示されているように、密着してはいない。興奮の伝わってくる神経繊維（シナプス前繊維）のシナプスから、化学物質が放出されることで受け取る神経繊維（シナプス後繊維）側へ興奮が伝達する。これをシナプス伝達と呼ぶ。

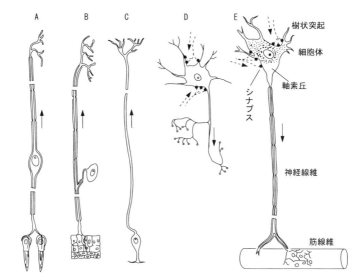

A：聴覚、B：皮膚感覚、C：嗅覚などの感覚ニューロン、D：介在ニューロン、E：運動ニューロン

図 15 － 1　種々のニューロン

[出典：真島英信『生理学　改訂 18 版』文光堂, p77, 1986]

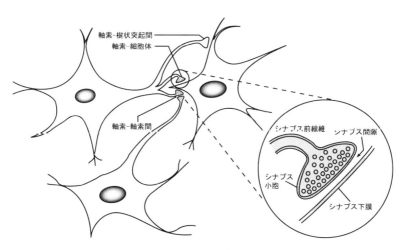

図 15 － 2　シナプスの構造

[出典：中野昭一編著『普及版―解剖・生理・栄養―図説 ヒトのからだ』医歯薬出版, p222, 2001]

2）末梢神経

　後述する脳および脊髄は中枢神経と呼ばれる。この中枢神経系から身体ほとんどの部位に達している神経を末梢神経と呼ぶ。この末梢神経を機能的に分類すると運動や感覚のように意思に関わる体性神経と、呼吸や循環のように意思に関わらない自律神経に分けることができる。

　体性神経は、中枢から末梢へ伝わる運動神経と末梢から中枢へ伝わる感覚神経に分類される。これらは脳からの 12 対（脳神経）、脊椎からの 31 対（脊椎神経）が明らかとなっている。

　自律神経は、当初中枢から末梢への伝達経路とされてきたが、末梢から中枢への経路（主に内臓からの情報を中枢へ伝える）も明らかとなっている。胸髄または腰髄から発する交感神経と、脳または仙髄から発する副交感神経に分けられる。図 15-3 にその概要を示す。かなり多くの末梢器官が自律神経に支配されていることが確認できるであろう。

3）中枢神経

　中枢神経は、前述の通り脳および脊髄から構成される。脳については後述するので、ここでは脊髄についてのみまとめる。

　脊髄は感覚器官から脳、および脳から効果器への情報の連絡路の役割を担うのが主な働きである。また、画鋲を踏んだときに思わず足を引っ込めてしまうような反射（この例では屈曲反射）が脊髄の主たる役割である。医者が神経系の働きを調べる際に膝の下をハンマーで叩く伸張反射も同様のものである。これらを脊髄反射と呼ぶ。

　脊髄反射の中でも屈曲反射では、画鋲を踏んだ際に生じる皮膚感覚の電気信号が、知覚神経と脊髄内の介在ニューロンを経て運動ニューロンに達する。そこからの信号が運動神経を経て筋による屈曲反射を引き起こす。つまり、画鋲を踏んだという情報は大脳皮質へ至ることなく足を引っ込めるという反応を生じさせている。これは痛みから身体を守るという結果でもあるため、

防御反応とも呼ばれる。

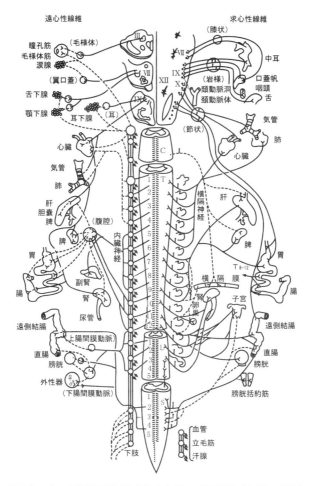

図 15 − 3　自律神経系（左側）と内臓の感覚神経（右側）の関連

自律神経系の実線は節前線維、点線は節後線維。内臓の感覚神経で体性
感覚の性質を有するものは点線表記。

「出典：真島英信『生理学　改訂18版』文光堂，p126，1986」

3．脳機能の概要

　図15-4に示されるような脳が私たちの心の中心として、全ての行動を制御している。人間の脳は外側を大脳（終脳）が覆っている。この大脳の縁の部分の灰白質の層を大脳皮質と呼ぶ。さまざまな高次の（精神）活動の中心が大脳皮質の働きによって実現している。

　なお、大脳皮質では高次機能が局在していることが確認されている。たとえば、第1章でも取り扱った視覚情報は後頭葉の視覚野で処理されている。また言葉の発声やその理解は、前頭葉の運動性言語野および側頭葉の感覚性言語野で処理されている。その他の機能も局在していることが確認されている。それ故、事故等で脳損傷が生じると、その損傷部位に備わっている機能が失われてしまう。このような機能局在についてはこの後で説明する。

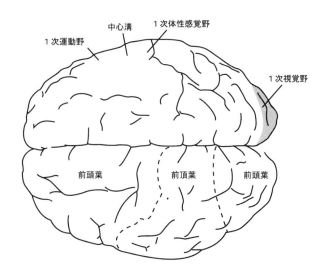

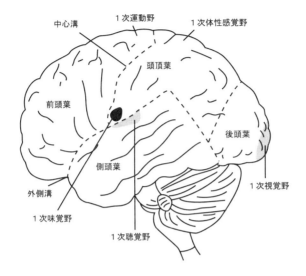

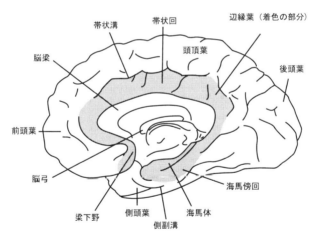

図 15 − 4　脳の機能局在

［出典：渡辺雅彦編著『みる見るわかる脳・神経科学入
門講座◆上巻』羊土社，p107，2002］

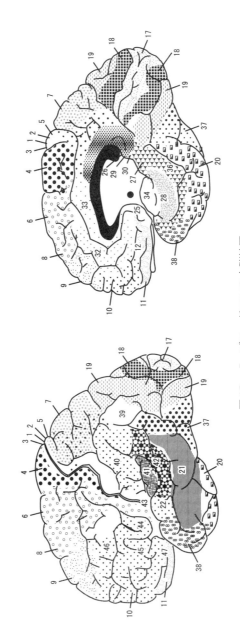

図15－5　ブロードマンの大脳地図

[出典：渡辺雅彦編著『みる見るわかる脳・神経科学入門講座◆上巻』羊土社，p107，2002]

1）大脳皮質の機能

　大脳皮質は、特に大きな脳溝を境界線として前頭葉、頭頂葉、後頭葉、側頭葉の4つに区分することが多い。20世紀初頭ブロードマンによって細胞構築上の差異に従って52領域に分けた大脳地図（図15-5）が作成され、現在でもその領域番号が利用されている。

　大脳皮質は外側にある新皮質、および新皮質の発達により内側に押し込められた辺縁系に分類される。特に新皮質には感覚や運動の機能が特定の部位に局在していることが確認されている。以下に主なものを表15-1にまとめる。図15-5と照合しながら見ると、機能が局在していることが明らかであると同時に、機能が未確定な領域が多いことがわかるであろう。明瞭な機能局在を示さない領域は大脳皮質の約60％に相当する。これらを連合野と呼ぶ。

　この連合野では高度な情報処理が行われている。たとえば、感覚情報の統合による高度認知、視覚と聴覚の統合、さらにワーキングメモリ等の機能もこの連合野で行われている。

　また、大脳辺縁系は、主に生命の基本的な機能を司る場所と考えられている。たとえば、この領域にある扁桃体を破壊すると怒りや恐れが消失する。すなわち、情動の座として怒りや恐れの表出、およびその結果必要な攻撃・逃走行動を司っていると考えられている。また、この領域にある海馬は記憶の固定に関わる機能を持っていることが確認されている。

表 15-1　大脳皮質の機能中枢

中　枢	機　能	脳　葉	ブロードマンの皮質領野
1 次運動野	骨格筋の随意運動制御	前頭葉	4 野
1 次体性感覚野	体性感覚	頭頂葉	3-1-2 野
1 次味覚野	味覚	頭頂葉	43 野
1 次視覚野	視覚	後頭葉	17 野
1 次聴覚野	聴覚	側頭葉	41、42 野
嗅脳	嗅覚	側頭葉	
前頭連合野	認知行動、運動の企画と開始	前頭葉	6 野より前の領域
頭頂側頭後頭連合野	複数の感覚（体性感覚、視野、聴覚）の統合、言語	頭頂葉、側頭葉、後頭葉	39、40 野 19、21、22、37 野の一部
辺縁連合野	情動、記憶	側頭葉、頭頂葉、前頭葉	23、24、38、28、11 野

［出典：渡辺雅彦編著『みる見るわかる脳・神経科学入門講座◆上巻』羊土社，p109，2002］

2）間脳・小脳・脳幹の機能

　大脳の内側には間脳、小脳、脳幹等がある。脳幹は中脳、橋、延髄から構成されている。これらの部分は主に生命維持等に関わっているが、大脳同様の高次の活動も多々担っている。

　間脳は大きく視床と視床下部に分けることができる。視床は嗅覚以外の感覚伝導路の中継点を担う。また広汎性視床投射系は意識の保持に関わる賦活系である。視床下部は自律神経の統合中枢である。温熱・寒冷中枢、満腹・空腹中枢、飲水中枢のみならず情動表出中枢も視床下部にある。

　小脳には聴覚、視覚のみならず深部感覚系からの伝達経路がある。このため、平衡機能や姿勢の総合的調整、および随意運動機能調整が行われている。すなわち姿勢・平衡機能の情報を筋肉に送り、運動を適切に行うという重要な役割を持つ。

脳幹は中脳、橋、延髄に分けることができる。中脳は間脳と橋の中間にあり、視覚と聴覚の神経系、さらには感覚運動系との関わりが強い。そのため感覚運動協応や滑らかな動作において重要な役割を持っている。橋は、平衡感覚に関わる神経系と小脳との関連が強く、日常生活に必要不可欠な安定した姿勢保持や歩行に関与している。さらに唾液や涙の分泌も支配している。延髄には呼吸・心臓・嘔吐等の自律神経の諸中枢がある。舌咽・迷走・副・舌下等の神経系が分布している。このように脳幹には、高次機能との関わりもあるが、主には生命維持に関与した機能が多い。

4．脳の機能局在

　これまで説明してきた神経および脳機能には、特定の機能は特定の部位（神経系）が担うという機能局在が確認されている。このような局在論ではなく、どのような状態でも脳機能は全て働いているという全体論の立場もある。しかし、近年の知見は局在論を支持するものが多い。

　図15−6は大脳両半球の機能差について記したものである。これは20世紀半ばにスペリー（Sperry, R. W.）やガザニガ（Gazzaniga, M. S.）によって行われた分離脳の研究によって明らかとなった。分離脳は重篤なてんかん患者の発作低減を目的に行われた。この患者に左右視野別々に視覚呈示した実験を行った。この患者は対側半球へ情報伝達および対側半球の機能利用ができない。その結果左右大脳半球の機能を別々に検証することが可能となり、図15−6に示されたような機能差異が明らかとなった。

　ここでは、主に運動と言語について説明する。特に後者において、失語研究における神経心理学的アプローチについても言及する。

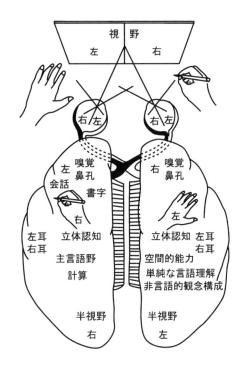

視野
左　右

右/左　右/左

左　嗅覚鼻孔　右　嗅覚鼻孔

会話　書字

右

左耳　立体認知　立体認知　左耳
右耳　　　　　　　　　　　右耳

主言語野　空間的能力
計算　単純な言語理解
　　　非言語的観念構成

半視野　半視野
右　左

（Sperry, R. W.: *In* Schmitt, F. O., and Worden, F. G.（eds.）による図を改変）

図 15 － 6
脳梁切断により分離された機能

［出典：本郷利憲・廣重力監修『標準生理学　第5版』医学書院，p189，2000］

1）運動の機能局在と神経路

　脳および神経機能の詳細が明らかになっていない19世紀後半から、運動に関する機能局在があることも推測されていた。ノーベル賞を受賞したペンフィールド（Penfield, W.）は、てんかん患者の治療目的に開頭した大脳皮質表面を系統的に刺激することから、機能局在について特定を試みた。その結

果、特に運動と体性感覚の機能局在を明らかにした（図15-7）。

　大脳皮質では運動野、運動前野、補足運動野が運動の発現と制御に関わっているとされている。しかし、運動機能については前述（3．脳機能の概要）しているように、大脳皮質以外の役割も重要であることが確認されている。たとえば、運動に必要不可欠な姿勢制御には小脳が大きく関わっている。

　さて、重い荷物を右腕で持ち上げた（A）後、その右腕が疲労等で徐々に下がってくる（B）ことは、日常生活の中ではよく経験するであろう。Aは理解しやすいかと思うが、B共々運動に関わるものである。そして、両者には神経路の違いが確認されている。Aは随意運動、Bは不随意運動である。Aは運動性皮質から延髄の錐体を通過し、脊椎運動神経に至る経路が確認されている。この経路は錐体路と呼ばれている。BはAとは異なった神経路が関与するので、錐体外路として区別されている。錐体外路の神経路は、姿勢制御を司る小脳との経路も示唆される網様体および中脳上部の赤核が関わっているとされる。しかし、この錐体外路の神経路は未だ不明な点が多い。

　一方、不随意運動と筋緊張を伴う錐体外路運動障害は、錐体路ではない大脳底部の基底核の損傷に因ることが多い。すなわち、神経学的に曖昧であっても随意運動と異なる不随意運動の神経路を想定することは、臨床的には意味がある。これは、神経心理学にも関わる臨床的知見の重要性を示す一例である。神経回路研究の進歩により、錐体外路が明確になるときがいつか来るであろう。

2）言語の機能局在

　脳内の言語野の存在はブローカ（Broca, P.）およびウェルニッケ（Wernicke, C.）によって発見された部位が特に有名である。すなわち、大多数の人は大脳左半球の前頭葉下前頭回後方1/3にある運動性言語野（**ブローカ野**）と、側頭葉上側頭回後方1/3およびそこに隣接する中側頭回の一部にある感覚性言語野（**ウェルニッケ野**）が言語活動の中心となっている。さらに、

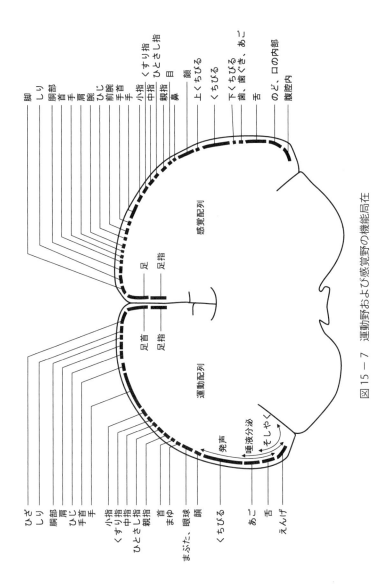

図 15 − 7　運動野および感覚野の機能局在

脚
しり
胴部
首
手
肩
腕
ひじ
前腕
手首
手
小指
くすり指
中指
ひとさし指
親指
鼻
目
顔
上くちびる
くちびる
下くちびる
歯、歯ぐき、あご
舌
のど、口の内部
腹腔内

足指

足

感覚配列

足首
足指

運動配列

ひざ
しり
胴部
肩
ひじ
手首
手
小指
くすり指
中指
ひとさし指
親指
首
まゆ
まぶた、眼球
顔
くちびる
あご
舌
えんげ

発声
唾液分泌
そしゃく

302

ウェルニッケ野に隣接する**角回**および**縁上回**も言語野として指摘されている（図15‐8参照）。

3）失語の分類と脳内対応

　言語障害の中でも失語研究は、疾患の障害から検証するという神経心理学的アプローチの中で研究が進んできている。失語は、ブローカ失語、ウェルニッケ失語、健忘失語、伝導失語、全失語、超皮質性失語に分類することが多い。これらの中で特にブローカ失語、ウェルニッケ失語、伝導失語は前記した特定の言語野との関わりの深さが指摘されている。

　ブローカ失語は発話に苦労するという特徴を持つ。ブローカ野はブロードマンの大脳地図（図15‐5）の44野と45野に相当する。そのためブローカ野発見当時から言語産出に深く関わる部位として指摘されてきている。

　また、ウェルニッケ失語は発話量の減少はない（逆に多弁になる傾向）ものの、聴覚的な理解がかなり低下するという特徴を持つ。ウェルニッケ野は

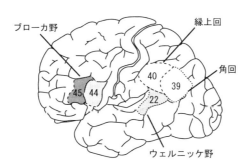

言語野（ブローカ野、ウェルニッケ野、角回、縁上回）の大脳皮質上の位置（乾による図を改変）

図15 − 8　言語の機能局在

［出典．日利俊一監修・入來篤史編『シリーズ脳科学3 言語と思考を生む脳』東京大学出版会，p26，2008］

ブロードマンの大脳地図の22野あたりに相当する。この部位を損傷すると他人の会話が理解できなくなることが知られている。

　伝導失語では、「けしごむ（消しゴム）」と言いたいのであるが「けむしご」と言い間違えるような音韻性錯語と音節性錯語（「両方とも手」を「りょうほう／ともて」と区切る）が確認される。特に縁上回の機能障害との関連が指摘されることが多い。縁上回はブロードマンの大脳地図では40野に相当する。縁上回の機能は感覚情報にも関連していて、この部位が損傷すると伝導失語のみならず失書や身体部位失認が生じることもある。

　ブロードマンの大脳地図で39野に相当する角回は、文字を理解し言語化する役割を担っていることが指摘されている。

　以上のように言語に関する脳内機能局在はかなり細かい検討が進みつつある。今後は後述する非侵襲的アプローチによってさらなる検証が進むと期待される。

5．まとめ

　本章では、脳および神経機能と脳内機能局在について説明を加えた。前述した言語機能のように脳内機能局在が明確になりつつあるものも多い。しかし臨床的にも検討が進んでいる失語研究であっても、完全な機能局在が明らかになってはいない。たとえば、健忘失語の脳内責任病巣は一定しない。また、全失語では脳内病巣は広範囲にわたるので特定し切れていない。さらに近年皮質下の視床や基底核の病変と失語の関連も指摘される例がある。

　このように脳機能および機能局在に関してはまだまだ研究を進めていく必要がある。20世紀前半は、てんかん等の疾患患者の脳外科手術および解剖所見で脳内機能の研究を進めることが多く、その進行は遅めであった。しかし、20世紀後半から**非侵襲的測定方法**が確立して、研究実施が容易となりその進行がかなり迅速になった。昨今は機能的磁気共鳴画像法（functional magnetic resonance imaging: fMRI）、ポジトロン断層撮影法（positron emission tomography: PET）、近赤外線分光法（near-infrared spectroscopy: NIRS）等、脳内活動をより詳細に測定する手法も多用されるようになってきている。これらを使用した研究が進むにつれて、さらに脳と心の関係が明確になるのであろう。

発 展
睡眠と脳活動　精神疾患と脳活動

引用参考文献

入來篤史（編）（2008）『言語と思考を生む脳（シリーズ脳科学3）』甘利俊一（監修）東京大学出版会

利島　保（編）（2006）『脳神経心理学（朝倉心理学講座第4巻）』朝倉書店

中野昭一（編）（2000）『－解剖・生理・栄養－　図説・ヒトのからだ　第2版』医歯薬出版

堀　忠雄（2008）『生理心理学－人間の行動を生理指標で測る－』培風館

本郷利憲・廣重力監修（2000）『標準生理学 第5版』医学書院

真島英信（1986）『生理学 第18版』文光堂

山鳥　重（1985）『神経心理学入門』医学書院

渡辺雅彦（編著）（2002）『みる見るわかる脳・神経科学入門講座　上・下』羊土社

Column 8

心は遺伝するのか

宇津木　望

　生命科学の飛躍的な進歩によって、生命の複雑なメカニズムはだんだん解明されつつある。そして人の本質とも言える脳や心の働きをも、分子生物学的手法によって解明しようとするこころみがなされている。人を含め、個々の生物がもつすべてのDNAの事を、ゲノムと呼ぶ。そのゲノムのDNAの塩基のならび方が、その生物の遺伝情報とよばれる。つまり、その生物の設計図にあたる。遺伝情報は親から子へ、有性生殖を通じて受け渡されて行き、身長や体型、顔の作りが遺伝するという場合、同一の遺伝情報が共有されているということである。

　ゲノムDNA上の特定の場所にある塩基のならびを、遺伝子とよぶ。遺伝子からは、様々な働きをするタンパク質がつくられ、タンパク質は、生物を構成する重要な要素となる。これらの一連の働きは、地球上の生物にほぼ共通の仕組みになっている。DNAは親から子へとコピーされていくうちに、少しずつ変化し、それが生命誕生以来長い時間をかけて新しい生物を作り出してきた。

　1990年代に入って、その生命の設計図であるゲノムのDNAの塩基配列を解読しようというヒトゲノムプロジェクトをはじめとした様々なゲノムプロジェクトが始まり、2003年にヒトの塩基配列はすべてあきらかにされた。また2005年にはチンパンジーのゲノムも解読され、ヒトとチンパンジーのゲノムの違いは4％ほどあることがわかった。これまでにも遺伝子の変異によって病気になることがわかっていたが、ゲノムプロジェクトによりガン、高血圧、心臓病、糖尿病など多くの病気の原因遺伝子が特定された。また当然ながら脳を含めた精神に関わる病気の中にも、脳の遺伝子の変異によっておこる病気もある事もわかってきた。

こうした研究の過程で、それまでわかっていなかった脳が心を生み出すメカニズムについても解明がはじまり、性格や行動といったものも当然遺伝子によってきまるのではないかと考えられるようになった。しかしながらそのメカニズムは大変複雑でひとつの遺伝子が行動や性格に直接結びついているわけではなく、また教育や経験といった環境要因も重要であり、はっきりと遺伝か、環境かと分けることが難しいのが現状である。しかしながら現代科学の進歩の速さを考えると近い将来人間とは何か、心とは何かを遺伝子で解明できる日は着実に近づいている。

参考文献

Alberts et al. (2008) *Molecular Biology of the Cell, Fifth Edition.* Garland Science

索　引

312

編著者紹介

宇津木成介

1972 年　早稲田大学第一文学部（心理学専修）卒業
1986 年　Ph. D in psychology（University of Delaware）
1996 年　神戸大学国際文化学部　教授
2013 年　奈良産業大学（現 奈良学園大学）　教授
現　在　神戸大学　名誉教授

橋本　由里

2005 年　神戸大学大学院総合人間科学研究科博士課程後期課程修了　博士（学術）
現　在　島根県立大学看護栄養学部　准教授

執筆者および執筆分担（執筆順）

宇津木成介　神戸大学　名誉教授……………………………… 第0章・第3章・第5章・第6章
田中　　裕　川村学園女子大学文学部心理学科…………… 第1章・第15章
橋本　由里　島根県立大学看護栄養学部……………………… 第2章・第4章・第10章・第14章・
　　　　　　　　　　　　　　　　　　　　　　　　　　　　コラム4
飯塚　一裕　愛知教育大学特別支援教育講座………………… 第7章・第13章
川中　淳子　島根県立大学教養教育推進センター………… 第8章・第12章
飯塚　雄一　島根県立大学　名誉教授………………………… 第9章1、3、4、5 1) 2)、6
飯塚　由美　島根県立大学短期大学部保育学科…………… 第9章2、5 3)・第11章・コラム7
松尾　志保　筑波大学附属桐が丘特別支援学校……………… コラム1
嘉幡　貴至　神奈川県警察科学捜査研究所　心理科………… コラム2
福田　恭介　福岡県立大学　名誉（特任）教授 ……………… コラム3
野口　智草　大阪国際大学人間科学部心理コミュニケーション学科 … コラム5
進藤　啓予　東京都職業能力開発センター…………………… コラム6
宇津木　望　一般財団法人　国際医学情報センター………… コラム8

心理学概論
〜基礎から臨床心理学まで〜　第5版

2012 年 4 月 5 日	初版発行
2014 年 4 月 5 日	第 2 版発行
2016 年 4 月 5 日	第 3 版発行
2018 年 4 月 5 日	第 4 版発行
2020 年 9 月 15 日	第 5 版発行

編 著 者	宇津木成介
	橋本　由里

発　　行　ふくろう出版
〒700-0035　岡山市北区高柳西町 1-23
友野印刷ビル
TEL：086-255-2181
FAX：086-255-6324
http://www.296.jp
e-mail：info@296.jp
振替　01310-8-95147

印刷・製本　友野印刷株式会社
ISBN978-4-86186-793-4 C3011
© 2020

定価はカバーに表示してあります。乱丁・落丁はお取り替えいたします。

装丁：松尾道行